# 日本の365日に会いに行く

二十四節気・七十二候・伝統文化・歴史・祭事・季節の味・四季の花々

永岡書店

# はじめに

いつの間に季節が巡っていた。
瞬く間に1年が過ぎていた――。

時間の流れがより速く感じられる今だからこそ、
それに溺れず、一呼吸置いてみて欲しい。
今日という日がどんな意味を持っているのかを。
自分が立っているこの地がどんな時間を重ねてきたのかを。

日本の３６５日に会いにいく。
それは歴史、文化、四季の表情が生み出してきたかけがえのない日々。
積み重なり「今」があり、あなたがいる。
今日という日に何があったのか、何があるのか。

さあ、ページを開いて出かけてみてください。

知らずにいたこの国の景色に。
この国が紡いできた日々に。

# 目次

## 睦月 1月



## 如月 2月



## 弥生 3月

## 文月 7月



## 葉月 8月



## 長月 9月

## 10月 神無月



## 11月 霜月



## 12月 師走

◆本書で紹介している二十四節季、七十二候の日付は、2019年の暦を目安にしています。年によって違うことがあります。
◆本書で紹介している七十二候は、別の呼び名があるものもあります。
◆本書で紹介している祭りやイベントは、年によって開催日が異なるものもあります。詳しくはそれぞれの主催者にご確認ください。

# 1月

睦月《むつき》

1月1日

元日から0日／大晦日まで364日

●睦月（むつき）
●二十四節気：冬至（とうじ）
●七十二候：雪下出麦（ゆきわたりてむぎいづる）

# 初日の出
はつひので

日本では「初日の出と共に歳神様が降臨する」と信じられており、元日の朝に山や海から昇るご来光を拝み、五穀豊穣や幸運を祈ることが年始の行事となっています。意外にもこの風習は新しく、明治以降に始まり、四方拝という宮中儀式が庶民に浸透したものだとか。日本で最初に初日の出を見られる場所は小笠原諸島の父島、平地では千葉県銚子市の犬吠埼が有名。世界ではキリバス共和国が最初で、国旗もそれを表すように海から昇る太陽の図柄です。

## 大洗磯前神社

おおあらいいそさきじんじゃ

●茨城県東茨城郡大洗町磯浜町6890 ▶鹿島臨海鉄道大洗鹿島線大洗駅から循環バスで約15分、大洗磯前神社下停留所下車●太平洋の岩礁に立つ「神磯の鳥居」越しに望む朝日は神々しく、日の出観賞スポットとして名高い。毎年元日には神職が神磯に降り、ご来光を拝礼する「初日の出奉拝式」が執り行われます。

### 今日は何の日?

**鉄腕アトムの日**

1963（昭和38）年1月1日に、『鉄腕アトム』の放映が開始され、4年にわたるロングランヒットで日本中の子供たちを夢中にしました。週1回、30分枠の放映スタイルは、今日に続く日本のテレビアニメシリーズのモデルに。その後はアメリカでの放映も実現し、国産テレビアニメ初の米国輸出作品となりました。

**世界平和の日**

1968（昭和43）年1月1日、ベトナム戦争の激化により、当時の教皇パウロ6世が平和のために特別な祈りをささげるよう世界に呼びかけました。それ以来、カトリック教会は毎年1月1日を「世界平和の日」とし、戦争や飢餓などのない平和な世界が訪れるよう祈っています。

# 1月2日

元日から1日／大晦日まで363日

●睦月（むつき）
●二十四節気：冬至（とうじ）
●七十二候：雪下出麦（ゆきわたりてむぎいづる）

## 書初め《かきぞめ》

年頭に毛筆で縁起の良い詩句や新年の抱負などをしたためる書初めは、一般に1月2日に行われます。すでに室町時代にはこの日が「吉書始め」（書初めの吉日）とされ、元日の早朝に汲んだ神聖な「若水」で墨をすり、歳神様のいる恵方に向かって祝賀や詩歌が書かれていました。15日の小正月には「左義長」の火に投じて燃やされ、その炎で紙が高く舞い上がるほど、書の腕が上がると信じられていました。

**北野天満宮**
きたのてんまんぐう

●京都府京都市上京区馬喰町▶JR京都駅より市バス50・101系統で北野天満宮前停留所下車すぐ●菅原道真公をご祭神とし、全国の天満宮、天神社の総本社。書家でもあった道真公のご神徳をしのび、毎年1月2日に筆始祭、そして天神さまの神前で書初めをする天満書を行い、書道の技芸向上をお祈りします。

**今日は何の日？**

**月ロケットの日**
1959（昭和34）年の今日は、ソ連が世界初の月の探査機「ルナ1号」の打ち上げに成功した日。ルナ1号は月から6000kmのところを通過して、月に磁場と放射線帯が存在しないことを確認。その後太陽を回る軌道に入り、最初の人工惑星となりました。1966年にはルナ9号が月面の半軟着陸を成功させ、月面のパノラマ写真を送信。そして1969年、ついにアポロ11号により人類史上初の月面着陸が達成されました。

**皇室の新年一般参賀の日**
1948（昭和23）年から催されている皇室行事で、1月2日に一般の人々が皇居に集まり、皇室一家に祝賀の意を表します。

# 1月3日

●睦月（むつき）
●二十四節気：冬至（とうじ）
●七十二候：雪下出麦（ゆきわたりてむぎいづる）
●元日から2日／大晦日まで362日

# 箱根駅伝《はこねえきでん》

東京・読売新聞社前から箱根・芦ノ湖まで、21チームの学生たちが往路・復路の10区間を襷でつなぐ大学対抗の駅伝競走。各校のエースたちが競う花の2区や、難所・箱根峠を一気に駆け上がる往路5区。熾烈なシード権争いや、繰り上げスタートによって襷が途切れる瞬間など、明暗を分けるドラマも。汗と涙と歓喜のレースに日本中が注目します。

## 箱根
はこね

●神奈川県足柄下郡箱根町 ▶小田急線小田原駅から箱根登山鉄道で約15分、箱根湯本駅下車●古来より東海道の要衝であり、随一の難所。ここを参勤交代やお茶壷道中、はたまた8代将軍徳川吉宗に献上されたベトナム象までもが通行した記録があります。各所に名湯が点在し、芦ノ湖、大涌谷、仙石原など見どころも満載。

## 今日は何の日？

**瞳の日**

「1」と「3」で「ひとみ」と読み、瞳をいつまでも美しく保とうという目的で、メガネ・コンタクト業界が制定しました。日本製メガネフレームの約95％を生産する福井県は、メガネの一大産地。町全体がメガネ工場と化している鯖江市にはめがねミュージアムがあり、メガネ産地の歴史に触れることができます。

**NHK紅白歌合戦第一回スタートの日**

1951（昭和26）年の今日、ラジオ番組としてスタート。夜の8時からの1時間で、紅組7名、白組7名での出演でしたが、番組は何が飛び出すかわからないスタイルを取り、出場歌手・趣向などは一切発表されませんでした。初優勝は白組、リーダーは藤山一郎でした。

# 1月4日

元日から3日／大晦日まで361日

●睦月（むつき）
●二十四節気：冬至（とうじ）
●七十二候：雪下出麦（ゆきわたりてむぎいづる）

## 御用始め《ごようはじめ》

官公庁で新年最初の公務を行う日（1月4日が土日に重なった場合は翌営業日）。初回ではなく、あらためて始める、という意味合いから「初」よりも「始」の字が当てられます。一方、証券取引所の年始の取引日は「大発会」と呼ばれ、女性職員たちが振袖をまとって取引所に立つ姿はおなじみの光景。逆に御用納めは12月28日で、翌29日～1月3日までの冬季休暇は法律により定められています。

**神田明神**《かんだみょうじん》

●東京都千代田区外神田2-16-2 ▶JR御茶ノ水駅から徒歩5分●江戸城の表鬼門除けに鎮座する江戸総鎮守で、創建1300年の歴史を持つ神社。日本経済の中枢である大手町、丸の内、日本橋、神田、秋葉原、築地魚市場など108町会が氏子です。新年最初の出勤日に、初詣に訪れる会社も少なくありません。

**今日は何の日？**

**石の日**

1（い）と4（し）の語呂合わせから、1月4日は石の日に。石は昔から神様の寄り付く場所とされ、この日に願いをかけた石の物（お地蔵様や狛犬、道端の小石など）に触れると願いがかなうといわれています。せっかくなので、より石のパワーを期待できそうな各地のスポットを訪れてみてはいかが？ 10分の1の大きさで再現されたピラミッドの探検や、宝石探しが楽しめる岐阜県中津川市の「博石館」、曲がる石など奇妙な石を集めた静岡県富士宮市の「奇石博物館」、原石からジュエリーまで美しく展示した山梨県富士河口湖町の「山梨宝石博物館」、そして自然の中にダイナミックに建築された長野県軽井沢町の「石の教会」などがあります。

# 1月5日

●睦月（むつき）
●二十四節気：冬至（とうじ）
●七十二候：芹乃栄（せりすなわちさかう）
●元日から4日／大晦日まで360日

**豊洲市場**
とよすしじょう

●東京都江東区豊洲 6-6-1 ▶有楽町線豊洲駅からゆりかもめで3分、市場前駅下車すぐ●83年の歴史に幕を閉じた築地市場から、2018（平成30）年10月11日に豊洲へ移転・開場しました。人気は早朝のマグロ競りの見学で、グルメエリアも楽しみのひとつ。屋上には芝生広場もあり、湾岸エリアの夜景も見渡せる穴場スポットです。

# 初競り

はつせり

未明、水産卸売場に並ぶのは、冬の荒波にもまれながら漁師たちが命がけの一本釣りで仕留めてきたマグロたち。競りでは一同が興奮気味に買い手の「手やり」を見つめます。一年の初めに行われる初競りは、景気付けのご祝儀的な意味合いを持つため、「億」の高値がつくことも。最高値をつけたマグロが「一番マグロ」で、翌日のメディアをにぎわします。

**今日は何の日?**

**いちごの日**

1と5で「いちごの日」ですが、果物のイチゴではなく、「15歳」の意味。受験勉強やクラブ活動などで大変な時期を過ごしている15歳の若者にエールを送る日となっています。ちなみに果物のイチゴの日は1月15日で「いいいちごの日」。

**シンデレラの日**

1956（昭和31）年の今日、アメリカ合衆国の女優グレース・ケリーとモナコ公国のレーニエ3世が婚約を発表しました。カンヌ国際映画祭で出会ったハリウッド女優とモナコの王子様の結婚は、まさにシンデレラストーリー。同年4月の結婚式は欧州各国へ生中継されました。その後妊娠の際、向けられたカメラから身を隠すために使った「ケリーバッグ」も有名。

# 1月6日

元日から5日／大晦日まで359日

●睦月（むつき）
●二十四節気：小寒（しょうかん）
●七十二候：芹乃栄（せりすなわちさかう）

# 出初式《でぞめしき》

出初式は、江戸時代の消防組織「火消」により行われたものが始まりとされ、今も年頭に一年間の防災を祈念して、消防関係者が消防訓練の様子などを披露する式典が開かれます。消防車による一斉放水や、近代的消防機械のパレード、精鋭部隊による消防演技などが行われる一方で、粋な半纏姿の火消たちが、アクロバティックなはしご乗りや木遣歌を披露。新旧の火消たちの変わらない心意気を感じます。

**東京消防出初式《とうきょうしょうぼうでぞめしき》**

●東京臨海広域防災公園（東京都江東区有明3-8-35）▶ゆりかもめで有明駅下車、徒歩約2分●屋外会場では消防車両の行進、消防演技、音楽隊の演奏演技、木遣歌、はしご乗りなどが華やかに披露されます。屋内ではVR防災体験車や、起震車による地震体験などがあり、楽しみながら防災を理解できます。

1月 7日

●睦月（むつき）
●二十四節気：小寒（しょうかん）
●七十二候：芹乃栄（せりすなわちさかう）
●元日から6日／大晦日まで358日

# 七草粥《ななくさがゆ》

「君がため春の野に出でて若菜摘むわが衣手に雪は降りつつ」百人一首にも歌われた「若菜」とは、セリ、ナズナ、ゴギョウ、ハコベラ、ホトケノザ、スズナ、スズシロとして知られる「春の七草」。昔から初春の若菜を食べると邪気が払われるといわれ、無病息災を祈って、1月7日に七草粥が食べられてきました。七草はいわば日本のハーブ。七草粥は、お正月のごちそうで疲れた胃腸を回復させるやさしい食べ物です。

**照国神社**
てるくにじんじゃ

●鹿児島県鹿児島市照国町19-35 ▶JR鹿児島中央駅からバスで約10分、天文館下車、徒歩5分●薩摩藩主・島津斉彬を祀る神社。1月7日には「七草祝」という風習があり、数え年7つの子供たちが着物を着て神社で無病息災を祈願します。その後、重箱を持って7軒の家を回り、七草粥をもらいます。

**今日は何の日？**

**爪切りの日**

1月7日は、「七草爪」「七種爪」「菜爪」「七日爪」などといい、江戸時代は新年に初めて爪を切る日とされていました。当時は小刀での爪切りでけがをしやすく、正月を血で穢すのを人々が忌み嫌ったためです。七草粥を食すこの日、刻んで残った七草を茶碗に入れて水に浸し、その水に指を入れて爪を軟らかくしてから爪切りを行うと、邪気を払い、無病息災がかなうと考えられていました。

**千円札の日**

1950（昭和25）年の今日、初の千円紙幣が発行されました。肖像は表が聖徳太子、裏が法隆寺の夢殿。実は1945年に日本武尊の肖像の千円札が発行されていますが、新円切替により翌年に失効しました。

●元日から7日／大晦日まで357日

●睦月（むつき）
●二十四節気：小寒（しょうかん）
●七十二候：芹乃栄（せりすなわちさかう）

# 初薬師《はつやくし》

（左）手に薬壺を持ち、右手の薬指を前に出す姿で知られる薬師如来は、正式名を「薬師瑠璃光如来《やくしるりこうにょらい》」といい、昔からあらゆる病気やけがを治し、身心の健康を守ってくれる医薬の仏として広く信仰されています。初薬師とは、毎月8日と12日に行われる薬師如来の縁日のうち、その年最初の縁日のこと。元日にお参りすると、平常の三千日分の御利益があるといわれています。

**薬師寺**
やくしじ

●奈良県奈良市西ノ京町457▶近鉄西ノ京駅から徒歩1分●680（天武天皇9）年に天武天皇が皇后（後の持統天皇）の病気平癒を祈るために創建した法相宗の大本山。1998年には世界遺産に登録。竜宮造りと呼ばれる壮麗な金堂と、白鳳時代のご本尊・国宝薬師三尊像は必見。初薬師には金堂で大般若経転読法要を行います。

**今日は何の日？**

**勝負事の日**

「一か八か（いちかばちか）」の勝負の日で、博打用語に由来。語源は「丁か半か」のそれぞれの漢字の上の部分が「一」と「八」であることからきています。丁はサイコロの合わせ目が偶数で、半は奇数のときの呼び名です。

**外国郵便の日**

1873（明治6）年にアメリカとの郵便交換条約が締結され、外国郵便業務を日本政府が直接行うこととなりました。それまで外国郵便業務は、横浜の外国人居留地にあったアメリカの郵便局で行われていました。1875（明治8）年のこの日、横浜郵便局（現・横浜港郵便局）で外国郵便開業式が行われ、三代広重の錦絵「横浜郵便局開業の図」にその様子が残されています。

1月9日

●睦月（むつき）
●二十四節気：小寒（しょうかん）
●七十二候：芹乃栄（せりすなわちさかう）
●元日から8日／大晦日まで356日

# だるま市《だるまいち》

縁起ものである「だるま」は、関東を中心に親しまれ、各地でだるま市が開かれています。だるまは底に重しをつけた張り子でできていて、中国禅宗の祖師、達磨大師がモデルです。関東では「目入れだるま」が主流で、祈願のために左目を描き入れ、成就すると右目を描き入れ、寺に奉納します。だるま市で名高いのは、群馬県高崎市の少林山達磨寺、東京都調布市の深大寺、静岡県富士市の毘沙門天妙法寺です。

## 達磨寺のだるま市《だるまじのだるまいち》

●群馬県高崎市鼻高町296▶JR高崎駅から群馬バス安中車庫行きで八幡大門前で下車、徒歩約10分●1697（元禄10）年、中国僧心越禅師の高弟、天湫和尚を迎え、禅の道場として開かれた寺。高崎は張り子の縁起だるま発祥地で、生産量は年間90万個で日本一。だるま市は1月6・7日の七草大祭に開催され、数十万人の参詣者でにぎわいます。

## 今日は何の日？

**風邪の日**

1795（寛政7）年の今日、第4代横綱で63連勝の記録を持つ2代目谷風梶之助が流感（インフルエンザ）で亡くなったことに由来します。谷風は生前、「土俵上でわしを倒すことはできない。倒れているところを見たいなら、風邪にかかったときに来い。」と豪語したことから、江戸の庶民は猛威を振るうインフルエンザを「タニカゼ」と呼んだそうです。

**とんちの日**

1（いち）と9（きゅう）で「一休さん」にちなみ、この日は「とんちの日」に。一休さんこと、一休宗純は、室町時代中期の臨済宗の僧。「屏風の虎退治」や「このはし渡るべからず」など、とんちを使って難題を解決する逸話が有名です。

# 1月10日

元日から9日／大晦日まで355日

●睦月（むつき）
●二十四節気：小寒（しょうかん）
●七十二候：水泉動（しみずあたたかをふくむ）

## 十日えびす

とおかえびす

漁業の神、商売繁盛の神である戎（恵比寿）様を祀るお祭り。毎年1月10日前後3日間で行われ、9日を宵えびす、10日を本えびす、11日を残り福といい、参拝者は鯛や小判などの縁起物を吊るした福笹や福飴を買い求め、福にあやかります。兵庫県の西宮神社、京都府の京都ゑびす神社、大阪府の今宮戎神社が有名。今宮戎神社では盛装した芸妓たちが宝恵籠（ほえかご）に乗って行列し、艶やかさを添えます。

### 西宮神社

にしのみやじんじゃ

●兵庫県西宮市社家町 1-17 ▶阪神本線西宮駅南口より徒歩 5 分●福男を選ぶ開門神事で有名。10 日の大祭終了後の午前 6 時に表大門が開かれ、参拝者が1番福を目指して 230 m離れた本殿へ走り込む、「走り参り」をします。到着した順に1番から3番までがその年の「福男」に認定。認定証、ご神像、副賞、特別の法被が授与されます。

**今日は何の日?**

**110番の日**

110番の適切な使用を推進するため、1985（昭和60）年に警察庁が定めました。緊急性がなく、本来は110番にかけるものではない苦情や要望が増え続けているため、警察庁は、緊急性のない場合は相談専用ダイヤル「#9110」番を利用するよう呼びかけています。

**明太子の日**

福岡市博多の名店「ふくや」が、1949（昭和24）年の今日、日本で初めて辛子明太子を販売。戦時中に幼少期を韓国釜山で過ごした店主が、庶民の食べ物だった「たらこのキムチ漬」の味を忘れられず、戦後博多に戻り、その味を研究。ついに明太子が完成し、評判の商品に。今では博多の名産品となっています。

1月11日

●睦月（むつき）
●二十四節気：小寒（しょうかん）
●七十二候：水泉動（しみずあたたかをふくむ）
●元日から10日／大晦日まで354日

# 鏡開き《かがみびらき》

歳

神様がいる松の内を1月7日とする地域は11日に、松の内を1月15日とする地域では15日または20日に鏡開きを行います。年神様にお供えして生命力の宿った鏡餅を食べることで無病息災を願います。もともと武家から始まった行事のため、切腹を連想させる刃物で餅を調理することは禁物。手か木槌などで小さく割り、お雑煮やお汁粉、かき餅などにしていただきます。

## 月桂冠大倉記念館《げっけいかんおおくらきねんかん》

●京都府京都市伏見区南浜町247番地▶京阪本線中書島駅から徒歩5分●酒樽の蓋を開く神事も「鏡開き」といいます。日本酒は、神事を営む際に神酒として供えられ、祈願が済むと鏡を開いて酒を振る舞い、成就を願います。「月桂冠」の蔵元では、昔ながらの酒造りを見学できる博物館が人気。展示見学や利き酒、日本酒製品の買い物なども楽しめます。

### 今日は何の日？

**塩の日**

1567（永禄10）年、今川氏によって塩の流通を止められた武田信玄。その領地・松本藩領（現・松本市）に、ライバルの上杉謙信から越後の塩が届いたのが1月11日です。これが、敵対する相手でも苦しいときには助ける、という意味で使われる「敵に塩を送る」という言葉の由来になりました。これを記念して、松本市では1月11日に塩市（現在のあめ市）が開かれるようになったといわれています。松本のあめ市は、新春の一大イベントとして多くの来訪者でにぎわいます。全国あめ博覧会・即売会や、姉妹都市である高山市の物産販売のほか、上杉軍・武田軍に分かれて綱引きを行う「塩取合戦」など、商店街ではさまざまな催しが行われます。

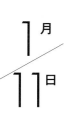

# 1月12日

元日から11日／大晦日まで353日

●睦月（むつき）
●二十四節気：小寒（しょうかん）
●七十二候：水泉動（しみずあたたかをふくむ）

## 豆腐《とうふ》

日本豆腐協会では、毎月12日と10月2日を「豆腐の日」に制定。豆腐は豆乳をにがりなどの凝固剤で固めて作った加工食品で、東アジアから東南アジアの地域で古くから食されています。日本では、型箱に入れた後に重しで水を切りながら固めた木綿豆腐と、豆乳全体を固めた絹ごし豆腐があります。豆腐は中国発祥で、日本には奈良・平安時代に伝わり、当初は僧侶たちの精進料理として食べられていました。

### 金剛峯寺
こんごうぶじ

●和歌山県伊都郡高野町高野山132 ▶南海高野線極楽橋駅下車、南海高野山ケーブルで高野山駅下車●平安時代初期に弘法大師によって開かれた真言密教の聖地。高野豆腐の発祥地でもあり、2004（平成16）年ユネスコの世界文化遺産に登録。霊験の里で瞑想体験、写経、華道など高野山の伝統に触れることもできます。

### 今日は何の日？

**スキーの日**
1911（明治44）年、オーストリアのテオドール・エドラー・フォン・レルヒ少佐が、上越市高田の陸軍歩兵連隊で日本人に初めてスキーの指導を行った日です。レルヒ少佐の伝えたスキーは「一本杖スキー」。高田のレルヒ祭では、一本杖スキーの講習会もあります。

**桜島の日**
1914（大正3）年の今日、鹿児島県の桜島で大噴火が発生。噴煙は上空10キロを超え、約8時間後には鹿児島市内をマグニチュード7・1の地震が襲い、流出した溶岩は大隅半島との400mの海峡を埋めて陸続きになりました。この「大正噴火」が起きた1月12日を「桜島の日」とし、避難訓練などが行われています。

1月
13日

●睦月（むつき）
●二十四節気：小寒（しょうかん）
●七十二候：水泉動（しみずあたたかをふくむ）
●元日から12日／大晦日まで352日

# 道祖神祭り
どうそじんまつり

小正月に正月のしめ飾りや書初めなどを焼く火祭り行事。そのひとつとして名高い長野県野沢温泉の道祖神祭りは、日本三大火祭りのひとつに数えられ、国の重要無形民俗文化財に指定されています。一夜で建てられた壮大な木造社殿の上に厄年の村男たちが乗り、たいまつの火をつけに向かう村民と、火から社殿を守る厄年の男たちとの攻防戦が見もの。ついに社殿は空高く炎を上げ、火祭りは終わります。

**野沢温泉**
のざわおんせん

●長野県下高井郡野沢温泉村
▶北陸新幹線飯山駅から直通バス野沢温泉ライナーで約25分
●日本で唯一、村の名前に「温泉」がついている野沢温泉村では、江戸時代から湯仲間という制度で13の外湯が守られてきました。また関西の天王寺蕪をこの地に植えたら突然変異で野沢菜となり、野沢菜漬けは信州を代表する食文化となりました。

**道祖神とは？**

道端に祀られている神様で、昔の村の境などにいて、外から来る災いから村を防いでくれると信じられてきました。そのほか旅の安全を守ってくれたり、畑を害虫から守ったりと、生活に密着した神様なのです。

**今日は何の日？**
**たばこの日**

1946（昭和21）年1月13日は、高級たばこ「ピース」が発売された日。当時の一般的なたばこの価格は、1箱10本入りで20〜60銭。一方「ピース」は1箱7円。そんな高級品なのに、販売制限されるほどの人気で、東京・有楽町の売店では、1000箱が1時間で売り切れたとか。ちなみに日本人（男性）の喫煙率は1966年の83・7％をピークに減り続け、2018年には27・8％となっています。

# 1月14日

●睦月（むつき）
●二十四節気：小寒（しょうかん）
●七十二候：水泉動（しみずあたたかをふくむ）

●元日から13日／大晦日まで351日

### 大磯左義長祭り
**おおいそさぎちょうまつり**

●神奈川県中郡大磯町北浜海岸 ▶ JR 大磯駅から徒歩 10 分●太平洋の海岸で行われる道祖神の火祭りで、浜辺に作った９つの大きな円錐型のサイトで飾り物を燃やします。火が燃え盛る頃、裸の若衆が神の仮宮を壊して海に引き入れ、浜方と陸方《おか》に分かれて綱を引き合う、ヤンナゴッコという珍しい行事が続きます。

## どんと焼き
どんとやき

小正月（1月15日）に、正月飾りや書初めなどを、神社の境内や河原に組まれたやぐらで焼く火祭りは、各地でどんと焼き、どんど焼き、どんどん焼きなどさまざまな呼び名があります。起源は平安時代の宮中での火祭り「左義長《さぎちょう》」。お正月に迎えた歳神様を空へお送りする行事で、その火や煙に当たったり、餅を焼いて食べたり、灰を持ち帰って家の周りにまくなど、厄除けや無病息災を願う慣習が各地であるようです。

**今日は何の日？**
**タロとジロの日**

1959（昭和34）年の今日、第一次南極観測隊に同行し、前年に置き去りにされた雄のカラフト犬15頭のうち、タロとジロの生存が確認されました。ジロは60年に昭和基地で病死し、タロは帰国して70年に老衰で没。剥製となったタロは飼育されていた北海道大学の植物園に、ジロは東京・国立科学博物館に所蔵されています。

**南極観測隊のカラフト犬とは？**

1956（昭和31）年11月、第1次観測隊に犬ぞり用のカラフト犬19頭が同行しましたが、引き揚げ時に子犬と母犬以外の雄15頭が置き去りに。タロとジロの奇跡の物語は、83年に高倉健主演の『南極物語』として映画化されました。

1月15日

●睦月（むつき）
●二十四節気：小寒（しょうかん）
●七十二候：雉始雊（きじはじめてなく）
●元日から14日／大晦日まで350日

# なまはげ

大晦日と1月15日の晩に、男鹿半島の全域でなまはげが各家庭を巡ります。なまはげは真山・本山に鎮座する神々の使者で、「怠け者はいねが。泣く子はいねが」と練り歩き、各家庭の悪事に訓戒を与え、厄災を祓い、豊作・吉事をもたらします。1978（昭和53）年に「男鹿のナマハゲ」として国の重要無形民俗文化財に指定、2018（平成30）年にはユネスコ無形文化遺産にも登録されています。

## 男鹿半島
おがはんとう

●秋田県男鹿市 ▶東京から秋田新幹線で3時間40分。秋田駅から男鹿駅は、JR男鹿線で約1時間●見どころは、男鹿市内各地で使われたなまはげが展示されている「なまはげ館（男鹿市北浦真山字水喰沢）」や秋田県立男鹿水族館。海岸には各所に美しい風景が広がり、入道崎や八望台は海に沈む夕日の美しさで知られます。

**今日は何の日?**

**ウィキペディアの日**

2001（平成13）年の今日、インターネットの無料で利用できる百科事典サイト「ウィキペディア」（英語版）が公開されました。名前の由来は、複数人が同時にコンテンツを編集できる世界初のインターネットプラットフォーム「ウィキ（wiki）」というシステムを使用した「百科事典（encyclopedia）」という意味。世界の各言語で展開され、その言語数は300以上に及びます。

**手洗いの日**

5本指で手洗いすることから1（い）1（い）5（て）と読み、衛生用品などの製造・販売を展開するP&Gが記念日に制定しました。ちなみにユニセフが制定した「世界手洗いの日」は10月15日。

●元日から15日／大晦日まで349日

●睦月（むつき）
●二十四節気：小寒（しょうかん）
●七十二候：雉始雊（きじはじめてなく）

# 閻魔様《えんまさま》

人は亡くなると49日の間、冥界の十王たちの裁きを順番に受けることになっています。5番目（35日）に審判を行うのが閻魔様。生前の行いをすべて映す浄玻璃《じょうはり》の鏡を持ち、裁きの結果から死者が天上・人間・修羅・畜生・餓鬼・地獄の六道のうちどこに生まれ変わるかを決定します。旧暦1月16日は閻魔《えんま》賽日《さいじつ》（地獄の釜の蓋が開く）で冥界も休みとされ、その間に閻魔様を詣でる日として縁日になっています。

## 深川ゑんま堂

ふかがわえんまどう

●東京都江東区深川2-16-3（法乗院）▶東京メトロ東西線門前仲町駅から徒歩5分●1629（寛永6）年の創建で、日本最大の閻魔大王座像を安置。珍しいのは、賽銭の投入口が「家内安全」「合格祈願」など19の祈願に分かれており、賽銭を入れると、祈願ごとに仏様のさまざまな説法が音声で流れます。

### 今日は何の日？

**禁酒の日**

1920（大正9）年、アメリカ合衆国で「禁酒法」が実施され、飲料用アルコールの製造、販売、輸送が全面的に禁止されました。しかしその後、密造酒の健康問題やアル・カポネ率いる密売にかかわるギャングの出現など問題が出たため、1933（昭和8）年に廃止されました。

**アル・カポネとは？**

シカゴの巨大犯罪組織のボスで、裏社会を牛耳り、密造酒の製造・販売や売春業、賭博業など違法なビジネスでギャング界のトップに昇り詰めました。1987年公開の『アンタッチャブル』はアル・カポネが題材の映画です。

# 1月17日

●睦月（むつき）
●二十四節気：小寒（しょうかん）
●七十二候：雉始雊（きじはじめてなく）
•元日から16日／大晦日まで348日

# ボランティア

## 1.17希望の灯り
1.17きぼうのあかり

●兵庫県神戸市中央区加納町6丁目4 東遊園地内 ▶JR三ノ宮駅から徒歩6分●2000（平成12）年1月17日、兵庫県内の被災10市10町と47都道府県から運ばれた種火を1つにした明かりが、モニュメントの中にともされました。鎮魂のともしびは、東日本大震災や広島土砂災害などの被災地にも分灯され、多くの被災者を癒やしています。

ボランティアの4原則とは、①自発的に行動すること（自主性・主体性）、②共に考え協力し合うこと（社会性・連帯性）、③見返りを求めないこと（無償性・非営利性）、④現状を改善する自由な発想力を大切にすること（創造性・先駆性・開拓性）。

1995（平成7）年は、阪神・淡路大震災で全国からボランティアが集まったことから「ボランティア元年」とされ、震災が起きた1月17日は「防災とボランティアの日」とされています。

## 今日は何の日?

**防災とボランティアの日**

1995（平成7）年1月17日に発生した阪神・淡路大震災を契機に、毎年1月17日は「防災とボランティアの日」に、1月15日から1月21日までを「防災とボランティア週間」に定められました。これは災害時における自主的な防災活動やボランティア活動への認識を深め、災害への備え等の充実強化を図ることを目的としています。

**おむすびの日**

「ごはんを食べよう国民運動推進協議会」が2000（平成12）年に制定した記念日。阪神・淡路大震災で、ボランティアによるおむすびの炊き出しが人々を助けたことから、いつまでもこの善意を忘れないために1月17日の震災の日に定められました。

# 1月18日

元日から17日／大晦日まで347日

●睦月（むつき）
●二十四節気：小寒（しょうかん）
●七十二候：雉始雊（きじはじめてなく）

# 厄除け《やくよけ》

厄年は、古来予期せぬ災難に遭うといわれている年齢で、数え年で、男性は25歳、42歳、61歳、女性は19歳、33歳、37歳。特に男性の42歳と女性の33歳は大厄といわれ、その前後の前厄、後厄の年も身を慎まなければいけない期間とされています。一般的に厄払いは年始から節分までに行い、寺社での祈祷のほか、友人知人を招いてごちそうしたり、身に着けている小物を捨てて一緒に厄を落としたりします。

**門戸厄神**
もんどやくじん

●兵庫県西宮市門戸西町 2-26（松泰山 東光寺）▶阪急今津線門戸厄神駅から徒歩約 10 分
●829(天長 6)年、弘法大師の開基といわれ、あらゆる災厄を打ち払う「厄神明王(門戸厄神)」が祀られており、日本三体厄神のひとつといわれています。毎年1 月 18 日と 19 日は厄除け大祭が行われ、数十万の参詣者でにぎわいます。

## 今日は何の日?

**118番の日**

「118番」は海上保安庁緊急通報電話番号です。海上の事件・事故の通報のために2000（平成12）年に導入されましたが、間違い電話が多く、その重要性を認知してもらうため、海上保安庁が2010（平成22）年に制定しました。

**都バスの日**

関東大震災で大きな被害を受けた路面電車の応急措置として、1924（大正13）年の今日、代替輸送の乗合バスが導入されました。区間は巣鴨～東京駅間と、中渋谷～東京駅間で、初めて都バスの運行を開始した日として、1月18日を「都バスの日」に制定。当時のバスは11人乗りのT型フォードで、「円太郎バス」と呼ばれていました。

# 1月23日

●睦月（むつき）
●二十四節気：大寒（だいかん）
●七十二候：款冬華（ふきのはなさく）

●元日から22日／大晦日まで342日

# 冬の大三角

ふゆのだいさんかく

冬の南東の夜空に輝くおおいぬ座のシリウス、こいぬ座のプロキオン、オリオン座のベテルギウスを結んでできる正三角形。3つ星が中央にあるオリオン座が見つけやすく、そのオリオン座で一番明るいのがベテルギウス。太陽の千倍もある巨大な恒星は寿命の最終段階にあり、超新星爆発も近いと考えられています。642光年の距離から届く光は642年前のもの。今見えている光は室町時代のものなのです。

## スタービレッジ阿智

すたーびれっじあち

●長野県下伊那郡阿智村智里3731-4 ▶飯田線飯田駅からバス・タクシーで40分、ヘブンスそのはら下車●長野県南端の阿智村は、環境省認定の「星が最も輝いて見える場所」第1位。スキー場・ヘブンスそのはらで開催される星空ナイトツアーが人気で、街灯のない暗闇で見上げる満天の星空は圧倒的で息をのむほど美しい。

### 今日は何の日?

**電子メールの日**

いい（1）ふみ（23）（いい文／E文）の語呂合わせから、電子メッセージング協議会（現Eジャパン協議会）が1994（平成6）年に、電子メールの日に制定しました。世界初の電子メールは、1971年にアメリカのプログラマー、レイ・トムリンソンが、@つきのアドレスを考案し送信。しかし内容はまったく覚えていないそうです。

**八甲田山の日**

1902（明治35）年、この日に青森県の八甲田山へ雪中行軍に出かけた日本軍兵士210名が、猛吹雪の中で遭難し、199名が凍死。この世界最大級の山岳遭難事故は小説となり、1977（昭和52）年に『八甲田山』のタイトルで映画化もされました。

# 1月24日

●睦月（むつき）
●二十四節気：大寒（だいかん）
●七十二候：款冬華（ふきのはなさく）

●元日から23日／大晦日まで341日

## 初地蔵
はつじぞう

サンスクリット語で「クシティ（大地）・ガルバ（胎内）」と呼ばれ、その名を意訳した「地蔵」。地蔵菩薩は大きな慈悲の心で人々を包み込み、身代わり地蔵などの姿であらゆる苦悩を救うとされています。毎月24日は地蔵菩薩の縁日ですが、年初めの1月24日は「初地蔵」としてさまざまな行事が行われます。お地蔵様に祈るときの真言「オン・カカカ・ビサンマエイ・ソワカ」は「類まれなる尊いお方」という意味です。

### 地蔵院
じぞういん

●三重県亀山市関町新所 1173 ▶ JR 関西本線関駅下車、徒歩10 分● 741（天平 13）年、奈良・東大寺の僧行基が、天然痘から人々を救うために地蔵菩薩を安置したのが始まりとされています。毎年 1 月 24 日の初地蔵も「初地蔵さん」の縁日として親しまれてきました。明治天皇も行幸されるなど皇室との縁もあるお寺です。

### 今日は何の日?

**郵便制度施行記念日**
切手を貼って手紙を届ける近代郵便制度は、1840（天保11）年に英国で開始。日本では駅逓権正《えきていごんのかみ》の前島密《まえじまひそか》が英国にならって尽力し、1871（明治4）年の今日、「郵便規則」が制定されました。江戸時代の宿駅制度や飛脚制度の仕組みを近代的に転換したもので、3月1日には東京・京都・大阪に郵便役所が創設され、郵便業務が開始されました。

**ゴールドラッシュの日**
1848（嘉永元）年の今日、アメリカ・カリフォルニアの川底で砂金が発見され、一攫千金を狙う人々がカリフォルニアに殺到し、ゴールドラッシュが起こりました。これにより開拓が急速に進み、1年間で10万人も人口が増え、カリフォルニアは州になりました。

# 1月25日

●睦月（むつき）
●二十四節気：大寒（だいかん）
●七十二候：水沢腹堅（さわみずこおりつめる）
●元日から24日／大晦日まで340日

# 日本最低気温の日《にほんさいていきおんのひ》

1902（明治35）年の今日、北海道の上川測候所（現在の旭川地方気象台）で、日本の気象観測史上の最低気温である氷点下41・0度を記録。それは1981（昭和56）年2月27日に記録した富士山頂の最低気温の氷点下38・0度よりも低い気温です。ちょうどこの頃、八甲田山での山岳史上最悪の遭難事故が発生しており、当時の異常な気象状況が伺えます。現在の旭川市の1月平均気温は氷点下7・5度です。

**旭川**
あさひかわ

●北海道旭川市6条通9丁目（市役所）▶札幌から特急で1時間30分、旭川駅下車●北海道の中央でアクセス便利な旭川市は、国内有数の積雪地ですが、除雪態勢が万全で旭川空港の就航率は99.7%。冬でも旭山動物園やスキー場への観光でにぎわいます。2019年にユネスコ創造都市ネットワークに加盟。家具・クラフトで世界から注目されています。

**今日は何の日？**

**ホットケーキの日**

旭川市で日本観測史上、最低気温の氷点下41・0度を記録したことから、寒い日にはホットケーキで心も体も温めてほしいという願いをこめて、森永製菓が制定。またこの日は、まったく同じ理由で中華マンの日にも制定されています。

**左遷の日**

901（昌泰4）年の今日、右大臣・菅原道真が、藤原氏の陰謀により九州の大宰府に左遷されました。都を離れる日、「東風吹かば匂ひおこせよ梅の花　主なしとて春な忘れそ」と詠んだ庭の梅が大宰府まで飛んでいって根づいたという飛梅伝説も有名です。

1月26日

元日から25日／大晦日まで339日

●睦月（むつき）
●二十四節気：大寒（だいかん）
●七十二候：水沢腹堅（さわみずこおりつめる）

# 山焼き
やまやき

**若草山** わかくさやま

●奈良県奈良市雑司町469▶JR奈良駅からバスで春日大社本殿下車、徒歩約5分●芝生で覆われたなだらかな山が3つ重なる様子から、三笠山ともいわれます。山中では多くの鹿が見られ、頂上へ登れば奈良市一望の大パノラマが広がり、桜、紅葉、ススキと四季折々の自然を楽しむことができます。

山の枯草を焼いて病害虫を駆除し、灰を肥料にして新しい草を芽吹かせる山焼き。奈良市の若草山の山焼きは、標高342m、広さ33haの芝生で覆われた山に火をつけ、山頂にある史跡「鶯塚古墳《うぐいすづかこふん》」の霊を鎮めます。春日大社・興福寺・東大寺が神仏習合で祭礼が行われ、奈良県の防災と世界平和を祈ります。炎に包まれた若草山の姿が闇夜に浮かび上がる光景は壮観。600発の花火も夜空を彩ります。

1月
27日

●睦月（むつき）
●二十四節気：大寒（だいかん）
●七十二候：水沢腹堅（さわみずこおりつめる）
●元日から26日／大晦日まで338日

# 氷瀑《ひょうばく》

## 袋田の滝
ふくろだのたき

●茨城県久慈郡大子町大字袋田3-19▶JR水郡線袋田駅からバス約10分、滝本下車徒歩約10分●高さ120m、幅73mで、滝の流れが大岩壁を四段に落下することから「四度《よど》の滝」とも呼ばれます。2015（平成27）年3月に国の名勝に指定、同年10月にはNPO法人地域活性化支援センターにより「恋人の聖地」に選定されました。

氷点下まで気温が下がると、勢いよく水が流れ落ちる滝も凍結し、氷瀑となります。滝のスケールが大きければ、その氷瀑の姿も圧倒的な迫力に。本来聞こえるはずの滝の音も消え、静寂の山中に巨大な氷の塊が陽光に輝く神秘的な氷瀑は、冬の絶景として人々を魅了します。日本三名瀑は、日光の華厳の滝（栃木県）、熊野の那智の滝（和歌山県）、奥久慈の袋田の滝（茨城県）といわれています。このうち、那智の滝は滝壺の一部が凍ることはありますが、氷瀑は見られません。

## 今日は何の日？

**国旗制定記念日**
1870（明治3）年の今日、商船規則に基づき、明治政府が日の丸を日本船の目印として採用し、国旗のデザインと規格を示しました。これを記念して、一般社団法人国旗協会が記念日に制定。それ以後、日章旗は国旗として扱われるも法的な裏付けはなく、1999（平成11）年8月9日に「国旗及び国歌に関する法律」が成立し、ようやく日章旗と「君が代」が国旗・国歌として法制化されました。

**求婚の日**
1883（明治16）年の今日、伊勢新聞と三重日報に、初めての求婚広告が掲載されました。広告を出したのは離婚したばかりの男性で、掲載後、近くに住む19歳の女性が応募し、めでたく結婚したそうです。

# 1月28日

元日から27日／大晦日まで337日

●睦月（むつき）
●二十四節気：大寒（だいかん）
●七十二候：水沢腹堅（さわみずこおりつめる）

## 初不動《はつふどう》

毎月28日は不動明王の縁日。そして年初めの1月28日が最もにぎわう初不動の日です。不動明王は、不動尊ともいわれ、「動かざる守護者」という意味。大日如来の化身で、恐ろしい怒りの表情と、右手に剣、左手に縄（羂索《けんさく》）を持ち、炎の中で人間の煩悩や悪しき心を追い払ってくれます。三大不動として京都市の青蓮院（青不動）、和歌山県高野町の高野山（赤不動）、滋賀県大津市の三井寺（黄不動）が知られています。

**高幡不動尊金剛寺**
たかはたふどうそんこんごうじ

●東京都日野市高幡733 ▶京王線高幡不動駅下車、徒歩5分●大宝年間の創建とも伝えられる関東有数の古刹。平安時代初期に慈覚大師円仁が、山中に不動堂を建立し、不動明王を安置したことに始まりました。土方歳三の菩提寺としても知られ、3万坪の敷地を彩る四季の草花も美しく、あじさいまつりやもみじまつりなども行われています。

**今日は何の日?**
**セレンディピティの日**

Serendipity（セレンディピティ）とは、何かを探しているときに偶然別の価値あるものを見つけることで、「思いがけない奇跡や幸運を生む能力」を意味し、社会科学やビジネス界でも注目されています。ペルシアのおとぎ話『セレンディップの3人の王子（The Three Princes of Serendip）』を読んだイギリスの政治家・小説家のホリス・ウォールポールが、フィレンツェ駐在英国公使に宛てた1754年1月28日の手紙の中で、彼の造語である「セレンディピティ」という言葉を初めて使い、記念日となりました。セレンディピティの有名な史実は木から落ちるリンゴを見てたニュートンが、万有引力の法則を発見したことなどが挙げられます。

# 1月29日

●睦月（むつき）
●二十四節気：大寒（だいかん）
●七十二候：水沢腹堅（さわみずこおりつめる）

●元日から28日／大晦日まで336日

# 氷柱《つらら》

**三十槌の氷柱**
みそつちのつらら

屋根の雪解け水や、岩肌を流れる水が垂れ落ちる時に寒さで氷結し、棒状に伸びて成長する氷柱。溶けながら伸びるため、長い氷柱となるには寒暖が繰り返される必要があります。氷が下に向かって垂れている様子から「垂氷《たるひ》」と呼ばれていましたが、その連なり並ぶ様子から「連連《つらつら》」に転じ、「つらら」になったといわれています。

●埼玉県秩父市大滝4066 ▶西武秩父駅より西武観光バス三峯神社行きで三十槌下車●岩肌からしみ出した湧水が氷柱となって作り出す、幅約30m、高さ約8mの巨大な氷のオブジェ。氷柱を見られるのは1月中旬から2月下旬で、天然の氷柱のため毎年姿が変わります。「大滝氷まつり」も開催され、夜も幻想的なライトアップを楽しめます。

# 1月30日

●睦月（むつき）
●二十四節気：大寒（だいかん）
●七十二候：鶏始乳（にわとりはじめてとやにつく）

●元日から29日／大晦日まで335日

## 椿《つばき》

椿は日本原産の常緑高木で、ピンクや白の花を咲かせ、光沢のある濃緑の葉は、その厚みから「あつば木」、艶やかさから「艶葉木《つやばき》」など、花より葉の特徴が名前の由来になっています。類似の山茶花《さざんか》との見分け方は、花首から落ちるか、花びらを散らすか。椿は「首が落ちるので縁起が悪い」と武士から嫌われましたが、種から取る椿油はヘアケア製品の定番であり、木材は漆器、算盤玉、炭などに利用されます。

### 伊豆大島椿まつり

いずおおしまつばきまつり

●東京都大島町泉津福重2 ▶大島元町港からバス40分、大島公園下車、徒歩すぐ●伊豆大島には300万本の椿が自生し、見頃の2～3月には「椿まつり」が開催。会場の都立大島公園には国際優秀つばき園認定椿園のほか、珍しい黄色い椿「金花茶」も観賞できます。「あんこさん」の衣装の無料貸し出しもあり、記念撮影も人気です。

**今日は何の日?**

### 3分間電話の日

1970（昭和45）年の今日、日本電信電話公社（現・NTT）が公衆電話の料金を3分間10円に設定しました。それまでは1通話10円で、時間も無制限だったため、長電話防止のために改定されました。その後料金は何度か改定され、テレホンカードが登場するなどして、ピーク時の1984（昭和59）年には公衆電話は全国で93万台設置されました。ところが、携帯電話の普及により、2015（平成27）年3月には19万台を割るまでに減少しました。

# 2月

## 如月《きさらぎ》

# 2月1日

- 如月（きさらぎ）
- 二十四節気：大寒（だいかん）
- 七十二候：鶏始乳（にわとりはじめてとやにつく）

元日から31日／大晦日まで333日

## 長崎ランタンフェスティバル

ながさきらんたんふぇすてぃばる

●長崎県長崎市新地中華街、他▶JR長崎駅から路面電車崇福寺行きで7分、新地中華街下車●長崎市新地中華街で春節を祝う行事として始まり、旧暦の1月1日〜15日に開催。街中に1万5千個の極彩色のランタン（中国提灯）が飾られ、約100万人の観光客でにぎわいます。龍踊りや中国雑技も観られ、夜はさらに異国情緒が増します。

# 春節《しゅんせつ》

中国や韓国、東南アジアでは旧暦の正月である春節を盛大に祝います。中国では1月下旬〜2月中旬にあたる春節の1週間程度が休日となり、前後40日間の帰省ラッシュの「春運」には30億人が大移動します。春節には爆竹や花火でにぎやかに祝い、水餃子などの「年菜（おせち料理）」を食べ、近所の人と新年の挨拶を交わします。また玄関先にはおめでたい言葉や提灯、赤色の飾りを飾ります。

今日は何の日?

**テレビ放送記念日**

1953（昭和28）年の2月1日の午後2時、NHK東京放送局が日本初のテレビ放送を行い、「JOAK・TV。こちらはNHK東京テレビジョンであります」の第一声が第3チャンネルから流れました。受信契約数は866件、都内の契約が664件、そのうち482件がアマチュアの自作受像機によるものでした。当時、大卒の初任給が約8千円の時代に、受信料は月200円、17型の白黒テレビは29万円と高価でした。

**ニオイの日**

に（2）お（0）い（1）と読み、2000（平成12）年にP&G「ファブリーズ暮らし快適委員会」が制定。生活上の嫌なニオイを消し去る研究や意識調査などを行っています。

# 2月2日

●如月（きさらぎ）
●二十四節気：大寒（だいかん）
●七十二候：鶏始乳（にわとりはじめてとやにつく）
●元日から32日／大晦日まで332日

# 初午

はつうま

2月の最初の午の日は、稲荷神のお祭り。稲が生《な》ることを意味する「いなり」から、五穀豊穣、豊漁、商売繁盛、家内安全を祈願します。京都市の伏見稲荷大社によると、711（和銅4）年の2月最初の午の日に、祭神が稲荷山（伊奈利山）に降臨したという故事から、稲荷神の祭事が行われるようになったといわれます。稲荷神のお使いであるキツネの好物の油揚げや稲荷寿司、初午団子などを供えて祭ります。

**伏見稲荷大社**
ふしみいなりたいしゃ

●京都市伏見区深草藪之内町68番地▶JR奈良線稲荷駅下車、徒歩すぐ●全国に3万社あるといわれる稲荷神社の総本宮。最大の見どころは「千本鳥居」。社殿と同じ朱塗りの鳥居がすき間なく連なる奥社参道は、神秘的な風景。祈りをこめ、または願いが叶ったことへの感謝の念を鳥居の奉納で表す信仰は、江戸時代に興りました。

# 2月3日

- 如月（きさらぎ）
- 二十四節気：大寒（だいかん）
- 七十二候：鶏始乳（にわとりはじめてとやにつく）

元日から33日／大晦日まで331日

## 節分祭り《せつぶんまつり》

本来は立春、立夏、立秋、立冬の季節の変わり目の前日を節分といい、2月3日は立春の前日を意味します。新年の邪気を払うため、炒った大豆を年神様に供えた後、歳男が「鬼は外、福は内」と唱えて豆をまき、まいた豆は年齢の数、または1個多く食べます。大阪発祥の恵方巻も今では全国的な風習に。イワシの頭を焼いてヒイラギの枝に刺し、戸口に掲げる「焼嗅《やいかがし》」の風習は、悪臭によって邪気を防ぐ呪法です。

**吉田神社の鬼やらい**
よしだじんじゃのおにやらい

●京都市左京区吉田神楽岡町30▶京阪本線出町柳町駅より徒歩20分●859（貞観元）年に平安京の守護神として創建されました。節分前後3日にわたる節分祭、中でも前日18時より本宮で執り行われる「鬼やらい」は平安朝の初期より伝承・継承されてきた由緒正しき神事です。疫鬼を追い払い人々の幸福が願われます。

### 今日は何の日?

**大岡越前の日**

1717（享保2）年の今日、大岡越前守《おおおかえちぜんのかみ》忠相《ただすけ》が江戸町奉行（南町奉行）に就任しました。有名な「大岡裁き」も19年間の在任中に行った裁判は3回だけ。裁判での功績よりも、8代将軍・徳川吉宗からの信頼厚く享保の改革を町奉行として支えた業績や、経世家、文化人としての偉業の方が数多く知られています。

**絵手紙の日**

ふ（2）み（3）と読む語呂合わせから、日本絵手紙協会が制定。絵手紙を書いて送ることを世界中に呼びかける日とされています。絵手紙の道具は、画仙紙またははがき、日本画絵の具の顔彩《がんさい》、水彩絵の具、パステル、炭、色鉛筆、筆ペン、ボールペン、はんこ、張り絵などです。

# 2月4日

●如月（きさらぎ）
●二十四節気：立春（りっしゅん）
●七十二候：東風解凍（こちこおりをとく）
●元日から34日／大晦日まで330日

# 春一番
はるいちばん

## 春一番の塔
はるいちばんのとう

●長崎県壱岐市郷ノ浦町郷ノ浦403▶郷ノ浦港から車で1分●1859（安政6）年郷ノ浦《ごうのうら》町の漁師が出漁中に春一番の影響で転覆し、53人の死者を出した事故から、自然の脅威を忘れないように、1987（昭和62）年、郷ノ浦港の元居公園に「春一番の塔」が建てられました。全国的な「春一番」の言葉も壱岐発祥です。

文字通り春の到来を告げる風は、壱岐の漁師の間で「春一」「春一番」と呼ばれていたもの。これは穏やかな春風ではなく、海上では大シケを起こし、海難事故が発生するほどの急発達した低気圧を知らせる、防災上非常に重要な言葉でした。春一番は、気象庁では立春から春分までの間に、日本海で発達した低気圧に向って広い範囲で吹く、南よりの強い風（8m／s以上）とされ、北海道・東北・沖縄を除く地域で発表されます。

### 今日は何の日？

**銀閣寺の日**

1482（文明14）年の今日、足利義政が銀閣寺の造営に着手したことが由来です。世界遺産にも登録されている銀閣寺の正式名称は東山慈照寺。「銀閣寺」の名称は金閣寺と対比されるときに用いられますが、金箔の金閣寺と違い、銀閣寺には銀箔は使われておらず、2007（平成19）年の科学的調査により、建立以来一度も銀箔が使われなかったことが判明しました。

**世界対がんデー（World Cancer Day）**

2000年2月4日にパリで開催された「がんサミット」により、国際対がん連合（UICC）が、2002（平成14）年から実施。がん征圧の啓発やさまざまな施策を世界中で行おうと呼びかけています。

2月5日

●如月（きさらぎ）
●二十四節気：立春（りっしゅん）
●七十二候：東風解凍（こちこおりをとく）

●元日から35日／大晦日まで329日

# 雪まつり《ゆきまつり》

日本で最初の雪まつりは、1950（昭和25）年2月4日の新潟県・十日町雪まつり。その2週間後に北海道・さっぽろ雪まつりが開催されました。オリジナルのオブジェからキャラクター、著名人、大型の歴史的建造物まで、国内外の創作者による力作が集合します。さっぽろ雪まつり、ハルビン氷祭り、ケベック・ウィンター・カーニバルが「世界三大雪まつり」といわれています。

## さっぽろ雪まつり
さっぽろゆきまつり

●北海道札幌市中央区大通西1丁目〜12丁目、ほか▶大通会場：JR札幌駅から地下鉄南北線・東西線・東豊線で大通下車●札幌大通り公園、すすきの、つどーむを会場に、200基近い雪像・氷像を展示し、例年200万人以上の観客でにぎわいます。市民や自衛隊が作る完成度の高い作品に注目！

# 2月6日

●如月（きさらぎ）
●二十四節気：立春（りっしゅん）
●七十二候：東風解凍（こちこおりをとく）

●元日から36日／大晦日まで328日

# 海苔
のり

飛鳥時代の書物に記録されている海苔。産地は佐賀県、兵庫県、福岡県など。養殖は春にノリ種をカキ殻に植え付けて培養し、秋に放出される殻胞子をノリ網に付着させ、成長したノリ葉体を摘採します。おいしい海苔はゆがみがなく、香りと光沢があり、やや青みをおびた黒紫色のもの。湿気てしまったら、醤油と酒で煮詰めて佃煮にするのがおすすめです。

**大森**
**海苔のふるさと館**
おおもり のりのふるさとかん

●東京都大田区平和の森公園2-2▶京急線「平和島」駅から約徒歩15分●海苔養殖の本場だった東京沿岸の地に開館した資料館。国指定の重要有形民俗文化財「大森及び周辺地域の海苔生産用具」（881点）の展示のほか、昔ながらの作業で海苔の育成を1年間通して体験するなど、海苔文化の伝承と創造を行っています。

今日は何の日？

**海苔の日**

702（大宝2）年に施行された日本最古の成文法典「大宝律令」の中で、海苔が産地諸国の物産に指定され、租税として徴収されたという記録があります。この史実に基づき、全国海苔貝類漁業協同組合連合会は、1966（昭和41）年、施行された2月6日を「海苔の日」と定めました。海苔の日にはイベントや販促活動が各地で行われています。

**抹茶の日**

茶道で用いられる道具で、釜をかけてお湯を沸かす火鉢の一種「風炉《ふろ》」から、この日をふ（2）ろ（6）と読み、愛知県西尾市茶業振興協議会が1992（平成4）年に制定。抹茶は生育過程でうま味を多く含み、カフェインも茶の中で最も含有量が高い緑茶です。

●如月（きさらぎ）
●二十四節気：立春（りっしゅん）
●七十二候：東風解凍（こちこおりをとく）

●元日から37日／大晦日まで327日

# 長野《ながの》オリンピック《おりんぴっく》

1998（平成10）年2月7日から22日まで、長野県長野市とその周辺を会場に、東京（1964）、札幌（1972）に次いで3度目のオリンピックが開催されました。これは20世紀最後の冬季オリンピックで、長野は冬季史上最も南に位置する都市でした。72の国と地域から選手・役員4638人が参加し、延べ144万2700人の観客が来場。日本のメダル獲得は金5個、銀1個、銅4個の計10個で、受賞者数では世界7位でした。

## 長野市オリンピック記念アリーナ
ながのしおりんぴっくきねんありーな

●長野県長野市大字北長池195▶JR北陸新幹線長野駅からバスで約15分●長野市オリンピック記念アリーナ・通称エムウェーブは、現在、アイススケートリンクまたは多彩なエンターテインメント会場として、スポーツ・文化の発信施設に。併設の長野オリンピックミュージアムでは、貴重なトーチやメダルの展示も行っています。

今日は何の日？

### 北方領土の日

1855（安政元）年の今日、日本とロシアとの間に日露通好条約が調印され、北方4島の歯舞群島《はぼまいぐんとう》・色丹《しこたん》島《とう》・国後島《くなしりとう》・択捉島《えとろふとう》が日本の領土であることが両国間で確認されました。このことから、北方領土返還要求運動を全国的に高めるため、日本政府はこの日を「北方領土の日」と定めました。東京では毎年、「北方領土返還要求全国大会」が開催されるほか、全国各地で講演会やパネル展、返還実現のための署名活動など、さまざまな取り組みが行われています。北方4島には、終戦時に1万7千人以上の日本人が住み、漁業などが盛んに行われていましたが、戦後、島民は全て引き上げ、現在、日本人はひとりも住んでいません。

# 2月 8日

●如月（きさらぎ）
●二十四節気：立春（りっしゅん）
●七十二候：東風解凍（こちこおりをとく）
●元日から38日／大晦日まで326日

# 針供養《はりくよう》

2月8日と12月8日の両日は事《こと》八日《ようか》で、針供養を行う日。裁縫の折れた針や曲がった針、錆びた針などを豆腐やコンニャク、餅などに刺して寺社に奉納したり、紙に包んで海や川に流して供養し、裁縫の上達を願いました。これは江戸時代に始まった行事で、事八日には魔物が家を訪れるため身を慎む日とされ、針仕事も休みました。

**虚空蔵法輪寺**
こくうぞうほうりんじ

●京都府京都市西京区嵐山虚空蔵山町▶阪急電車嵐山下車、徒歩約5分●713（和銅6）年創建の古刹で、「嵯峨の虚空蔵さん」と呼ばれて親しまれています。針供養は、皇室で使用された針をご供養せよと、天皇の命が下ったことから始まったとされ、現在でも12月の針供養には、皇室からお預かりした針の供養を行っています。

今日は何の日？

**艶の日**
つ（2）や（8）と読む語呂合わせから、ヘアケアブランドの㈱エフティ資生堂が制定。ひとりでも多くの女性に艶のある髪で、その魅力を高めてもらいたいとの願いが込められています。

**初午大根焚き**
京都大原にある三千院では、毎年2月の初午に「幸せを呼ぶ初午大根焚き」が行われます。大原の畑で取れた大根を、無病息災の祈願をし、大きな鍋で焚きます。焚きあがった大根は参拝者に配られます。

# 2月9日

●如月（きさらぎ）
●二十四節気：立春（りっしゅん）
●七十二候：黄鶯睍睆（うぐいすなく）

●元日から39日／大晦日まで325日

## 梅
うめ

梅は中国原産で、古代に日本へ渡来し、現在では300種以上あります。花の観賞用の花梅《はなうめ》と、実の採取用の実梅《みうめ》に分けられ、百花に先駆けて咲く梅の花は、1月下旬～5月上旬まで、約3ヵ月間かけて日本列島をゆっくりと北上します。また日本人の郷土食・梅干しは、疲労防止や防腐・食中毒予防、インフルエンザなどに対する抗ウイルス効果があり、現代人には欠かせない健康食品です。

### 湯島天満宮
ゆしまてんまんぐう

●東京都文京区湯島3-30-1▶東京メトロ千代田線湯島駅より徒歩2分●458（雄略天皇2）年創建で、学問の神様・菅原道真を祀る天満宮。江戸時代より「梅の名所」として庶民に親しまれ、境内には樹齢70～80年の梅木が約300本あります。2～3月の梅まつりには、毎年約45万人に人が訪れます。

### 今日は何の日?

**服の日**

2（ふ）9（く）の語呂合わせから、日本ファッション教育振興協会および全国服飾学校協会などが1991（平成3）年に制定。以降、服飾の産業と学校の10団体が一体となり、デザイン画コンクールの表彰式や、繊維ファッション産学交流会議などが行われ、「服の日」を盛り上げています。

**肉の日**

に（2）く（9）の語呂合わせから、全国食肉事業協同組合連合会では、2月9日と毎月29日を「肉の日」としてキャンペーンを実施。JA全農と連携し、他の食肉流通団体や食肉販売団体なども一丸となり、その規模は全国1600店舗以上。また8月29日を「焼肉の日」、11月29日を「いい肉の日」に制定しています。

# 2月10日

●如月（きさらぎ）
●二十四節気：立春（りっしゅん）
●七十二候：黄鶯睍睆（うぐいすなく）

●元日から40日／大晦日まで324日

## 鬼《おに》

奈良時代に中国から伝わった「鬼《き》」が平安時代に「もののけ」などの恐怖観念と結びつき、「鬼《おに》」となりました。初めは目に見えない存在でしたが、平安後期には仏教に取り込まれて人間に似た姿形になり、醜悪な形相と自在な怪力によって人畜に危害を与える怪物とされました。ただ土地によっては親しみのあるいい鬼もいて、鬼を神として祀る鬼神社は全国に4つあります。

### 安久美神戸神明社

あくみ かんべ しんめいしゃ

●愛知県豊橋市八町通3-17▶JR豊橋駅から市電で約7分、市役所前下車、徒歩3分●鬼祭は日本建国の神話を田楽に取り入れて神事としたもので、国の重要無形民俗文化財に指定。毎年2月10・11日に開催され、「赤鬼と天狗のからかい」。天狗に敗れた赤鬼がまくタンキリ飴を食べると厄よけとなるといわれています。

**鬼を祀る神社**

鬼神社（青森県弘前市）
鬼鎮神社（埼玉県嵐山町）
鬼神社（福岡県添田町）
天満社鬼神社（大分県大分市）

今日は何の日？

**ニットの日**

由来はニ（2）ット（10）の語呂合わせから。ニットの日には、日本一のニット産地である新潟県五泉《ごせん》市で、2月8日から10日までの3日間、「五泉ニットフェス」が開催されます。期間中は地域の工場が開放され、ニット工場や染色工場、整理加工場、刺繍工場など、なかなか見られないものづくりの現場を直接見て、体感することができます。

2月11日

●如月（きさらぎ）
●二十四節気：立春（りっしゅん）
●七十二候：黄鶯睍睆（うぐいすなく）

●元日から41日／大晦日まで323日

# 建国記念の日

けんこくきねんのひ

1872（明治5）年に明治政府が定めた紀元節は、神武天皇が即位した日を建国の日としたもの。戦後廃止され、1966（昭和41）年に改めて「建国記念の日」が制定されました。「建国記念日」ではないのは、史実に基づく建国の日とは関係なく、建国された事実そのものを記念する日だからです。神武天皇の即位した日が旧暦1月1日で、太陽暦では2月11日のため、この日が建国記念の日となりました。

今日は何の日？

**万歳三唱の日**

1889（明治22）年の今日は、大日本帝国憲法が発布され、東京・青山練兵場での臨時観兵式に向かう明治天皇の馬車に向かって、初めて万歳三唱が行われました。それまではただ最敬礼のみでしたが、帝国大学の和田垣謙三教授が提案した「万歳、万歳、万々歳」の唱和で学生たちが歓呼しました。

**わんこそば記念日**

岩手県花巻市では、1980（昭和55）年から「わんこそば全日本大会」の開催日を2月11日とし、記念日に制定。3～5分以内に何杯食べられるかを競います。そばの量は10gに統一され、わんこ15～20杯でかけそば1杯程度。2020年1月現在、最高杯数の記録は5分間で258杯です。

**橿原神宮**

かしはらじんぐう

●奈良県橿原市久米町934▶近鉄橿原神宮前駅から徒歩10分●『日本書紀』において、神武天皇が日本を建国し、天皇に即位したとされる畝傍《うねび》山麓の「橿原宮」跡に、1890（明治23）年、橿原神宮は創建されました。第1代神武天皇と皇后の媛蹈鞴《ひめたたら》五十鈴媛命《いすずひめのみこと》が御祭神として祀られています。

# 2月12日

● 如月（きさらぎ）
● 二十四節気：立春（りっしゅん）
● 七十二候：黄鶯睍睆（うぐいすなく）
● 元日から42日／大晦日まで322日

## 流氷《りゅうひょう》

オホーツク海の流氷は、アムール川河口の塩分濃度が低くなった海水が凍ったもの。その氷が季節風と潮によって北海道沿岸に流れ着きます。氷の厚さは平均1〜2m。北半球では最も南で見られる流氷で、2月中旬から約1カ月間が最盛期です。流氷の下にはたくさんの種類のプランクトンが活動し、それを追って魚たちも大挙して押し寄せ、その魚を餌にするアザラシやオジロワシなどの動物も見られるようになります。

### あばしりオホーツク流氷まつり

あばしりおほーつくりゅうひょうまつり

●網走市港町　網走商港埠頭特設会場▶JR網走駅からバス約10分、流氷街道網走下車、徒歩10分●流氷が流れつく厳寒の網走港で開催される冬の祭典。迫力満点の大小さまざまな氷雪像が並び、地元団体のパフォーマンスやステージショーも。またホタテやカニといった北の味覚を味わえるなど、網走を存分に楽しめるお祭りです。

# 2月13日

●如月（きさらぎ）
●二十四節気：立春（りっしゅん）
●七十二候：黄鶯睍睆（うぐいすなく）

●元日から43日／大晦日まで321日

## 雪吊り《ゆきづり》

北陸の冬の風物詩である雪吊り。北陸特有の湿気を多く含んだ重い雪から木々を守るために、樹木に支柱を立て、縄で枝を吊るします。雪吊りが必要な樹木は、松、桜、ツツジ、アオキ、八つ手で、特に常緑樹の松は、葉に雪が積もって枝に大きな力がかかるので最も念入りに施されます。雪吊りには、しぼり、みき吊り、りんご吊りの3種類あり、金沢兼六園の名木、老樹には一番複雑なりんご吊りが適用されます。

### 兼六園《けんろくえん》

●石川県金沢市丸の内1番1号▶金沢駅からバスで15分、兼六園下下車、徒歩3分●日本三名園のひとつで、加賀歴代藩主により造られた廻遊式の庭園。11月1日から始められる名木「唐崎松」の雪吊りは一見の価値あり。園内随一の枝ぶりを誇るこの松は、5本の芯柱が建てられ、総数約800本の縄で枝が吊るされます。

今日は何の日?

**世界ラジオデー**

1946（昭和21年）の今日、「国際連合放送」が開設されたことを記念して、UNESCOが制定。国際デーのひとつで、UNESCOは「ラジオは現代でも世界規模で最も浸透しているメディアであり、人間の多様性と民主的な議論のプラットフォームになる重要なツールである」として、ラジオの役割を啓発する事業を行っています。

**一汁三菜の日**

「13」が「一汁三菜」の読み方に似ていることから、毎月13日はバランスよく栄養が取れる「一汁三菜」を提案する記念日に。フジッコ、ニコニコのり、キング醸造、はくばく、ますやみそ、マルトモで構成する「一汁三菜 ぷらす・みらいご飯」が制定されました。

# 2月14日

●如月（きさらぎ）
●二十四節気：立春（りっしゅん）
●七十二候：魚上氷（うおこおりをいずる）

●元日から44日／大晦日まで320日

# 解禁日《かいきんび》

豊かな自然に囲まれた川での渓流釣りは、解放感とスリルに満ちあふれた楽しいレジャー。ヤマメ、アマゴ、イワナといった渓流魚はサケの仲間で、サケが川で産卵して海で成長するまでの期間を大切にされるように、渓流魚の産卵から稚魚が育つまでの10～1月までの間は、禁漁期になります。2月を迎えると、各地で「渓流釣り解禁」の声が聞かれ、長い冬を待った熱心な釣り人たちが再び渓流に戻ります。

## 天竜川《てんりゅうがわ》

●長野県伊那市狐島4445（天竜川漁業協同組合）▶JR飯田線伊那市駅から徒歩8分●諏訪湖の湖水は、天竜川となって伊那谷を太平洋へ向かって流れ下ります。南アルプスや中央アルプスの山々から流れ出た河川が天竜川に合流し、渓流釣りのスポットとして人気。生息するのは主にアマゴで、源流部にはイワナが生息する河川も。

今日は何の日？

**バレンタインデー**

ローマ帝国時代、2月15日のルペルカリア祭は男女の出会いの場であり、バレンタインデーの源流といわれています。その後、紀元3世紀のローマで、兵士の自由結婚禁止政策に反対していた聖バレンタインが捕らえられ、2月14日に殉教。それが愛にまつわるルペルカリア祭と結びつき、確立されたと考えられています。この日、世界の国々では男女に限らず家族や友人、恋人にプレゼントを贈り、愛や感謝を伝えます。女性が男性にチョコレートを贈る習慣は日本独自のもので、神戸のチョコレート会社「モロゾフ」が1936（昭和11）年2月12日の英字新聞に、バレンタインにチョコレートを贈るコピー広告を掲載したことが始まりだといわれています。

# 2月15日

元日から45日／大晦日まで319日

●如月（きさらぎ）
●二十四節気：立春（りっしゅん）
●七十二候：魚上氷（うおこおりをいずる）

## 涅槃会《ねはんえ》

涅槃会は、お釈迦様が80歳で入滅した2月15日の仏事のことで、お釈迦様が誕生した4月8日の灌仏会、悟りを開いた12月8日の成道会と並ぶ仏教の三大法会のひとつです。入滅とは涅槃に入ったことを意味し、煩悩や迷いがなくなり、悟りを開いた境地のこと。涅槃会では、入滅のときを描いた涅槃図が公開され、普段見ることのできない素晴らしい仏教芸術を目にする貴重な機会です。

**南蔵院**
なんぞういん

●福岡県糟屋郡篠栗町大字篠栗1035▶JR福北ゆたか線（篠栗線）で城戸南蔵院前駅下車、徒歩3分●篠栗四国霊場の総本寺で、世界最大級のブロンズ製釈迦涅槃像を建立。全長41m、高さ11m、重さ300tという圧倒的な大きさで、ミャンマー国仏教会議より贈呈された三尊仏舎利を安置する場所として建立されました。

**涅槃像**

日本では涅槃像の姿を見る機会はあまりありませんが、南蔵院をはじめ、日本にも巨大涅槃像がいくつか存在しています。佛願寺大涅槃聖堂（札幌市）の涅槃像は、全長45mで日本最大。常楽山萬徳寺（千葉県館山市）の涅槃仏は体長16m。青銅製のものとしては世界最大級です。

**今日は何の日？**
**全日本スキー連盟設立**

1908（明治41）年、札幌農学校に赴任したスイス人講師コラーが日本で初めてスキーを製作。講師の指導を受けた生徒たちは馬ぞり屋でスキーを作らせ、独学でスキーを始め、1925（大正14）年の今日、全日本スキー連盟を創立しました。

# 2月16日

●如月（きさらぎ）
●二十四節気：立春（りっしゅん）
●七十二候：魚上氷（うおこおりをいずる）

●元日から46日／大晦日まで318日

# かまくら

かまくらは、雪を丸く固めて中をくり抜いた「雪室《ゆきむろ》」に水神様を祀る、秋田県横手地方の小正月の行事です。水神を祀る理由は、横手では雪の時期に水不足になりやすいため。中では子どもたちが餅を焼いて食べたり、甘酒を飲んだりしながら遊んで過ごし、通りかかった人に「はいってたんせ」「おがんでたんせ」と呼びかけ、招かれた人が供物や賽銭を供えると、餅や甘酒が振る舞われます。

## 横手の雪祭り

よこてのゆきまつり

●秋田県横手市、横手市役所本庁舎前道路公園他▶横手駅から徒歩10分●450年以上の歴史をもつ横手のかまくらは、月遅れの小正月となる2月15日・16日に行われます。雪まつり期間中は約80基の大きなかまくらが作られ、蛇の崎川原にはミニかまくら3500個に灯がともり、まばゆい光が街を幻想的に彩ります。

# 2月17日

●如月（きさらぎ）
●二十四節気：立春（りっしゅん）
●七十二候：魚上氷（うおこおりをいずる）

●元日から47日／大晦日まで317日

# えんぶり

八戸地方で約800年以上の歴史を持つ豊年予祝の踊り。国の重要無形民俗文化財に指定されています。太夫という舞い手たちが、藤九郎《とうくろう》をリーダーに、馬の頭をかたどった色鮮やかな烏帽子をかぶり、水田をかきならす農具を持ちながら勇壮な舞を披露します。祭りは2月17日から4日間行われ、八戸ではえんぶり組が長者山新羅神社に参拝し、その後市内で豊年満作を祈願するえんぶりを踊ります。

## 長者山新羅神社

ちょうじゃさんしんらじんじゃ

●青森県八戸市長者1-6-10▶JR八戸線本八戸駅より徒歩20分●1678（延宝6）年創建の長者山山上に鎮座する八戸市の鎮守。毎年2月17日に冬の郷土芸能「えんぶり」の奉納舞が行われ、8月には華麗な人形山車を披露する八戸三社大祭や、全国に3カ所しか現存しない貴重な騎馬打毬のひとつ、加賀美流騎馬打毬が開催されます。

今日は何の日?

**天使の囁き記念日**

「天使の囁き」とは、マイナス20℃以下になると空気中の水蒸気が凍結してできる氷の結晶「ダイヤモンドダスト」のこと。1978（昭和53）年の今日、北海道幌加内町《ほろかないちょう》母子里《もしり》で、マイナス41・2℃という国内最低気温（非公式）を記録。この雪や寒さの持つマイナスイメージをプラスに変えるべく、天使の囁き実行委員会が1994（平成6）年、記念日に制定しました。冬の寒さや厳しさの表れであるダイヤモンドダストを神秘的で幻想的な自然現象としてとらえ、町のセールスポイントにし、ダイヤモンドダストの観察など、さまざまなイベントを行っています。1997（平成9）年には最寒の地を記念して、クリスタルパークが整備されました。

# 2月18日

●如月（きさらぎ）
●二十四節気：立春（りっしゅん）
●七十二候：魚上氷（うおこおりをいずる）

●元日から48日／大晦日まで316日

## 河津桜

かわづざくら

河津桜は、2月上旬に開花する早咲きの桜で、１９５５（昭和30）年に河津町で偶然発見されました。早咲きのオオシマザクラ系とカンヒザクラ系の自然交配種と推定され、原木は発見者の飯田氏宅の庭にあります。１９７４（昭和49）年にカワヅザクラと命名され、翌年には河津町の木に指定。開花時期は2月初旬〜3月初旬で、濃いピンクの花が咲き、伊豆の温暖な気候の中、約1カ月で満開になります。

### 河津桜まつり

かわづざくらまつり

●静岡県賀茂郡河津町の河津川周辺▶伊豆急行線河津駅から徒歩すぐ●河津川沿いに約850本、町全体で約8000本の桜が咲く河津桜まつりは、毎年200万人ほどの観光客が訪れます。川沿いには菜の花と桜のコラボが美しい「菜の花ロード」や足湯もあり、夜はロマンチックな夜桜ライトアップ。桜尽くしの1日を楽しめます。

### 今日は何の日？

**エアメールの日**

１９１１（明治44）年の今日、世界で初めて飛行機によって郵便物が運ばれました。インドのアラハバードで開かれていた万国博覧会のイベントの一環として、会場から約9㎞離れたナイニの郵便局まで約６５００通の手紙やはがきが、13分間の飛行により聖なる大河ヤムナー川を越え運ばれました。

**嫌煙運動の日**

１９７８（昭和53）年の今日、東京・四谷で「嫌煙権確立をめざす人びとの会」が設立。「日照権」をヒントに「嫌煙権」という新語で嫌煙運動をアピールし、本格的な嫌煙運動の先駆けとなりました。新幹線「ひかり」に禁煙車両が導入され、嫌煙運動は一気に盛り上がりました。

# 2月19日

●如月（きさらぎ）
●二十四節気：雨水（うすい）
●七十二候：土脉潤起（つちのしょううるおいおこる）

●元日から49日／大晦日まで315日

## 絵馬《えま》

古代から馬は神の乗り物として神聖視され、農業国の日本では水神に雨を祈る際、生きた馬を奉納する習俗がありました。その後、馬の代わりに土馬や木馬などを献上するようになり、さらに簡略化されて板に馬を描く絵馬が出現。江戸時代になると、商売繁盛や家内安全などを願って絵馬を奉納するようになりました。現存最古の絵馬は、2004（平成16）年に大阪市・難波宮跡から出土した飛鳥時代のものです。

### 川越氷川神社

かわごえひかわじんじゃ

●埼玉県川越市宮下町2-11-3▶川越駅より東武バス7番乗り場「川越氷川神社」下車すぐ●祀られている五柱の神様が家族であり、2組は夫婦であることから家族円満・縁結びの神様として親しまれています。2匹の馬が顔を寄せ合っている姿が描かれた絵馬に良縁が願われ、境内の絵馬トンネルに結ばれています。

今日は何の日？

**万国郵便連合加盟記念日**

1877（明治10）年の今日、日本が郵便に関する国際専門機関・万国郵便連合（UPU）に加盟しました。万国郵便連合は、郵便業務の効果的運営によって諸国間の通信連絡を増進し、文化、社会および経済の分野における国際協力に寄与することを目的として、1874（明治7）年に設立。日本は独立国としては世界で23番目、アジアでは最初に加盟。現在の加盟国は192の国と地域です。

**プロレスの日**

1954（昭和29）年の今日、日本初のプロレスの本格的な国際試合が東京・蔵前国技館で開催。日本の力道山・木村政彦ペアと、カナダ出身のシャープ兄弟との世界タッグ戦で、引き分けという結果でした。

日本のシンボルであり、世界文化遺産（2013年登録）にもなっている「人類の宝」。3776mの標高は、2位に580m以上の差をつけて断トツの1位。その高さだけでなく、周囲に山がない独立峰であるため、その山容の美しさが際立ちます。

富士山は昔から「霊峰」と呼ばれてきたパワースポットです。富士山に限らず、日本では山を修行の場と考えてきた歴史があります。富士山では、平安時代から修行者（山伏）が登山を行っていましたが、江戸時代に入ると一般の人々による参詣登山も行われるようになりました。

富士山の山頂、正確には八合九勺（標高3360m）から上の部分は山梨県でも静岡県でもなく、静岡県富士宮市にある富士山本宮浅間神社が所有する私有地であり、浅間神社の奥宮となっています。年間24万人（2019年）もの登山者は、知ってか知らずか、浅間神社の参拝者になっています。

## 富士吉田市から見る富士山

ふじよしだしからみるふじさん

山梨県富士吉田市 大月駅から富士急行線特急で約40分、富士山駅下車 富士山麓の町・富士吉田市から見る富士山は絶景スポットの宝庫です。特に人気なのは新倉山浅間公園。園内の五重塔と桜、紅葉と共に見下ろすような富士山を眺められます。「新日本三大夜景・夜景100選（夜景倶楽部選定）」にも選出されており、夜景も必見です。

# 2月24日

●如月（きさらぎ）
●二十四節気：雨水（うすい）
●七十二候：霞始靆（かすみはじめてたなびく）

元日から54日／大晦日まで310日

## 霞《かすみ》

2月も下旬、暦の七十二候は霞始靆に変わり、春霞が現れ始める時節。大気中に細かな水滴や塵が増え、遠くの景色がぼんやりとしてはっきり見えない現象を「霞」と呼びます。気象用語ではない「霞」と違い、「霧」は視界が1km未満、「靄《もや》」は1~10km未満の時と定義されています。「霞」は夜には使われず、夜の現象は「朧《おぼろ》」と呼び、また秋の季語の「霧」に対し「霞」は春の季語になっています。

### 榛原鳥見山公園

はいばらとりみやまこうえん

●奈良県宇陀市榛原萩原2741-2▶近鉄榛原駅からバスで宇陀警察前下車、徒歩30分●鳥見山にある高原上の自然公園。春はツツジの名所で、山桜や紅葉も格別。また展望台から眺める雲海が絶景。雲海は秋から初冬、晩冬の昼夜の気温差が大きく、風が弱く上空がよく晴れている日の出前後に現れる確率が高くなります。

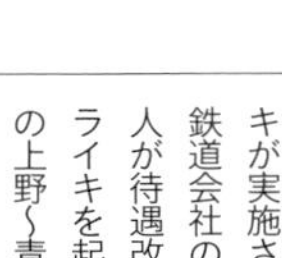


今日は何の日？

**クロスカントリーの日**

1977（昭和52）年の今日、統一ルールによる初めてのクロスカントリー大会がイギリスで開催されました。クロスカントリーは、ノルディックスキーに分類され、多様な地形での総合的走力を競う競技です。スキー本来の用途である雪上の生活移動手段がそのまま競技となったものであり、全スキー競技の原点といえる種目です。

**鉄道ストの日**

1898（明治31）年の今日、日本初の鉄道ストライキが実施されました。日本鉄道会社の機関士ら400人が待遇改善を求めてストライキを起こし、東北本線の上野～青森間が運休。ストライキは3日後に終結し、組織的団体交渉の末、労働者側が勝利しました。

# 2月25日

●如月（きさらぎ）
●二十四節気：雨水（うすい）
●七十二候：霞始靆（かすみはじめてたなびく）

●元日から55日／大晦日まで309日

## 梅花祭《ばいかさい》

学問の神様・菅原道真公をお祀りする北野天満宮で、毎年、菅原道真公の祥月命日・2月25日に行われる「梅花祭」は、約900年も続く歴史ある祭典です。梅苑には約50種類、約1500本の梅木があり、白梅、紅梅、一重、八重の花が色とりどりに散策路を彩ります。また豊臣秀吉公が北野大茶湯を催した故事にちなんで梅花祭野点大茶湯が催され、芸妓さんたちの奉仕による華やかな茶湯を堪能できます。

**北野天満宮**
きたのてんまんぐう

●京都市上京区馬喰町 ▶JR京都駅より市バスで北野天満宮前下車すぐ●947（天暦元）年創建で、全国約1万2000社の天満宮、天神社の総本社。梅苑の梅は梅実を使った「大福梅」、枝は招福の梅の枝「思いのまま」として正月向けに社頭で授与されます。また350本の紅葉が色づくもみじ苑も見どころのひとつです。

今日は何の日？

**親に感謝の気持ちを伝える日**

「2」が親と子を、「25」がニコニコ笑顔を表していることから、大阪府の販売業者の㈱ボンズコネクトが制定。普段は面と向かって言えない親への感謝の気持ちを、伝えてもらうことが目的。運営サイトでは両親の似顔絵にメッセージを添える還暦祝いプレゼントの提供をしています。

**深良用水完成の日**

1670（寛文10）年の今日、深良用水（箱根用水）が完成。湖尻峠に約1200mのトンネルを掘り、芦ノ湖の水を富士山麓の村々に導く用水で、5年の歳月がかかりました。日本を代表する用水のひとつとして農林水産省の疏水百選に選定。またかんがい施設遺産にも登録されました。

# 2月26日

●如月（きさらぎ）
●二十四節気：雨水（うすい）
●七十二候：霞始靆（かすみはじめてたなびく）

●元日から56日／大晦日まで308日

## 樹氷《じゅひょう》

日本海を流れる対馬海流（暖流）の影響で、湿った空気がシベリアからの季節風で運ばれ、アオモリトドマツが群生する山に雪を降らせます。木に付着した雪は徐々に成長し、「アイスモンスター」「スノーモンスター」と呼ばれる樹氷となります。東北地方の奥羽山脈の一部山域（八甲田山、八幡平、蔵王連峰、吾妻山）にしか確認されず、海外でも類をみない雪と氷が作る幻想的な芸術です。

**蔵王**《ざおう》

●山形県山形市蔵王温泉▶山形駅からバスで40分、蔵王温泉下車、ロープウェイで山頂駅下車●開湯1900年の古湯・蔵王温泉やスキーリゾートとして発展してきた蔵王は、樹氷も冬レジャーの見どころのひとつ。温泉街からロープウェイ（最短約18分）で、雪原を埋め尽くす360度樹氷に囲まれた樹氷原に直行できます。

# 2月27日

●如月（きさらぎ）
●二十四節気：雨水（うすい）
●七十二候：霞始靆（かすみはじめてたなびく）
●元日から57日／大晦日まで307日

# 雪晒し
ゆきざらし

雪晒しとは、織り上げた布を雪原の上に広げて日光の下に晒すこと。麻織物の最高峰として知られ、国の重要無形文化財指定の「越《えち》後上布《ごじょうふ》」を作る上でなくてはならない工程です。これは雪が融けるときにオゾンが発生し、食物性繊維を漂白する働きを利用したもので、かすりの色汚れや着衣後の黄ばみを取ります。新しく織った上布だけでなく、汚れた着物も反物に戻し、通常約1週間くらい晒します。

## 小千谷縮
おぢやちぢみ

●新潟県小千谷市▶上越線長岡駅から18分、小千谷駅下車
●千数百年もの歴史がある小千谷縮と越後上布は、苧麻《ちょま》を原料とし、いざり機《ばた》で織り、湯もみ、足もみ、雪晒しの工程を経て作られます。違いは、小千谷縮には表面に「しぼ」と言われる凸凹が見られること。ともに国の重要無形文化財指定、ユネスコの世界無形文化遺産に登録。

今日は何の日？

**国際ホッキョクグマの日**
ホッキョクグマの絶滅の危機や彼らが直面している現状をより多くの人に知ってもらうことを目的に、アメリカとカナダに本部を置く動物保護団体「Polar Bears International」が記念日を制定。ホッキョクグマの生息地は、カナダ、アメリカ、ノルウェー、ロシア、デンマークの5カ国で、温暖化による海氷減少によってすみかや餌を失いつつあります。

**冬の恋人の日**
2月14日の「バレンタインデー」と3月14日の「ホワイトデー」の中間の日で、恋人同士の絆を深める日として、結婚カウンセラーなどが制定。愛情を育む2人の強い結びつきを示すきづ（2）な（7）（絆）の意味もあります。

# 2月28日

●如月（きさらぎ）
●二十四節気：雨水（うすい）
●七十二候：霞始靆（かすみはじめてたなびく）

●元日から58日／大晦日まで306日

## 北帰行《ほっきこう》

秋にシベリアから渡ってくる白鳥は、北海道から南関東、西は島根県まで広い地域に飛来地があります。中でも新潟県の瓢湖は「水原のハクチョウ渡来地」として国の天然記念物に指定。10～3月まで滞在する白鳥は、11月下旬のピーク時には5000羽以上も飛来し、コハクチョウ、オオハクチョウ、コブハクチョウなどが見られます。2月下旬、春の訪れとともにシベリアへと帰る北帰行が始まります。

**瓢湖**
ひょうこ

●新潟県阿賀野市水原313-1 ▶JR羽越本線水原駅から徒歩で30分●瓢湖は江戸時代に造られた用水地で、1954（昭和29）年に日本で初めて野生の白鳥の餌付けに成功。2008（平成20）年にはラムサール条約登録湿地となり、大切に守られています。白鳥を見るなら早朝か夕方で、瓢湖観察舎からの見学も可能です。

**今日は何の日？**

**ビスケットの日**
1855（安政2）年の今日、パンの製法を学ぶために長崎に留学していた水戸藩の柴田方庵が、パン・ビスケットの製法を記した『パン・ビスコイト製法書』を同藩の萩信之助に送ったことから全国ビスケット協会がこの日を記念日に制定。ビスケットとはラテン語で「（2）2度（8）焼かれたもの」という意味で、語呂合わせの意味も。

**バカヤローの日**
1953（昭和28）年の今日、吉田茂首相が衆議院予算委員会で、西村栄一議員の質問に対して「バカヤロー」と発言。これがもとで内閣不信任案が提出・可決され、この年の3月14日に衆議院が解散してしまいました。これがいわゆる「バカヤロー解散」です。

# 2月29日

●如月（きさらぎ）
●二十四節気：雨水（うすい）
●七十二候：草木萌動（そうもくめばえいずる）

●元日から59日／大晦日まで305日

## 逆打ち《ぎゃくうち》

お遍路で札所を巡礼することを「打つ」といい、一番札所から八十八番札所までを時計回りに回ることを「順打ち」、逆に反時計回りに回ることを「逆打ち」といいます。天長年間の閏《うるう》年、河野衛門三郎がなかなか会えない弘法大師に逆打ちで会えた逸話から、うるう年に「逆打ち」をすると3倍の功徳があるといわれています。

### 第八十八番札所 大窪寺
だいはちじゅうはちばんふだしょ おおくぼじ

●香川県さぬき市多和兼割96▶高松道志度I.Cから県道141、3号線を経由し、国道377号線を道なりに走る●717（養老元）年の創建。本尊の薬師如来が持つ法螺で厄難諸病を吹き払うといわれています。またお砂踏みの道場があり、八十八ヶ所の小さな本尊が祀られ、一周すれば参拝と同じ御利益が得られるといわれています。

今日は何の日?

**ニンニクの日**

に（2）んに（2）く（9）と読む語呂合わせから。鹿児島県にある健康補助食品業者の㈱健康家族が制定。にんにくは、日本で古くは「蒜《ひる》」と呼ばれていましたが、「にんにく」と呼ばれるようになったのは室町時代初期のこと。仏教でいう「忍辱《にんにく》」が語源となっているという説があります。忍辱とは、「侮辱や苦しみを耐え忍び、心を動かさないこと」という意味です。

**富士急の日**

ふ（2）じ（2）きゅう（9）（富士急）と読む語呂合わせから、2003（平成15）年、富士急行㈱が制定。4年に1度の「富士急の日」には、富士急ハイランドが入園無料&特別イベントを実施するほか、富士急行沿線でもイベントを開催。

# コラム2 うるう年は4年に一度？

1年が365日なのは、地球が太陽の周りを一周するのにかかる時間に合わせたもの、というのはよく知られています。しかし実際には、一周には365日より少し多い365・2422……日かかるため、これを補正するために生まれたのが「うるう年」です。

西暦年が4で割り切れる年を「うるう年」とし、2月29日を加えて補正しますが、それでは加え過ぎになり、400年に3日ほどのずれが生じます。そのため、西暦年が100で割り切れる年は原則として平年、ただし西暦年が400で割り切れる年は「うるう年」とするため、必ずしも4年に一度「うるう年」があるわけではないのです。この計算でいくと400年間に「うるう年」は97回設けられることになります。ちなみに、直近で4年に一度「うるう年」とならないのは西暦2100年です。

グレゴリオ暦をもとに「うるう年」が制定されたのは1582年、その後数百年かけて各国で採用されていきました。しかし、驚くことに日本の「うるう年」は実はグレゴリオ暦とはまったく別の「皇紀（神武天皇即位紀元）」によって行うことが明治31年に法令によって定められ、現在に至っているのです。この法令による計算は、グレゴリオ暦による計算式とまったく同じになります。

また、「うるう年」のほかに「うるう秒」も存在しており、1972年の実施から2017年までに27回の「うるう秒」が実施され、日本時間の1月1日または7月1日に1秒が追加されています。

# 3月

弥生《やよい》

# 3月 1日

●弥生（やよい）
●二十四節気：雨水（うすい）
●七十二候：草木萌動（そうもくめばえいずる）

●元日から59日／大晦日まで305日

# 川開き《かわびらき》

熊本県最大の球磨川は、最上川、富士川と並ぶ日本三大急流のひとつで、「球磨川下り」は100年以上も前から人々に愛されてきた川遊びです。今日は発船所で「川開き祭」が開催される日。運航の安全を祈願する神事のほか、川開きを祝う行事が行われます。木船は人力で、船の前後に立つのは〝船頭〟と〝ともはり〟。間近に迫る巨岩や大小の早瀬を、船頭が熟練の舵さばきですり抜ける様子は迫力満点です。

**球磨川**
**くまがわ**

●熊本県人吉市下新町333-1▶JR人吉駅から徒歩20分●球磨川下りには、四季折々の景観を楽しみながら比較的穏やかな区間を下る「清流コース」と、舟上こたつに入りながら川下りができる「こたつ舟コース」があります。どちらも温泉町へと下る50分間の船旅。さらに豪快でスリリングなラフティングも人気！

今日は何の日？

**労働組合法施行記念日**

1946（昭和21）年の今日、「労働組合法」が施行されました。労働組合法は、労働基準法、労働関係調整法とともに労働三法と呼ばれるもののひとつです。これにより、労働者の団結権、団体交渉権、ストライキ権など労働者の権利が保障されました。

**マーチの日・行進曲の日**

「3月」と「行進曲」が英語で同じ「March」であることが由来。Marchは古代ローマの神 Mars（マルス）が語源で、「マルスの月」の意の「Martius」に由来します。マルスは軍事と農耕を司る神。古代ローマ暦では新年は3月で、農耕を始める季節と軍隊を動かす季節が同時期のため、3月はマルスをたたえる月となりました。

# 3月2日

●弥生（やよい）
●二十四節気：雨水（うすい）
●七十二候：草木萌動（そうもくめばえいずる）

●元日から60日／大晦日まで304日

# お水送り

おみずおくり

3月12日に奈良の東大寺二月堂で行われる「お水取り」の行事に先駆けて、毎年3月2日には小浜市神宮寺で「お水送り」の神事が行われます。約1200年前から続く伝統行事で、ほら貝が響き、松明の炎を揺らしながら、神宮寺でくまれた「お香水《こうずい》」を遠敷川《おにゅうがわ》まで運び、白装束の僧たちが「鵜《う》の瀬《せ》」に注ぐ幻想的な儀式です。注がれた水は地下を通り、10日かけて東大寺の「若狭井」に湧き出るとされています。

**神宮寺**
じんぐうじ

●福井県小浜市神宮寺30-4▶東小浜駅から徒歩で25分●714（和銅7）年創建の天台宗の寺。お水送りは、全国の神々が東大寺に招かれた際、若狭の遠敷明神が漁に夢中で遅刻し、おわびに本尊に納める水を送ると約束した故事に由来。巨大松明をお堂で振り回す「だったん」や大護摩など、厳格で神秘的な神事は見応えがあります。

今日は何の日？

**ミニーマウスの日**

ミ（3）ニー（2）と読む語呂合わせから、ウォルト・ディズニー・ジャパン株式会社が制定。1928年公開のディズニー・アニメ映画『蒸気船ウィリー』で登場し、ミッキーのガールフレンドとして、また前向きで優しく女性を中心に愛されるミニーマウスの魅力を伝えるのが目的です。

**ハリウッドの殿堂入りしたディズニー・キャラは？**

2018年1月に、ハリウッドのウォーク・オブ・フェイムにミニーマウスの星のプレートが加えられ、殿堂入りを果たしました。他には、1978年のミッキーマウスをはじめ、白雪姫、セサミストリートのカーミット、ドナルドダック、くまのプーさん、ティンカー・ベルが殿堂入りしています。

3月3日

- 弥生（やよい）
- 二十四節気：雨水（うすい）
- 七十二候：草木萌動（そうもくめばえいずる）

元日から61日／大晦日まで303日

# 雛祭り《ひなまつり》

五節句のひとつ、上巳《じょうし》（3月3日・桃の節句）がもとであり、中国では川で禊《みそぎ》や祓いをして身を清める行事と、酒盃を川に流して流れ去る前に詩歌を作る「曲水の宴」を行う日でした。それが奈良時代の日本に伝わり、3月3日に形代（人形）で身体をなでて穢れを拭い、それを川や海に流す日本独自の行事になりました。形代はやがて立派な飾り雛となり、平安時代の女子の雛遊び（ままごと）とも結びつき、雛人形や流し雛となりました。

## 柳川雛祭り

やながわひなまつり

●福岡県柳川市・柳川駅周辺▶JR鹿児島本線瀬高駅からバスで約20分、柳川駅下車●柳川地方では、雛祭りに色とりどりの「さげもん」を飾り、盛大に祝うのが習わしです。さげもんとは、縁起の良い鶴、亀、ウサギ、ひよこ、這い人形などの布細工と鮮やかな「柳川まり」とを組み合わせたつるし雛で、女児の幸福や無病息災、良縁への願いが込められています。

今日は何の日？

**ジグソーパズルの日**

数字の「3」を裏表で組み合わせるとジグソーパズルのピースの形に見えることから、ジグソーパズルメーカー会が制定。ジグソーパズルを多くの人に親しんでもらうことが目的です。

# 3月4日

● 弥生（やよい）
● 二十四節気：雨水（うすい）
● 七十二候：草木萌動（そうもくめばえいずる）

● 元日から62日／大晦日まで302日

# 菜の花

なのはな

2〜5月と開花時期が長く、花の色は、黄色だけでなく、オレンジ、白、紫とカラフル。観賞用は「花菜《ハナナ》」、食用は「菜花《ナバナ》」と呼ばれます。「菜の花」は特定の植物を指すのではなく、ブロッコリーなどアブラナ科の花の総称。食用はアブラナの花序（小さな花の集まり）や若芽をおひたしなどで食し、種は菜種油に、花粉はハチミツにもなります。花言葉は「快活」「明るさ」で、人々の心を明るくする花姿に由来しています。

## 房総フラワーライン

ぼうそうふらわーらいん

● 千葉県館山市伊戸　他
▶ JR内房線館山駅から安房神戸方面行バスで約20分、相の浜下車、徒歩約10分 ● 館山市下町交差点から南房総市和田町までの約46kmの海岸線道路。伊戸から相浜までの約6kmには、早春の菜の花やノースポール、夏はマリーゴールドと、季節の花々が彩ります。1986（昭和61）年に「日本の道百選」にも認定されました。

今日は何の日?

**ミシンの日**

ミ（3）シ（4）ンと読む語呂合わせから、ミシン発明200年を記念して日本家庭用ミシン工業会（現・日本縫製機械工業会）が1990（平成2）年に制定。ミシンはイギリスのトーマス・セイントが1790（寛政2）年に特許を取得しました。

**日本で最初にミシンを使った人は?**

日本へのミシン伝来の有力な説は、1854（嘉永7）年、ペリー提督が横浜に再来航した際、徳川13代将軍家定に献上されたミシンが日本に初めて紹介されたものといわれています。アメリカでようやく商品化された高価なミシンを、ペリー提督は将軍の奥方、天《てん》璋院《しょういん》敬子《すみこ》、通称・篤姫にプレゼントしたそうです。

# 3月5日

●弥生（やよい）
●二十四節気：啓蟄（けいちつ）
●七十二候：草木萌動（そうもくめばえいずる）

●元日から63日／大晦日まで301日

# 珊瑚《さんご》

## 慶良間諸島のサンゴ礁

けらましょとうのさんごしょう

●沖縄県渡嘉敷村ほか▶那覇市から船で約20分〜1時間●慶良間諸島は沖縄の西に位置し、座間味島、渡嘉敷島、ガヒ島、ナガンヌ島といった有人・無人を合わせた36島から成り立ちます。透明度の高い海は「ケラマブルー」の愛称で親しまれ、ダイビングやシュノーケリングなどのマリンスポーツが人気。

世界に約800種、沖縄には約200種が生息します。その形状は木の枝や丸い岩、キノコの傘みたいなものまでいろいろ。あの硬い部分は珊瑚の骨であり、クラゲやイソギンチャクと同じ仲間の珊瑚虫が群生しているものです。沖縄の海は世界有数の珊瑚の繁殖地ですが、温暖化による白化（珊瑚が死滅すること）や開発による珊瑚礁の減少が大きな問題になっています。

# 3月6日

●弥生（やよい）
●二十四節気：啓蟄（けいちつ）
●七十二候：蟄虫啓戸（すごもりむしとをひらく）

●元日から64日／大晦日まで300日

## 世界一周《せかいいっしゅう》

1967（昭和42）年の今日、日本航空がアジア初の世界一周の営業を開始。ルートは、東京→香港→バンコク→ニューデリー→テヘラン→カイロ→ローマ→フランクフルトまたはパリ→ロンドン→ニューヨーク→サンフランシスコ→ホノルル→東京で、1972（昭和47）年まで就航しました。現在でも日本航空が所属するワンワールド、全日空が所属するスターアライアンスが世界一周の航空券を販売しています。

**羽田空港《はねだくうこう》**

●東京都大田区羽田空港▶JR品川駅から京急線で13分、羽田空港第3ターミナル駅（地下）下車、またはJR浜松町駅から東京モノレール線で13分、羽田空港第3ターミナル駅（3階）で下車●首都圏にある日本最大の空港で、年間の航空機発着回数は約38万4000回、航空旅客数は約6670万人。2017年は世界で4番目に乗降客数の多い空港でした。

**初めて世界1周をした日本人**

石巻の若宮丸の乗組員だった津太夫、佐平、儀兵衛、太十郎の4人。1793（寛政5）年、遭難によりロシアに漂着。10年滞在後、ロシア初の世界周航船・ナジェージュダ号で帰国する際、航路による世界一周をしました。サンクトペテルブルクからイギリス、サンタクルス（大西洋）、サンタ・カタリーナ島（ブラジル沖）、マルケサス諸島（太平洋）を経て、約1年後に長崎に帰着しました。

**今日は何の日？**

**スリムの日**

スリ（three＝3）ム（6）の語呂合わせから、下着メーカーの㈱ワコールが制定。春からの薄着のシーズンに備え、ボディシルエットを意識してもらうことが目的です。

# 3月7日

●弥生（やよい）
●二十四節気：啓蟄（けいちつ）
●七十二候：蟄虫啓戸（すごもりむしとをひらく）

●元日から65日／大晦日まで299日

## 沈丁花《じんちょうげ》

春に香り高い花を咲かせる沈丁花は、夏の梔子《くちなし》、秋の金木犀《きんもくせい》とともに三大香木と称されます。中国原産で室町時代には日本でも栽培され、春先に白や外側が紫色の小さな花が毬のように集まって咲きます。花の名前は香木の沈香《じんこう》のように香りがよく、スパイスの丁字《ちょうじ》に似た花をつけるところからきているそうです。雄株と雌株があり、流通の多くは雄株です。根、樹皮、樹液、雌株につく実には毒性があります。

**京都大原 宝泉院**
きょうとおおはらほうせんいん

●京都市左京区大原勝林院町187番地▶JR京都駅前バス亭から17・18系統バスで約65分、大原下車●天台宗の中心的道場であった勝林院の僧坊として800年前から歴史を紡ぐ寺。見どころは四季折々の景色を切り取る「額縁庭園」。秋の紅葉、雪景色など、水琴窟の音をBGMに庭園を眺めるひと時は格別です。

今日は何の日？

**サウナの日**

サ（3）ウナ（7）と読む語呂合わせから、公益社団法人日本サウナ・スパ協会が制定。サウナに入って人々に健康的な生活を送ってもらうことが目的です。フィンランド発祥で1000年以上の歴史があるサウナは、昨今では日本にもブームが到来。サウナは交感神経や副交感神経などに作用し、精神の安定に効果があるとされています。

**十歳《とせ》の祝いの日**

3と7を足すと10になることから、10歳の節目を迎える子供たちの健全な成長を願い、十歳（ととせ）の祝い普及促進協議会が制定。七五三のような子供の成長を祝う行事として10歳の「二分の一成人式」を行うなど、多彩なお祝いのスタイルを提案しています。

3月8日

●弥生（やよい）
●二十四節気：啓蟄（けいちつ）
●七十二候：蟄虫啓戸（すごもりむしとをひらく）

●元日から66日／大晦日まで298日

# ミツバチ

春の花が咲くと、ミツバチの1年が始まります。蜜や花粉を集めに出る働きバチは、実は産卵しないメスたち。巣の掃除、幼虫の子育て、食事の分配、女王バチの世話などせわしなく働きます。夏は世代交代で、旧女王バチが半数の仲間と共にお引っ越し。食糧不足の秋は交尾以外働かないオスバチが巣から追い出されます。冬は冬眠せずに群れ固まって温め合い、春が訪れると女王バチの産卵が始まります。

## 南房総の養蜂場

みなみぼうそうのようほうじょう

●千葉県南房総市、館山市ほか▶東京から車で約100分●千葉県は温暖な気候のため、ミツバチの養蜂場が多く、冬は越冬地として県外から多くの養蜂業者が巣箱を運んできます。養蜂場のなかには見学やハチミツ作り体験などができるところもあり、見て学んで試食しながらハチミツの食文化に触れられます。

今日は何の日？

**ミツバチの日**

ミツ（3）バチ（8）と読む語呂合わせから、全日本はちみつ協同組合と日本養蜂はちみつ協会が制定。

**都心にもある養蜂場**

ミツバチの養蜂場は、東京の中心地にもあります。NPO法人銀座ミツバチプロジェクトは、都市と自然環境との共生を目指し、2006（平成18）年に銀座3丁目紙パルプ会館屋上で養蜂をスタート。ミツバチは皇居や浜離宮などから蜜を運び、採れたハチミツは銀座の一流の技でスイーツなどに。東京丸の内の日本工業倶楽部会館屋上を活動拠点とする「丸の内ハニープロジェクト」、コロンバン原宿本店の屋上が活動拠点の「原宿ミツバチ」、自由が丘の「丘ばちプロジェクト」などもあります。

# 3月9日

●弥生（やよい）
●二十四節気：啓蟄（けいちつ）
●七十二候：蟄虫啓戸（すごもりむしとをひらく）

●元日から67日／大晦日まで297日

# 祭頭祭《さいとうさい》

七色の鮮やかな衣装を身にまとった囃人《はやしびと》と呼ばれる舞人が、五穀豊穣や天下泰平を願って、「イヤートホヨトホヤー」の歌とほら貝、太鼓に合わせて、町中を練り歩く勇壮な祭り。長さ六尺（約180cm）の樫棒を組んでは解く独特の音と囃人の歌声が、鹿島に春の訪れを告げます。毎年3月9日に行われる祭頭祭は、年間90回を数える鹿島神宮の行事の中でも最大規模。国選択無形民俗文化財に指定されています。

## 鹿島神宮

かしまじんぐう

●茨城県鹿嶋市宮中 2306-1 ▶鹿島線鹿島神宮駅から徒歩10分●鹿島神宮のご祭神は武甕槌大神《タケミカヅチノオオカミ》で、神武天皇元年創建の古社中の古社。前年の「春季祭」の神占により選ばれた2地区が祭頭祭の当番に決定し、5歳前後の男児も大総督に選ばれます。大総督は神職とともに昇殿し祭儀に参列します。

今日は何の日？

**3・9デイ（ありがとうを届ける日）**

サン（3）キュー（9）と読む語呂合わせから、「ありがとうを届ける日」と選定し、その普及に努めることを目的に、NPO法人「HAPPY&THANKS」が2007（平成19）年に制定しました。

**記念切手記念日**

1894（明治27）年の今日、明治天皇・皇后両陛下のご成婚25周年を記念して、日本最初の記念切手が発行。切手は菊の紋章に雌雄の鶴2羽が描かれたデザインで、紅色の内国用封書用2銭と、青色の外国用封書用5銭の2種類。当時、日本には記念切手の概念がなく、銀婚式祝賀の切手を希望する在留外国人の新聞投書によって急遽発行されることになりました。

# 3月10日

- 弥生（やよい）
- 二十四節気：啓蟄（けいちつ）
- 七十二候：蟄虫啓戸（すごもりむしとをひらく）

元日から68日／大晦日まで296日

## 砂糖《さとう》

砂糖の起源は紀元前4世紀頃のインドといわれます。サトウキビから砂糖を作る技術は、後にアジア周辺諸国へ。18世紀中頃には、ドイツで寒冷地でも栽培できるてん菜から砂糖を作る技術が開発されました。日本には8世紀頃に鑑真和上が中国から持ち込んだとされます。その後、貴族や武士の間で茶の湯と共に和菓子が発達。明治時代には近代的な製糖技術により、一般庶民に行きわたるようになりました。

### 森八の落雁
もりはちのらくがん

●石川県金沢市大手町10-15 ▶JR金沢駅東口から徒歩約23分●1625（寛永2）年の創業で、約400年の歴史をもつ老舗和菓子店。伝統銘菓のひとつが落雁の「長生殿」で、1924（大正13）年には御紋花落雁の宮内省御用品を賜りました。

### 今日は何の日？

**砂糖の日**

さ（3）と（10）と読む語呂合わせから、「お砂糖〝真〟時代」推進協議会が2014（平成26）年に制定。日本では白砂糖（上白糖）の消費量が多いですが、世界的には白砂糖ではなく、グラニュー糖が一般的。白砂糖（上白糖）は、日本だけで使われている砂糖です。

**東京都平和の日**

1945（昭和20）年3月10日深夜0時8分、東京はアメリカ軍B29爆撃機による大空襲に見舞われ、死者約10万人・焼失家屋約27万戸という、第二次世界大戦で最大級の被害を受けました。記念日は平和国家日本の首都として、戦争の惨禍を再び繰り返さないことを誓い、1990（平成2）年7月に制定されました。

3月
11日

●弥生（やよい）
●二十四節気：啓蟄（けいちつ）
●七十二候：桃始笑（ももはじめてさく）

●元日から69日／大晦日まで295日

# 東日本大震災《ひがしにほんだいしんさい》

2011（平成23）年3月11日、14時46分に宮城県牡鹿半島の東南東沖130km、深さ約24kmを震源とする当時の観測史上最大の地震が発生。M9・0、最大震度は宮城県栗原市の震度7で、死者約1万5千人、行方不明者約7千5百人を数え、多くが太平洋沿岸部を襲った巨大津波によるものでした。津波は福島県相馬で9・3m以上、浸水範囲面積の合計は561km²で、山手線内側の面積の約9倍にあたります。

**東日本大震災慰霊之塔**
**荒浜慈聖観音**
ひがしにほんだいしんさいいれいのとう
あらはまじしょうかんのん

●JR宮城県仙台市若林区荒浜▶地下鉄東西線荒井駅から旧荒浜小学校行きバスで約15分、終点下車、徒歩7分●2013（平成25）年に地元自治会により深沼海水浴場に建立された慰霊碑。観音像は津波と同じ9mの高さで、当時の津波の大きさを伝えています。

今日は何の日？

**コラムの日**

1751年の今日、英国新聞『ロンドン・アドバイザー・リテラリー・ガゼット』が、世界初のコラムの連載を始めました。コラム（カラム、Column）は、もともと「円柱」を意味する言葉で、さらに「縦列」という意味に派生し、新聞や雑誌などの囲み記事を意味するようになりました。

**コラムとエッセーの違いとは？**

コラムは、新聞や雑誌などの短評欄、囲み記事のこと。評論だけでなく、紀行文や人生体験なども扱われます。一方、エッセー（「essai」は「試み」を意味するフランス語に由来。自由な形式で意見や感想を述べた文章のことで、随筆、随想とも呼ばれます。

3月12日

●弥生（やよい）
●二十四節気：啓蟄（けいちつ）
●七十二候：桃始笑（ももはじめてさく）

●元日から70日／大晦日まで294日

# お水取り《おみずとり》

お水取りは東大寺二月堂で行われる修二会《しゅにえ》の行事のひとつで、752（天平勝宝4）年、実忠和《じっちゅうか》尚《しょう》が始めたとされます。二月堂の本尊である十一面観世音菩薩に懺悔し、泰平を祈る法会で、3月1日〜15日の間に行われます。見どころは12日夜で、大きな籠松明が二月堂の回廊を巡り、その深夜に閼伽井《あかい》（若狭井）をくみ上げるお水取りが行われます。この霊水は神宮寺からお水送りされた神水とされます。

**華厳宗大本山**
**東大寺**
けごんしゅうだいほんざん
とうだいじ

●奈良県奈良市雑司町406-1▶JR奈良駅から市内循環バスで東大寺大仏殿・春日大社前下車、徒歩5分●8世紀創建、奈良の大仏「盧舎那仏」は東大寺の本尊。修二会は大仏開眼の752（天平勝宝4）年から途切れることなく続き、2020年で1269回目。欄干から振り落とされるお松明の火の粉を浴びると厄難を免れるそうです。

今日は何の日？

**スイーツの日**

ス（3・スリー）イ（1）ーツ（2・ツー）と読む語呂合わせから、お菓子の魅力をより多くの人に広めることを目的に㈱スーパースイーツが2008（平成20）年に制定。スーパースイーツは、カリスマパティシエといわれる辻口博啓をはじめ、シェフ・パティシエが集う食の専門集団です。

**サイフの日**

サ（3）イ（1）フ（2）と読む語呂合わせから、バッグやサイフなどの商品企画・販売を手掛けるスタイル㈱が制定。買い替え需要の多い3月に財布売り場の活性化を図ることが目的。この日を中心に、日本ハンドバッグ協会では全国の百貨店・専門店などの財布売り場において、キャンペーンなどを行っています。

# 3月13日

●弥生（やよい）
●二十四節気：啓蟄（けいちつ）
●七十二候：桃始笑（ももはじめてさく）
●元日から71日／大晦日まで293日

# 青函トンネル《せいかんとんねる》

（総）延長53・85km、青森県東津軽郡今別町浜名と北海道上磯郡知内町湯の里を結ぶ、世界第2位の長さの海底鉄道トンネルです。1954（昭和29）年、台風による青函連絡船洞爺丸沈没を契機に建設が促進し、4度の大出水事故による水没の危機を乗り越え、1988（昭和63）年に開業。その28年後には北海道新幹線が開業。日本の国土を一体化させた意義は大きく、「日本の20世紀遺産20選」にも選ばれました。

## 青函トンネル入口広場

せいかんとんねるいりぐちひろば

●青森県東津軽郡今別町大字浜名字黒崎地内▶津軽鉄道浜名駅より徒歩35分●青函トンネルの本州側の入り口にある広場で、新幹線がトンネルを出入りする様子を間近で見ることができます。トンネル入り口上部の題字「青函隧道」は時の中曽根首相によるもの。営業は3月中旬から12月末。展望台や売店等も整備されています。

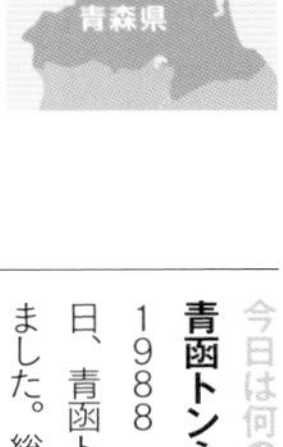


今日は何の日?

**青函トンネル開業記念日**

1988（昭和63）年の今日、青函トンネルが開通しました。総工事費約6900億円を投じ、延べ約1400万人が約26年間かけて完成。それまで北海道と本州を青函連絡船が結んでいましたが、開通後に廃止され、80年の歴史に幕。28年間は世界最長を誇りましたが、2016（平成28）年に57・09kmのスイスのゴッタルド・ベース・トンネルが開通し、世界1位の座を譲りました。

**トンネル内幻の駅とは?**

青函トンネル内には、緊急避難用の定点として「竜飛海底駅」と「吉岡海底駅」がありました。現在も定点としての機能は維持され、2016年には緊急連絡用に携帯電話サービスも提供されています。

# 3月14日

●弥生（やよい）
●二十四節気：啓蟄（けいちつ）
●七十二候：桃始笑（ももはじめてさく）

元日から72日／大晦日まで292日

# 数学の日《すうがくのひ》

円周率（π）の近似値3・14と同じ数字が並ぶ日付から、3月14日は日本数学検定協会により「数学の日」に制定されています（1997・平成9年）。また海外では「円周率の日」として各国の団体や学校の数学科などで記念日が祝われています。円周率は紀元前から研究され、コンピューターの計算では31兆桁を超え、暗唱では7万桁を超える記録がギネス世界記録に認定（2017・平成29年現在）されています。

**計算科学研究センター**
けいさんかがくけんきゅうせんたー

●兵庫県神戸市中央区港島南町7-1-26▶ポートライナー京コンピュータ前より徒歩3分●日本の計算科学と計算機科学の先導的研究機関としてスーパーコンピュータ「京」を運用したことで知名度を上げました。現在は後継機「富岳」の開発・共用開始を進めており、ビッグデータや人工知能など新たなIT分野のシステム構築を目指しています。

今日は何の日？

**ホワイトデー**

2月14日の「バレンタインデー」に対して男性が女性に返礼のプレゼントをする日。全国飴菓子工業協同組合（全飴協）関東地区部会が1980（昭和55）年に「ホワイトデー」として催事化しました。ホワイトデーにはキャンデーやマシュマロ、ホワイトチョコレートなどをお返しするのが一般的になっています。

**国際結婚の日**

1873（明治6）年の今日、明治政府が日本で初めて国際結婚を認める太政官布告を出しました。前年にイギリスで結婚した長州藩のイギリス留学生・南貞助とイギリス人女性ライザ・ピットマンとの結婚が許可され、法律上の国際結婚第一号となりましたが、後に2人は離婚しました。

# 3月15日

●弥生（やよい）
●二十四節気：啓蟄（けいちつ）
●七十二候：桃始笑（ももはじめてさく）

●元日から73日／大晦日まで291日

## 近江八幡左義長祭り《おうみはちまんさぎちょうまつり》

織田信長も踊り出たという天下の奇祭で、3月中旬の2日間、町は熱気に包まれます。担ぎ棒にのせた大松明には干支のダシがつけられ、そのすべてがアズキ・ダイズ・スルメ・コンブなどの食材で作り上げられます。初日は「チョウヤレ」の掛け声で若衆たちに担がれ、2日目は左義長同士をぶつけ合う「ケンカ」が。その夜、日牟禮《ひむれ》八幡宮《はちまんぐう》で左義長は担ぎ棒を抜かれ、火除け厄除けの願いを込めて奉火されます。

**日牟禮八幡宮**
ひむれはちまんぐう

●近江八幡市宮内町257▶JR琵琶湖線近江八幡駅下車、近江バスで小幡町資料館前下車●平安時代の創建で、豊臣秀次の八幡城下町の氏神。左義長祭りのダシは各奉納町ともに経費や手間を惜しまずに2～3カ月をかけて作った力作で、アートな出来栄えに目を見張ります。奉火前にはダシコンクールが行われます。

今日は何の日？

**靴の日・靴の記念日**

1870（明治3）年の今日、西村勝三が、東京・築地入船町に日本初の西洋靴の工場「伊勢勝造靴場」（現・㈱リーガルコーポレーション）を開設したことを記念して、1932（昭和7）年に日本靴連盟が制定。これは日本陸軍の創始者・大村益次郎の依頼で、輸入した軍靴が大きすぎるため、日本人の足に合った靴を作るために開設されました。

**オリーブの日**

1950（昭和25）年の今日、昭和天皇が小豆島でオリーブの種をお手播きされたことから、1972（昭和47）年に香川県・小豆島の「オリーブを守る会」が制定。その時の種から発芽した木は立派に成長しています。

# 3月16日

●弥生（やよい）
●二十四節気：啓蟄（けいちつ）
●七十二候：菜虫化蝶（なむしちょうとなる）

●元日から74日／大晦日まで290日

## 国立公園《こくりつこうえん》

国立公園とは、日本を代表する自然の風景地を保護し、利用の促進を図る目的で、国が指定し、保護し、直接管理する自然公園です。現在では、釧路湿原や富士山、伊勢志摩など34カ所が指定されています。全国に300人ほどいるレンジャー（自然保護官）や各地で委嘱されたボランティアの人々が保護や維持に努め、ゴミ持ち帰りの呼びかけや美化清掃活動を展開しています。

**雲仙天草国立公園**
うんぜんあまくさこくりつこうえん

●長崎県雲仙市小浜町雲仙▶天草空港からシャトルバスで約15分、本渡バスセンターから産交バス快速で約55分、二号橋入口下車●1934（昭和9）年に日本最初の国立公園のひとつとして誕生し、1956（昭和31）年には天草地区が追加されました（雲仙天草国立公園）。

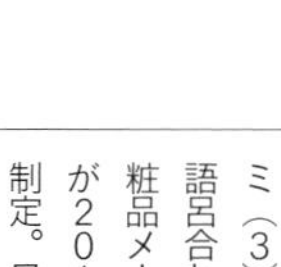


今日は何の日？

**国立公園指定記念日**

3月16日は、日本で最初の国立公園が誕生した日です。1934（昭和9）年の今日、瀬戸内海、雲仙、霧島の3カ所が日本初の国立公園に指定されました。現在34カ所の国立公園の中で世界遺産地域を含むところは、自然遺産では屋久島、知床、小笠原、文化遺産では瀬戸内海（嚴島神社）、日光（日光の社寺）、吉野熊野（紀伊山地の霊場と参詣道）、富士箱根伊豆（富士山）があります。

**ミドルの日**

ミ（3）ドル（16）と読む語呂合わせから、男性用化粧品メーカーの㈱マンダムが2011（平成23）年に制定。日本を支えるミドル世代の男性が、より輝く人生を送れるきっかけを作っていくことが目的です。

3月
17日

●弥生（やよい）
●二十四節気：啓蟄（けいちつ）
●七十二候：菜虫化蝶（なむしちょうとなる）

●元日から75日／大晦日まで289日

# 漫画

まんが

## トキワ荘マンガミュージアム

ときわそうまんがみゅーじあむ

●東京都豊島区南長崎3-9-22 南長崎花咲公園内▶都営大江戸線落合南長崎駅から徒歩5分●1982（昭和57）年に老朽化のため取り壊された「トキワ荘」の跡地に、マンガ文化を伝える施設として2020（令和2）年に竣工。手塚治虫など昭和を代表するマンガ家たちが若手時代に暮らしていた「トキワ荘」を再現した、幅広い年代の人々が楽しめるミュージアムです。

日本最古の漫画は12～13世紀に描かれた『鳥獣戯画』。絵巻物は絵本へと移り、山東京伝の『四《し》時交加《じのゆきかい》』の序文にある「気の向くままに漫然と描いた画」が「漫画」の語源といわれています。その後、葛飾北斎の『北斎漫画』で漫画はスケッチに、大正時代の新聞漫画でコマ割りやフキダシの表現手法が定着。そして昭和の『のらくろ』、手塚治虫の登場を経て、現在では「MANGA」が世界共通語となりました。

今日は何の日？

**漫画週刊誌の日**

1959（昭和34）年の今日、日本初の少年向け週刊誌『週刊少年サンデー』と『週刊少年マガジン』が発刊されました。『週刊少年マガジン』は創刊当初は木曜日発売で定価は40円。1965（昭和40）年のちばてつや『ハリスの旋風』を皮切りに『巨人の星』『あしたのジョー』『天才バカボン』など人気作が続き、1967（昭和42）年1月には100万部を突破しました。一方『週刊少年サンデー』は創刊当初は火曜日発売で定価は30円。誌名は「この雑誌を読むとまるで日曜日のような楽しい気分に浸れるように」と名付けられました。創刊号は手塚治虫『スリル博士』、藤子不二雄『海の王子』などでした。

# 3月18日

●弥生（やよい）
●二十四節気：啓蟄（けいちつ）
●七十二候：菜虫化蝶（なむしちょうとなる）

●元日から76日／大晦日まで288日

## 明治村《めいじむら》

明治時代は、日本が世界に向けて門戸を開き、欧米の文化や制度を取り入れ、近代日本の基盤を築いた時代。その時代に建てられた建造物を約100万㎡の広大な敷地に移築し、保存展示しています。展示施設は札幌電話交換局、京都聖ヨハネ教会堂、森鴎外・夏目漱石住宅など67件（重要文化財11件、愛知県指定文化財1件）あり、四季折々の花木や紅葉などを背景に、明治の世界をリアルに体験できます。

### 博物館明治村
はくぶつかんめいじむら

●愛知県犬山市字内山1番地▶名鉄犬山駅からバスで約20分、明治村正門下車●1965（昭和40）年の3月18日に開業。園内では明治時代のハイカラな衣装に着替えて写真撮影できたり、蒸気機関車に乗ったり、明治時代の道具が体験できたりするコーナーがあり、明治の暮らしを感じることができます。

今日は何の日？

**点字ブロックの日**

視覚障害者を安全に誘導する点字ブロックが、1967（昭和42）年3月18日に、世界で初めて岡山県立岡山盲学校そばの原尾島交差点に敷設されました。点字ブロックの安全性の確保と発展を目指して、岡山県視覚障害者協会が2010（平成22）年、記念日に制定しました。その交差点には「点字ブロック発祥の地」の石碑や「点字ブロック世界初敷設場所」と記した石版も設置されています。

**精霊《しょうりょう》の日**

今日は、『万葉集』の歌人・柿本人麻呂、平安時代の女流歌人・小野小町、和泉式部の3人の命日であると古くから伝えられていることから、精霊の日の記念日とされています。

# 3月19日

●弥生（やよい）
●二十四節気：啓蟄（けいちつ）
●七十二候：菜虫化蝶（なむしちょうとなる）

●元日から77日／大晦日まで287日

# 湯祈祷《ゆぎとう》

道後温泉で行われる温泉まつりの神事。1707（宝永4）年の大地震で湧出が止まった温泉は湯神社への祈願で、翌年に復活。その後2度も地震によって止まった温泉は、祈願により復活しました。これに感謝し行われるのが「湯祈祷」で、現在は3月19日から3日間開催されています。初日は湯の神様に感謝する「湯祈祷」、次に温泉・旅館関係者、稚児、湯神輿が湯神社まで行列して「湯神社献湯祭」が行われます。

**道後温泉**
どうごおんせん

●愛媛県松山市道後湯之町5番6号▶伊予鉄道電停JR松山駅前から伊予鉄道市内電車で約25分、道後温泉駅下車●日本三古湯のひとつで3千年の歴史を誇る名湯。聖徳太子から夏目漱石まで多くの文人墨客が訪れたそう。本館は明治の建築で重要文化財指定、泉質はアルカリ性単純泉で無加温・無加水の源泉かけ流しです。

今日は何の日？

**ミュージックの日**

ミュー（3）ジック（19）と読む語呂合わせから、日本音楽家ユニオンが1991（平成3）年に制定。生の音楽の素晴らしさや楽しさを音楽家の立場から訴え、人々と共有したい、という願いから提案されました。毎年この日、日本の音楽文化と音楽家の現状について広く理解を求め、その改善のための支持を得るために、全国各地でさまざまな活動が行われています。

**眠育の日**

みん（3）い（1）く（9）と読む語呂合わせから、2018（平成30）年、寝具メーカーの西川リビング㈱が制定。子供たちの成長過程における睡眠の大切さを知ってもらい、「眠育」を幅広い世代に認知してもらうことが目的です。

3月20日

●弥生（やよい）
●二十四節気：春分（しゅんぶん）
●七十二候：菜虫化蝶（なむしちょうとなる）

●元日から78日／大晦日まで286日

# 上野動物園

うえのどうぶつえん

関東で唯一パンダが見られるとして不動の人気を誇る上野動物園。創業は1882（明治15）年、日本で最初の動物園です。園内は丘陵地の東園と不忍池がある西園に分かれ、無料連絡バスや徒歩で移動することができます。アジアゾウ、キリン、ゴリラ、トラ、ホッキョクグマなど、約350種2500点の動物が飼育展示されており、上野公園の四季を感じながら動物巡りを楽しめます。

**上野恩賜公園**
うえのおんしこうえん

●東京都台東区上野公園▶JR上野駅から徒歩2分●1873（明治6）年に開園、日本で最初の都市公園です。江戸時代は東叡山寛永寺の境内地で、宮内省所管を経て、1924（大正13）年に東京市に下賜され、「恩賜」の名称が付きました。桜の名所であり、不忍池、博物館、美術館もある都民の憩いの場です。

今日は何の日？

**上野動物園開園記念日**

1882（明治15）年の今日、日本初の動物園として、「上野動物園」が開園しました。最初は日本産の動物が主体で、家畜も展示されていましたが、宮内省所管時代にトラや外国産の珍しい動物が集められるように。第二次世界大戦時には、悲しい猛獣処分も経験。戦後は復興し、1972（昭和47）年には日中国交回復を記念して、ジャイアントパンダの〝カンカン〟と〝ランラン〟が来園し、大変なにぎわいを見せました。

**国際幸福デー**

2012（平成24）年6月の国連総会で制定した国際デー。「幸福の追求」をテーマに、世界がより幸福であるようにと願うとともに「幸福とは何か」について考える日。

3月21日

●弥生（やよい）
●二十四節気：春分（しゅんぶん）
●七十二候：雀始巣（すずめはじめてすくう）

●元日から79日／大晦日まで285日

# 彼岸獅子《ひがんじし》

**会津《あいづ》**

●福島県会津若松市▶郡山駅からJR磐越西線（快速）で約1時間5分、会津若松駅下車●会津は戊辰戦争、白虎隊、新選組など数々の歴史ドラマの舞台となり、史跡の多い土地。また大河ドラマ『八重の桜』の冒頭に出てくる石部桜や、磐梯山、猪苗代湖など自然豊かな景勝地の宝庫です。

春の彼岸の入りに合わせて披露される彼岸獅子は、会津の春の訪れを喜び合う伝統行事。その歴史は900年ともいわれる古いもので、市の無形民俗文化財に指定されています。2人で舞う一般的な獅子舞と違い、彼岸獅子は1人で演じ、おなかの上の小さな筒太鼓（胴鼓）を叩きながら3体1組（太夫獅子、雄獅子、雌獅子）となって軽妙に踊ります。豊作と家内安全を祈る舞は、鶴ヶ城、阿弥陀寺など、市内各所で披露されます。

今日は何の日?

**国際人種差別撤廃デー**

1960（昭和35）年の今日、南アフリカのシャープビルにおいて、パス法（アフリカ人が白人地域に入る際に身分証明書の携行を強制した法律）に反対の集会をしていた数千の黒人に向け、白人警官が一斉発砲し、69人が死亡する「シャープビル虐殺事件」が発生。事件を契機に、1966（昭和41）年の国連総会で、この日を「国際人種差別撤廃デー」と制定しました。

**世界詩歌記念日**

1999（平成11）年の今日、国際連合教育科学文化機関（ユネスコ）が「World Poetry Day」を制定。世界全体で詩歌に関する活動を増進させることが目的です。この日には、国際連合郵便より記念切手も発行されています。

# 3月22日

●弥生（やよい）
●二十四節気：春分（しゅんぶん）
●七十二候：雀始巣（すずめはじめてすくう）
●元日から80日、大晦日まで284日

# 春はあけぼの《はるはあけぼの》

「春はあけぼの。やうやうしろくなり行く山ぎはすこしあかりて、むらさきだちたる雲のほそくたなびきたる」

千年以上前に書かれた『枕草子』の有名な序段です。この随筆の特徴は、作者・清少納言が、四季の美をただ挙げただけではなく、見逃しがちな一瞬の中に存在する美を捉えているところです。「春は、夜明け（がいい）」その条件として…、とインテリ女性が見せる一級品の感性は「をかし」の文学といわれています。

## 紫雲出山
しうでやま

●香川県三豊市詫間町大浜▶JR詫間駅からバスで30分、大浜下車、大浜漁港からバスで山頂駐車場下車●標高352mの紫雲出山が位置する荘内半島は浦島伝説が息づく土地。浦島太郎が玉手箱を開けた時に出た煙が紫色の雲になって山にたなびいた、という伝説からその名がついたとか。桜の名所で、展望台から瀬戸内海の多島美を見渡せます。

3月
23日

●弥生（やよい）
●二十四節気：春分（しゅんぶん）
●七十二候：雀始巣（すずめはじめてすくう）

●元日から81日／大晦日まで283日

# 菜種梅雨

なたねづゆ

菜の花が咲く3月中旬から4月頃、太平洋側で曇りや雨の天気が続くことがあります。春が来て高気圧が北に片寄ると、南側で停滞した前線によって太平洋側は雲に覆われ、梅雨のような気圧配置になることで雨が降りやすくなるからです。これを「菜種梅雨」と呼び、桜や春の花々の開花を促す役目も果たしています。しとしとと降る様は「春雨」「春の長雨」「春霖《しゅんりん》」「催花雨《さいかう》」などとも呼ばれます。

**小湊鉄道沿線**
こみなとてつどうえんせん

●千葉県市原市石神225▶小湊鉄道養老渓谷駅から徒歩14分●小湊鉄道沿線の「石神の菜の花畑」には菜の花畑の中をトロッコ列車やディーゼルカーが走るメルヘンのような世界が広がります。休耕田の荒れた土地に、地元の人々がボランティアで菜の花を植え、見違える景色となりました。

今日は何の日?

**世界気象デー**

1950年（昭和25年）の今日、世界気象機関（WMO）が発足し、WMO発足10周年の際に「世界気象デー」が制定されました。WMOは、国際的な観測網の確立、情報交換、気象観測の標準化、気象学の応用・研究・教育の奨励などが主な業務です。世界気象デーでは、気象知識の普及や国際的な気象業務への理解を促進するため、毎年キャンペーンテーマを設けてイベントなどを開催しています。

**季節によって変わるウグイスの鳴き方とは?**

ウグイスは北海道から九州まで広く分布し、「春告鳥《はるつげどり》」ともいいます。秋から冬は、「チャッチャッ」と鳴きますが、春になると「ホーホケキョ」と鳴いて求愛し、巣作りを始めます。

# 3月24日

●弥生（やよい）
●二十四節気：春分（しゅんぶん）
●七十二候：雀始巣（すずめはじめてすくう）

●元日から82日／大晦日まで282日

# モクレン

映画『マグノリアの花たち』は、その花のとおりに可憐で、芯の強いアメリカ南部の女性たちを描いた感動作でした。マグノリアはその映画の舞台のルイジアナ州の州花で、モクレンの一種です。一方、外側が紅紫で内側が白色の日本のモクレンは平安時代以前に中国から渡来。最初は漢方の「辛夷《しんい》」として花蕾を頭痛や鼻炎の薬にされていました。現在「辛夷」は日本原産のモクレンの仲間「コブシ」の当て字です。

## 京王フローラルガーデンアンジェ

けいおうふろーらるがーでん あんじぇ

●東京都調布市多摩川4-38▶京王相模原線京王多摩川駅下車、徒歩すぐ●園内はイングリッシュガーデンやウォーターガーデンなど、15種類の欧風庭園が広がります。なかでも春は、都内最大級の30種類200本のマグノリア（西洋モクレン）が見頃を迎えます。

今日は何の日?

**世界結核デー**

1882（明治15）年の今日、ドイツの医師で細菌学者のロベルト・コッホが結核菌を発見し演説を行ったことに由来。医学の進歩で克服されたかに見えた結核が、再び猛威を振るい始めたことから、結核の撲滅を目指して1997（平成9）年に世界保健機関（WHO）が世界保健総会で制定しました。厚生労働省によると、2018（平成30）年に日本で新たに結核患者として登録された人は約1万5千人、結核による死亡数は約2千人でした。

**マネキン記念日**

1928（昭和3）年の今日、東京・上野公園で「大礼記念国産振興東京博覧会」が開かれ、出展した高島屋呉服店が日本初の「マネキンガール」を登場させました。

# 3月25日

●弥生（やよい）
●二十四節気：春分（しゅんぶん）
●七十二候：雀始巣（すずめはじめてすくう）

●元日から83日／大晦日まで281日

# 神忌祭（松明祭）

しんきさい（たいまつさい）

炎は赤々と夜の闇を照らし、松明の行列は厳かに境内を巡行します。旧暦の2月25日であるこの日は、道真公の命日にあたり、夕暮れ時、道真公の御神霊が純白の絹垣《きぬがき》に囲まれたまま、梅花の境内を巡ります。人々のかざす松明の火が守るなか、心字池を巡る行装は葬送の列を模し、〝松明祭り〟ともいわれ、8月の夏の大祭に対して春の大祭ともいわれます。亀戸天神が創建されてから300年以上続く祭事です。

**亀戸天神社**
かめいどてんじんしゃ

●東京都江東区亀戸3丁目6番1 ▶JR総武線亀戸駅下車、徒歩15分●菅原道真公を御祭神とし、道真公の末裔・菅原大鳥居信祐公により1646(正保3)年に創建。梅の名所で神職が取った梅の実は梅酒や梅干しにされます。また江戸時代から「亀戸の五尺藤」といわれる藤の名所でもあり、4月下旬、15棚100株の藤が華麗に咲き誇ります。

今日は何の日？

**電気記念日**

1878(明治11)年の今日、グローブ電池とアーク灯によって、日本で初めて電気の明かりがともされました。これを記念し、1927(昭和2)年に日本電気協会が記念日に制定しました。この日、工部省電信局は東京の銀座木挽町に中央電信局を開設し、その祝賀会が虎ノ門の工部大学校（現・東京大学工学部）で開かれました。工部卿・伊藤博文から会場に電気灯を使用するよう命じられた同大学のイギリス人教授・ウィリアム・エアトンが、グローブ電池50個を使用して、講堂の天井に設置されたアーク灯を点灯させました。翌年、アメリカの発明家トーマス・エジソンが白熱電球を実用的に改良し、日本にも輸入されました。

# 3月26日

●弥生（やよい）
●二十四節気：春分（しゅんぶん）
●七十二候：桜始開（さくらはじめてひらく）

●元日から84日／大晦日まで280日

## 花会式《はなえしき》

薬師寺の修二会《しゅにえ》は、金堂薬師三尊像の前に10種の造花を供えることから、「花会式」と呼ばれます。1107（嘉承2）年、堀河天皇が皇后の病気全快を祝って荘厳な法要を行ったことが始まりで、練行衆と呼ばれる僧侶衆が1日6回の薬師悔過法要を行います。31日夜は松明を持って激しく暴れまわる鬼を薬師如来の力を受けた毘沙門天が鎮める「鬼追い式」が行われ、法要の結願《けちがん》はクライマックスを迎えます。

**薬師寺**
やくしじ

●奈良県奈良市西ノ京町457▶近鉄西ノ京駅から徒歩1分●薬師寺は680（天武天皇9）年に天武天皇が皇后（後の持統天皇）の病気快復を祈り創建された1300年の歴史を持つ寺。花会式では毎年3月25日〜31日に約1600本の和紙で作られた造花が供えられます。造花は市内の2軒の家で代々作り続けられているそう。

今日は何の日？

**カチューシャの唄の日**

1914（大正3）年の今日、島村抱月と松井須磨子が旗揚げした劇団「芸術座」が、トルストイの『復活』の初演を行いました。日本で初めて劇中歌を取り入れ、その『カチューシャの唄』が大ヒットしました。妻子ある抱月と須磨子の恋をきっかけに立ち上げた劇団も、4年後には抱月が病気で他界、須磨子はその翌年後追い自殺し、解散しました。

**東京の桜の開花日**

2011〜2019年の平均で、3月26日は東京の桜開花日になっています。この日が平均の開花日になっている都市は、鹿児島、和歌山、名古屋、横浜です。

# 3月27日

●弥生（やよい）
●二十四節気：春分（しゅんぶん）
●七十二候：桜始開（さくらはじめてひらく）

●元日から85日／大晦日まで279日

## 桜《さくら》

「花は桜木、人は武士」華やかに咲いて、潔く散る。日本人が桜に魅力を感じる1番の理由はこれでしょう。さくらの語源は一説には「さ＝田の神」「くら＝神の宿る場所」で、稲の神の宿る木とされています。お花見は貴族や武家の風習として始まり、今では春の訪れを感じる1番のイベント。また花の時期が卒業や入学など人生の節目に重なることも、桜が特別な存在である理由のひとつかもしれません。

### 靖国神社
やすくにじんじゃ

●東京都千代田区九段北3-1-1 ▶東西線/半蔵門線/都営新宿線で九段下下車、徒歩5分●1869（明治2）年に明治天皇が創建した「招魂社《しょうこんしゃ》」が前身。国家のために尊い命をささげた人々の魂を慰め、事績を永く後世に伝えることを目的に創建。桜の名所でもあり、ソメイヨシノやヤマザクラなど約500本の桜が咲きます。

今日は何の日？

**さくらの日**

1992（平成4）年に、日本さくらの会が日本の歴史や文化、風土と深く関わってきた桜を通して、日本の自然や文化について、国民の関心を高めることを目的に制定されました。日付は3×9（さくら）＝27の語呂合わせと、七十二候のひとつ「桜始開《さくらはじめてひらく》」が重なる時期であることが由来です。

**靖国神社の桜の名所**

気象庁が毎年観測を行う東京の標本木は、靖国神社の中にあります。標本木に5〜6輪以上の花が開いた日が開花日となります。また境内には、戦争にまつわる桜もあり、特攻隊の神雷部隊が、戦死したら「靖国神社の神門を入って二本目の桜の木の下で会おう」と約束して飛び立った「神雷桜」があります。

# 3月28日

●弥生（やよい）
●二十四節気：春分（しゅんぶん）
●七十二候：桜始開（さくらはじめてひらく）
●元日から86日／大晦日まで278日

## サクラエビ

日本や台湾周辺の深海に生息するエビで、日本で水揚げされるのは駿河湾のみ。最近は水揚げ量が減っている、貴重な海の幸です。昼は深海、夜は浅い海域に浮上し、体長3・5～4・5cmの透明な体には赤い色素が見えますが、夜は青く光り、別名「駿河湾の宝石」とも。加熱するとより桜色に色づくことがこの名の由来。由比港で水揚げされたサクラエビは、富士山を望む蒲原の富士川河川敷で天日干しされます。

**駿河湾**
するがわん
●静岡市清水区由比今宿字浜1127（由比港漁協）▶JR東海道線由比駅下車、徒歩15分●日本一水深の深い湾で、最も深い地点で水深2500m。その景観は世界にも認められ、「世界で最も美しい湾クラブ」に加盟。サクラエビの漁ができるのは由比港と大井川港のみで、新鮮な生のサクラエビを味わえます。

今日は何の日？

**シルクロードの日**

1900（明治33）年の今日、スウェーデンの地理学者で探検家のスヴェン・ヘディンにより、シルクロードの古代都市・楼蘭《ろうらん》が発見されました。「シルクロード」（絹の道）は、中国と西洋を結ぶ交易路のこと。絹の他にも、香料、お茶、紙が西へ、宝石、銀製品、砂糖などが中国へ運ばれました。2014（平成26）年には「シルクロード：長安-天山回廊の交易路網」としてユネスコの世界遺産に登録されました。

**「胡」がつくものはシルクロードが由来？**

胡椒《こしょう》、胡瓜《きゅうり》、胡麻《ごま》、胡桃《くるみ》、胡坐《あぐら》、胡弓《こきゅう》、胡蝶《こちょう》など、「胡」の漢字がつくものの多くは、唐時代に「胡」と呼ばれたソグド人が西方から運んできた文物です。

# 3月29日

- 弥生（やよい）
- 二十四節気：春分（しゅんぶん）
- 七十二候：桜始開（さくらはじめてひらく）

元日から87日／大晦日まで277日

# カントウタンポポ

昔は「鼓草《つづみぐさ》」とも呼ばれ、鼓を叩く音「タン」「ポポ」が名前の由来だというタンポポ。在来種と外来種があり、花びらの下の「総《そう》苞片《ほうへん》」が反り返っている方が外来種です。都心などどんな場所でも咲ける外来種は受粉せずに自らの種（クローン）で増えて通年咲き、カントウタンポポなど春だけに咲く在来種は受粉した種で増え、昔から環境の変わらない神社の境内や雑木林などで見ることができます。

## 旧岩崎邸庭園

きゅういわさきていていえん

●東京都台東区池之端1-3-45 ▶東京メトロ千代田線湯島駅下車、徒歩3分●1896（明治29）年に建築された三菱財閥3代目・岩崎久弥の本邸。上層階級の邸宅を代表する歴史的文化財で、英国人建築家ジョサイア・コンドルが手掛けた洋館と撞球室（ビリヤード場）、和館の3棟が現存。庭園にはカントウタンポポが群生します。

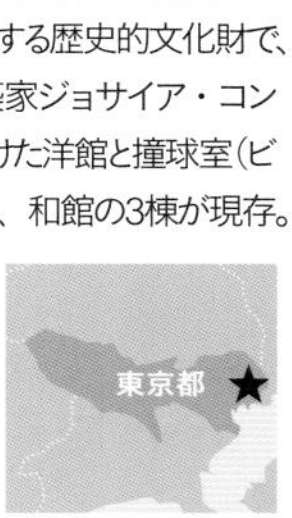


今日は何の日？

**マリモの日**

1952（昭和27）年の今日、北海道・阿寒湖のマリモが国の特別天然記念物に指定されました。マリモは1897（明治30）年に札幌農学校（現・北海道大学）の川上瀧彌農学博士によって発見され名付けられました。現在、環境省の絶滅危惧種にも指定されています。

**世界唯一の阿寒湖のマリモ**

マリモは水中に生育する藻の仲間で、本来は糸状のもの。それがたくさん集まって塊をつくり、風や波の力によって回転し、丸くなります。日本全国・海外の湖沼に生息しますが、直径が最大30㎝までに大きく育つマリモは世界で2カ所だけ。しかしアイスランドのミーヴァトン湖では絶滅危機のため、阿寒湖が世界で唯一となりつつあります。

# 3月30日

●弥生（やよい）
●二十四節気：春分（しゅんぶん）
●七十二候：桜始開（さくらはじめてひらく）

元日から88日／大晦日まで276日

# 国立競技場

こくりつきょうぎじょう

東

東京2020オリンピック・パラリンピック競技大会のために、2019（令和元）年にリニューアル。日本の木造建築を現代的にアレンジした建築で、建築面積約6万9千㎡、地上5階地下2階、約6万人の観客を収容。天然芝や反発力の高い陸上トラック、ランダムな配色で空席が目立たないスタンド席、世界最高水準のユニバーサルデザインなど、選手と観客に配慮がなされた最先端の設備が施されています。

**国立競技場**
こくりつきょうぎじょう

●東京都新宿区霞ヶ丘町10-1 ▶都営大江戸線国立競技場駅下車、徒歩1分●陸上競技・サッカー・ラグビーの聖地として歴史を刻んできました。前身は青山練兵場跡地に建てられた明治神宮外苑競技場で、その後第18回オリンピック東京大会のために改装され、1958（昭和33）年3月30日、旧国立競技場として完成。

**杜のスタジアム**

新しい国立競技場は、日本を代表する建築家、隈研吾氏の設計で、周辺の明治神宮外苑との調和を目指した「杜のスタジアム」がコンセプト。日本の47都道府県から取り寄せられた木材が使用されています。

今日は何の日？

**マフィアの日**

1282年の今日、フランス人の過酷な支配下にあったシチリア島で暴動が発生。フランスの兵士が土地の女性に手を出したのがそのきっかけでした。暴動は全島に広がり、暴動の合言葉「Morte alla Francia Italia anela」（フランスに死を、これはイタリアの叫びだ）の各単語の頭文字「Mafia」が、「マフィア」の語源となったといわれています。

# 3月31日

●弥生（やよい）
●二十四節気：春分（しゅんぶん）
●七十二候：雷乃発声（かみなりすなわちこえをはっす）

●元日から89日／大晦日まで275日

# 日米和親条約

にちべいわしんじょうやく

幕末期、日本は鎖国政策をとっていましたが、1853（嘉永6）年、アメリカのペリー提督が軍艦4隻を率いて浦賀に来航。開国を要求する大統領の国書を受理させます。幕府は、翌年まで回答を延期しますが、1854（嘉永7）年1月、ペリーは軍艦9隻を率いて東京湾へ入港し、幕府を威圧。ついに3月31日、幕府は全12カ条の日米和親条約を締結し、鎖国体制は終焉を迎えました。

**ペリーロード**

●静岡県下田市3-6▶伊豆急行線伊豆急下田駅下車、徒歩14分●ペリー艦隊来航記念碑があるペリー上陸記念公園から平滑川《ひらなめがわ》を沿って続く石畳の道には、江戸末期から大正時代にかけて建てられた風情ある建物が続きます。終着点は条約の交渉場所となった了仙寺《りょうせんじ》。散策がてら開国の歴史を辿れます。

今日は何の日?

**オーケストラの日**

み（3）み（3）に一番、み（3）み（3）にいい（1）ひと読む語呂合わせから、公益社団法人日本オーケストラ連盟が2007（平成19）年に制定。多くの人にオーケストラを身近に感じて、楽しんでもらうことが目的で、この日を中心に全国各地で記念コンサートが開催されています。

**教育基本法・学校教育法公布記念日**

1947（昭和22）年の今日、「教育基本法」と「学校教育法」が公布されました（教育基本法は2006年に全面的に改正）。教育基本法は、国の教育全般の基礎となる法律で、これを受ける形で学校教育法が制定され、現在の学校制度が形成されました。

コラム3

# ひな祭り考

## 3月

3日の桃の節句は、女の子のいる家では大切な行事。大きなひな人形を置く場所に余裕がない家では、いつ人形を飾るか、いつ人形をしまうかが、しばしば家庭内の論争となります。

平安時代に貴族の子女が「ひいなあそび」をしていた記録があり、これが「ひな祭り」の起源に関係していると思われます。また中国起源の節句（→P.144）のひとつ「上巳の節句」は「桃の節句」として平安より前の時代からあり、貴族の子女が健康と厄除けを祈願する行事でした。「ひいなあそび」と「桃の節句」が一緒になる形で「ひな祭り」が生まれたと考えるのが自然でしょう。「桃の節句」の行事は徐々に貴族から武家や庶民にも広がっていきました。今でも多くの場所で「流し雛」の習慣がありますが、これは人形に自らの穢れを移して川や海に流すことで、災厄を祓ったり、無病息災を祈ったりするもの。厄祓いの「上巳」の行事は、中国文化圏のアジア各地で現在でも広く行われています。

さてひな人形ですが、現在のように人形を飾ってひな祭りを祝うようになったのは江戸時代から。最初は立った男雛、女雛一対を飾っていましたが、その後、座り雛になり、人形の衣装や周りの飾りが豪華になっていきました。江戸時代後期になると、現在のひな人形の原形に近い、三人官女や五人囃子といった、主役以外の人形も登場しました。人形を飾って桃の節句を祝う習慣も江戸期に庶民にも広がっていきました。

公家文化の伝統が残る京都と武家社会の中心江戸では人形の飾り方が違っていて、京風では男雛が向かって右側（左側に座る）、江戸風では男雛が向かって左側（右側に座る）になります。

# 4月

卯月《うづき》

4月1日

●卯月（うづき）
●二十四節気：春分（しゅんぶん）
●七十二候：雷乃発声（かみなりすなわちこえをはっす）

元日から90日／大晦日まで274日

# 花見《はなみ》

桜を愛でる心は日本人の伝統文化のひとつ。花見は奈良時代の貴族が梅を見る行事から始まり、平安時代になって桜に変わったといわれます。鎌倉・室町時代には花見の習慣は武士階級にも広がります。豊臣秀吉が催した「吉野の花見」と「醍醐の花見」は有名。京都の醍醐寺には約700本の桜を植樹し、諸大名とその女房女中を招き盛大な茶会や歌会が催されました。これがきっかけで花見の習慣が庶民に伝わり、江戸時代には春の行事として根付いていきました。

## 吉野山

よしのやま

●奈良県吉野郡吉野町吉野山▶近鉄吉野線吉野駅下車、徒歩約20分●「一目千本（ひとめせんぼん）」とも称される吉野山の桜。このあたりには古来より山桜が多く、シロヤマザクラを中心に約200種3万本が密集しています。開花時期は4月初旬から末頃まで。下千本・中千本・上千本・奥千本と呼ばれ、麓から山上にかけて全山を埋め尽くすように開花していくため、長く見頃が続きます。ソメイヨシノとはひと味異なる可憐ではかなげな様子もよく、開花に合わせた夜間のライトアップも楽しみです。

### 今日は何の日？

**エイプリルフール**

4月1日の午前中は、悪意のないうそをついても許されるという風習。由来は諸説あり、フランスのグレゴリオ暦採用によるというものが有力です。フランスでは4月1日を新年としていましたが、1564年、国王シャルル9世によって1月1日を新年とするグレゴリオ暦が採用され、これを「うその新年」としてばか騒ぎをするように。日本では大正時代に西洋から伝わりました。

# 4月2日

●卯月（うづき）
●二十四節気：春分（しゅんぶん）
●七十二候：雷乃発声（かみなりすなわちこえをはっす）

●元日から91日／大晦日まで273日

## 図書館《としょかん》

諸説ありますが、類最古の図書館は紀元前3500年、メソポタミアの神殿内に設けられていたもの。紙ではなく粘土板に書かれていた蔵書は現在、大英博物館に保存されています。「子供にもっと本を」と制定されたのが、「国際子どもの本の日」。デンマークの童話作家・アンデルセンの誕生日でもあり、4月2日の1966（昭和41）年、国際児童図書評議会の設立者・レップマンにより提唱されました。

### 国際子ども図書館
こくさいこどもとしょかん

●東京都台東区上野公園12-49
▶JR上野駅下車、徒歩約10分
●約1万冊の児童書がそろう、日本初の国立児童専門図書館。2000（平成12）年、国立国会図書館の支部として設立されました。世界文化遺産の国立西洋美術館をはじめアート施設が集まる上野公園エリアにあり、誰でも利用できます。館内には授乳スペースやカフェも用意されています。

---

今日は何の日？

**週刊誌の日**

1922（大正11）年、『週刊朝日』と『サンデー毎日』が同時に発刊されたことが由来です。『週刊朝日』は創刊当初、毎月5・15・25日発刊の旬刊と呼ばれる発行形態でしたが、約1カ月遅れて『サンデー毎日』が刊行されるのと同じくして週刊へと移行。この日が4月2日だったのです。

**歯列矯正の日**

歯列矯正の大切さをアピールする日として2001（平成13）年、歯列矯正の業務を手掛ける京都の会社によって制定されました。し（4）・れ（0）・つ（2）の語呂合わせと、新しいことを始めるには4月がふさわしいとのことで、この日に決まりました。一般社団法人 日本記念日協会により認定・登録されています。

# 4月3日

●卯月（うづき）
●二十四節気：春分（しゅんぶん）
●七十二候：雷乃発声（かみなりすなわちこえをはっす）

●元日から92日／大晦日まで272日

# 生きびな祭《いきびなまつり》

春の訪れが遅い地方では、ひな祭りをひと月遅れで祝うところが珍しくありません。「生きびな祭」は1952（昭和27）年、養蚕が盛んだった飛騨地方で春に行われていた養蚕農家のお祭りに合わせて始まりました。絹に象徴される女性の気品と、幸福への願いが込められています。当日は女性のひな役や巫女などが、飛騨一宮水無神社の表参道から境内までを、平安絵巻を思わせる行列となって練り歩きます。

**水無神社**
みなしじんじゃ

●岐阜県高山市一之宮町5323▶JR飛騨一ノ宮駅下車、徒歩約8分●平安初期の創建と伝わり、古来より飛騨の人々の心のよりどころとなってきました。飛騨に春を告げる「生きびな祭」や、岐阜県指定無形文化財に指定されている「神代踊り」の際には多くの参拝者でにぎわいます。近くには国の天然記念物・臥龍桜(がりゅうざくら)があります。

## 今日は何の日?

**シーサーの日**

シー（4）・サー（3）の語呂合わせで、シーサーの発祥地である沖縄県那覇市壺屋で2002（平成14）年より実施されています。沖縄県などに伝わるシーサーは、集落の高台、建物の門や屋根に掲げ、災いをもたらす悪霊を追い払う魔除けの意味があり、獅子を沖縄方言で発音すると「シーサー」となることからこの名になりました。

**いんげん豆の日**

1673（寛文13）年の今日は、いんげん豆を中国から日本に伝えたとされる中国・明の隠元禅師の忌日。江戸時代前期に来日した禅師は将軍・徳川家綱により厚くもてなされ京都・宇治に寺を創建。また、いんげん豆を精進料理の材料として普及させました。

# 4月4日

●卯月（うづき）
●二十四節気：清明（せいめい）
●七十二候：雷乃発声（かみなりすなわちこえをはっす）

●元日から93日／大晦日まで271日

## 大瀬まつり

おせまつり

大瀬神社の例大祭。「天下の奇祭」としても知られ、大漁と航海安全を祈願するため、華やかに装飾された漁船が各地区から大瀬神社に向かって出港します。最大の見どころは、派手な化粧と長襦袢で女装した男たちが船上で繰り広げる「勇み踊り」。普段は荒々しい漁師たちがかわいらしく着飾った姿に、観客から大きな声援が飛び交います。参拝を終えた船のパレードや、地元産の新鮮な魚介販売も楽しみです。

### 大瀬神社

おせじんじゃ

●静岡県沼津市西浦江梨大瀬329▶JR沼津駅下車、東海バス大瀬岬行き約80分、終点下車徒歩5分●古くから駿河湾漁民の海の安全を守る神様とされてきました。鳥居の奥にある大池は、海に囲まれているにもかかわらず淡水であることから「神池」と呼ばれ、、「伊豆の七不思議」のひとつに数えられています。

### 今日は何の日?

**あんぱんの日**

1875（明治8）年、向島の水戸家下屋敷を訪れた明治天皇に、木村屋（現・木村屋總本店）が初めて酒種桜あんぱんを献上した日。当時、侍従として仕えていた山岡鉄舟の提案だったそうです。天皇はこれをお気に召し、また皇后陛下も大変好まれたとか。その後、一般にも販売されるようになり、大ヒットにつながりました。

**トランスジェンダーの日**

3月3日の女の子の祭り「桃の節句」と、5月5日の男の子の祭り「端午の節句」の中間の日付であることから、性同一性障害の支援グループが制定しました。男性と女性だけでない多様性について、社会的な理解を深めてもらうことが目的です。

# 4月5日

●卯月（うづき）
●二十四節気：清明（せいめい）
●七十二候：玄鳥至（つばめきたる）

●元日から94日／大晦日まで270日

# ホタルイカ

腹や腕に発光器があり青白く光ることから、この名で呼ばれるようになりました。富山県、兵庫県の日本海一帯が主な産地。春に生まれ、翌春に産卵を終えて約1年で一生を終えます。富山湾では毎年3月1日が解禁日で4～5月が旬となり、6月まで漁が続きます。春を彩る美味は傷みやすく、取れたてが最もおいしいそう。地元の人は岸に押し寄せるイカをすくって持ち帰り、新鮮なまま食べるのだそうです。

**富山湾・ホタルイカの身投げ**
とやまわんほたるいかのみなげ

●富山県富山市東岩瀬町海岸通り▶JR富山駅下車、富山ライトレールに乗り換え岩瀬浜駅下車、徒歩約15分（富山港展望台）

●深海にすむホタルイカが産卵の時期を迎える4～5月、岸に押し寄せ青白く光る幻想的な光景が「ホタルイカの身投げ」。富山湾一帯の海域は「ホタルイカ群遊海面」として国の特別天然記念物に指定されています。

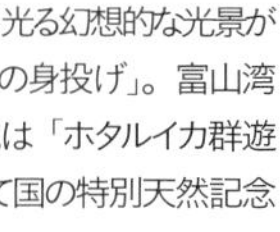


## 今日は何の日？

**デビューの日**

新人にエールを送る日。元読売巨人軍・長嶋茂雄氏が1958（昭和33）年、開幕戦に3番サードで先発出場した、プロ野球デビューの日に由来します。長嶋氏はその後、王貞治氏とともに「ON時代」と呼ばれる巨人の黄金時代を築きました。引退後の現在も、「ミスター」として多くの野球ファンから愛されています。

**オープンカーの日**

オープンカーの普及とライフスタイルを追求する「日本オープンカー協会」が制定。4月は桜が舞う中を走れる最高の季節であることと、「五感」に訴えかける車であることから、語呂合わせでこの日に。多くの人に魅力を知ってもらう目的があります。

4月6日

●卯月（うづき）
●二十四節気：清明（せいめい）
●七十二候：玄鳥至（つばめきたる）

●元日から95日 大晦日まで269日

# 日本100名城

にほんひゃくめいじょう

財団法人 日本城郭協会が2006（平成18）年に定めた「名城100選」のこと。全国各地の名城探訪ガイドとするため、観光地としての知名度、文化財や歴史上の重要性、復元の正確性などをもとに、城郭愛好家や専門家の審査により決定されました。城の起源は弥生時代に周囲に濠を巡らせた環濠集落にあるといわれ、石垣や天守閣をもつ城郭は、おもに室町時代末期から安土桃山時代に築かれました。

**姫路城**
ひめじじょう

●兵庫県姫路市本町68▶JR姫路駅下車、徒歩約20分●白漆喰の城壁と、シラサギが羽を広げたような優美な姿から「白鷺城」の愛称に。1333（元弘3）年、この地に最初に砦が築かれ、現在の大天守は1609（慶長14）年に建築されたもの。1993（平成5）年12月、奈良の法隆寺とともに日本で初のユネスコ世界文化遺産に登録されました。

# 4月7日

●卯月（うづき）
●二十四節気：清明（せいめい）
●七十二候：玄鳥至（つばめきたる）

●元日から96日／大晦日まで268日

# かなまら祭り《かなまらまつり》

「日本の奇祭」のひとつ。起源は江戸時代、川崎宿の遊女たちが金山神社に商売繁盛や性病除けを願った「地べた祭」とされています。空襲により社殿や資料が焼失し忘れられていましたが、海外の民俗学者などが注目するようになったことをきっかけに復活。1977（昭和52）年から男根神輿や仮装を取り入れて催されるようになりました。毎年4月第1日曜に開催され、外国人にも人気のイベントになっています。

## 金山神社
かなやまじんじゃ

●神奈川県川崎市川崎区大師駅前2-13-16▶京急大師線川崎大師駅下車、徒歩約3分●若宮八幡宮境内で「かなまら様」と親しまれています。イザナミノミコトが下半身に大やけどを負った際、この神社の神様が看病した伝説から、子宝祈願、夫婦円満のほか、鉄鋼関係や金物店から商売繁盛の神様として敬われています。

## 今日は何の日？

**世界保健デー**

スイス・ジュネーブに本部を置く「世界保健機関（WHO）」が1948（昭和23）年、設立された記念日。英語の名称は「World Health Day」で国際デーのひとつ。世界規模で健康への関心を集めることを目的とし、毎年この日を中心に、世界各国でさまざまな健康に関するテーマのイベントが催されています。

**鉄腕アトムの誕生日**

手塚治虫氏の人気漫画『鉄腕アトム』の主人公・アトムの誕生日。少年雑誌で連載が始まったのが1952（昭和27）年、原作ではその半世紀後の2003年のこの日にアトムが誕生する設定となっています。この日には各地で手塚氏とアトム関連イベントが開かれました。

# 4月8日

●卯月（うづき）
●二十四節気：清明（せいめい）
●七十二候：玄鳥至（つばめきたる）

●元日から97日／大晦日まで267日

## 忠犬ハチ公《ちゅうけんはちこう》

ハチ公は1923（大正12）年生まれの秋田犬。東大農学部の上野英三郎博士に飼われ、渋谷駅まで毎日送り迎えをしていました。博士の急逝後も毎日駅前で帰りを待ち続けていたことはあまりに有名です。その一途な姿が知られ1934（昭和9）年、渋谷駅前に銅像が建てられました。序幕式にはハチ公自身も出席しています。翌年3月8日に亡くなり、1カ月後の今日が「忠犬ハチ公の日」とされています。

**ハチ公像**
はちこうぞう

●東京都渋谷区道玄坂2-1-1▶JR渋谷駅下車、ハチ公口前●渋谷スクランブル交差点の前にあり、待ち合わせの定番スポット。オリジナルの銅像は第二次世界大戦中に供出され、1948（昭和23）年に再建されました。「忠犬ハチ公の日」には渋谷だけでなく、ハチ公が生まれた秋田県大館市でも慰霊祭が行われています。

### 今日は何の日?

**花まつり**
仏教の開祖・お釈迦様の誕生日。生誕の地・インドでは古来行われてきた行事で、日本では仏教伝来からの歴史があります。各地のお寺では花御堂の中央に立像を置き、参拝者が甘茶を注ぐ儀式が行われます。甘茶を注ぐのは、お釈迦様生誕の時、9頭の龍が天から注ぐ清浄な水で産湯を使わせた伝説に由来します。

**ヴィーナスの日**
愛と美の女神とされるヴィーナスは、神々の王ゼウスの娘。1820年のこの日、エーゲ海に浮かぶミロス島の洞窟で地元の農夫がヴィーナス像を発見。発見された像は紀元前130年ごろの作とされ、「ミロのヴィーナス」としてパリのルーブル美術館に展示されています。

# 4月9日

●卯月（うづき）
●二十四節気：清明（せいめい）
●七十二候：玄鳥至（つばめきたる）

●元日から98日／大晦日まで266日

# 大仏の日

だいぶつのひ

## 東大寺

とうだいじ

●奈良市雑司町406-1▶JR・近鉄奈良線奈良駅で市内循環バスに乗り換え東大寺大仏殿・春日大社前下車、徒歩約5分●奈良時代に建立された代表的な寺院で、大仏殿は世界最大級の木造建築物。長岡京遷都後も歴代天皇の手厚い保護のもと、国宝・阿修羅像を安置する興福寺とともに栄華を誇りました。3月の「お水取り」、8月の「大仏様お身ぬぐい」なども必見です。

聖武天皇の命により奈良・東大寺の大仏製作が開始されたのは745年。7年後の752年のこの日完成し、魂入れの儀式である開眼供養会《かいげんくようえ》が盛大に行われました。座高約15m、顔の長さ約5m、目の長さは約1mあります。「奈良の大仏」として知られますが正式名称は「盧舎那仏坐像《るしゃなぶつざぞう》」といい、彫刻部門国宝に指定されています。火災で大部分が焼失し、現在まで残るのはごく一部です。

### 今日は何の日？

**フォークソングの日**

「Folk」は民謡、民族の意味。電気楽器を使わず、アコースティックギターやバンジョなどで演奏する伝統的な音楽がフォークソング。日本では1960～70年代に岡林信康、森山良子、吉田拓郎などが活躍しています。「フォー（four＝4）・ク（9）」の語呂合わせから日本のレコード会社が制定しました。

**食と野菜ソムリエの日**

し（4）・よく（9）の語呂合わせから、日本ベジタブル&フルーツマイスター協会（現・一般社団法人日本野菜ソムリエ協会）が制定。この団体が認定する野菜ソムリエは、毎日の食生活に欠かせない野菜や果物について幅広い専門知識をもち、生産者と消費者の架け橋となっています。

# 4月10日

●卯月（うづき）
●二十四節気：清明（せいめい）
●七十二候：鴻雁北（こうがんきたへかえる）

●元日から99日／大晦日まで265日

## 四万十川

しまんとがわ

四国最長の大河・四万十川は全長196㎞。上流に大規模なダムが建設されていないこと、コンクリートで固められていない自然のままの護岸が多く残ることから「最後の清流」と呼ばれています。源流点は不入山《いらずやま》という原生林にあり、いくつかの町村を巡り太平洋に注ぎます。子どもたちの水遊びの場であるとともに、天然のアユやウナギ、川エビなどが多く生息し、火振り漁など伝統漁法が今でも残っています。

**四万十川と沈下橋**

しまんとがわとちんかばし

●高知県四万十市佐田▶JR高知駅から土佐くろしお鉄道で約1時間45分、中村駅下車、車で約15分●四万十川の風物詩ともいえるのが、欄干のない沈下橋。台風などによる増水時に沈んでしまうことからこの名が付きました。現在、47の橋があり遊覧船やカヌーから眺めたり、河畔をサイクリングで巡るのもおすすめです。

今日は何の日？

**四万十の日**

し（4）まんと（10）の語呂合わせで、高知県四万十市の「四万十の日実行委員会」が四万十川の自然を守ることを目的に制定しました。

**女性の日**

1946（昭和21）年の今日、戦後初の男女普通選挙制度を採用した総選挙が行われ、女性に参政権が与えられました。これを記念して1949（昭和24）年から始まったのが「婦人の日」。「婦人」という言葉に古めかしいイメージがあり使われなくなってきたことから、1998（平成10）年に「女性の日」に名称が変わりました。

# 4月11日

●卯月（うづき）
●二十四節気：清明（せいめい）
●七十二候：鴻雁北（こうがんきたへかえる）

●元日から100日／大晦日まで264日

# 山笑う

やまわらう

春を迎え山の木々が一斉に芽吹き、花が咲く様子を人になぞらえた表現。明るくのどかな様子を表した言葉は俳句の季語としてもたびたび使われ、正岡子規の「故郷やどちらを見ても山笑ふ」、高浜虚子の「腹にある家動かして山笑ふ」などが有名。ちなみに夏の山を「山《やま》滴《したた》る」、秋は「山粧《やまよそお》う」、冬は「山眠《やまねむ》る」という表現があります。身近な自然の移り変わりを愛おしみ、楽しむ日本人の季節感が伝わってきます。

## 嵐山

あらしやま

●京都府京都市西京区▶JR京都駅から嵯峨野線で約16分、嵯峨嵐山駅下車●京都の景勝地・嵐山は春の桜、秋の紅葉など四季折々の美しさを楽しめ、平安の昔から貴族の別荘地としてにぎわってきました。シンボルといえるのが桂川に架かる渡月橋。周辺には天龍寺、大河内山荘、常寂光寺や竹林もあり、ゆっくりと散策してみたい場所です。

## 今日は何の日？

**メートル法公布記念日**

長さの単位に「尺」を、重さに「貫」を使う「尺貫法」から「メートル」と「キログラム」基準とする「メートル法」が公布された記念日です。1921（大正10）年に公布されましたが、根強い反対運動により延期となり、完全移行は1959（昭和34）年のことです。

**ガッツポーズの日**

勝利の喜びを表すガッツポーズ。起源についていくつかの説があるなかのひとつが、1974（昭和49）年のこの日に行われたボクシングのタイトルマッチ。チャンピオンにKO勝利したガッツ石松氏が、両手を上げて喜びを表した姿をスポーツ新聞の記者が「ガッツポーズ」と表現したことで広まったといわれています。

# 4月12日

●卯月（うづき）
●二十四節気：清明（せいめい）
●七十二候：鴻雁北（こうがんきたへかえる）

●元日から101日／大晦日まで263日

## 牡丹《ぼたん》

「花の王様」と呼ばれる牡丹の原産地は中国。4月～5月下旬に見頃を迎え、花びらが重なり咲く姿が豪華なことから「風格」の花言葉があります。歌人・与謝野晶子は「神秘の花」「熱の花」と呼び、いくつもの歌を詠みました。よく似た花で芍薬《しゃくやく》と混同されることがありますが、葉を見れば見分けるのは簡単。牡丹が薄くて葉先に切り込みが入っているのに対し、芍薬は厚みとツヤがあり、切り込みがありません。

**長谷寺**
**はせでら**

●奈良県桜井市初瀬731-1▶近鉄奈良線長谷寺駅下車、徒歩約15分●長谷寺の牡丹の由来は、唐の后妃・馬頭夫人（めずぶにん）。馬のような長い顔に悩みをもつ夫人が長谷寺に向かって祈祷すると美しくなり、お礼に献木したのが始まりというもの。4月中旬から5月上旬に催される牡丹祭りでは、約150種7000株が咲き競います。

### 今日は何の日？

**世界宇宙飛行の日**
世界初の有人宇宙飛行船は、旧ソビエト連邦が1961（昭和36）年のこの日に打ち上げた「ヴォストーク1号」。人類初の有人宇宙飛行に成功し、この飛行船に搭乗していたガガーリン少佐が帰還後に語った「地球は青かった」という言葉は、あまりに有名です。

**東京大学創立記念日**
1877（明治10）年の今日、日本初の近代的な大学として設立されました。大学評価の世界的指標であるイギリスの高等教育専門誌「タイムズ・ハイアー・エデュケーション」による2020年の「世界大学ランキング」で東京大学は36位。ちなみに京都大学は65位、トップはイギリスのオックスフォード大学です。

4月13日

●卯月（うづき）
●二十四節気：清明（せいめい）
●七十二候：鴻雁北（こうがんきたへかえる）

●元日から102日／大晦日まで262日

# 十三参り

じゅうさんまいり

数え年で13歳になった男女が厄落としや開運、知恵を授かるために寺や神社にお参りする風習です。平安時代、幼くして帝位に就いた清和天皇が13歳になった折、京都嵐山の「法輪寺」で成人の証しとして法要を催したことが起源となっています。このお寺では参拝の帰りに、せっかく授かった知恵がなくならないよう、山門前に架かる渡月橋を渡り切るまで決して後ろを振り返ってはいけないといわれています。

**法輪寺**
ほうりんじ

●京都市西京区嵐山虚空蔵山町68-3▶阪急嵐山線、京福嵐山線嵐山駅下車、徒歩約10分●「十三参り」の起源をもつ「法輪寺」の創建は713年。嵐山の名所・渡月橋は法輪寺が架けた橋が始まりとされ、江戸時代まで「法輪寺橋」と呼ばれていたのだそうです。毎年3月13日～5月13日の「春の十三まいり」が催されます。

**今日は何の日？**

**啄木忌（たくぼくき）**
明治時代の歌人・石川啄木の忌日。1886（明治19）年、岩手県に生まれた啄木は26歳の若さで没するまで、『一握の砂』『悲しき玩具』などの歌集を発表し、その新鮮な歌風が注目されました。盛岡市の「石川啄木記念館」では彼の足跡をたどることができます。

**決闘の日（けっとうのひ）**
宮本武蔵と佐々木小次郎の決闘が行われたのは1612（慶長17）年のこの日。約束の時間を約2時間遅れて武蔵が小舟に乗って現れ、待ち疲れていら立った小次郎が一瞬にして敗れたエピソードがよく知られています。舞台となった山口県下関市にある巌流島には、そのシーンを再現した二人の銅像が置かれています。

4月14日

●卯月（うづき）
●二十四節気：清明（せいめい）
●七十二候：鴻雁北（こうがんきたへかえる）

●元日から103日／大晦日まで261日

# 東行忌《とうぎょうき》

明治維新の立役者・高杉晋作の忌日です。1839（天保10）年、萩城下に生まれ、後に反幕勢力の中心であった長州藩で活躍。27歳8カ月という短い生涯でありながら海外視察や帰国後の騎兵隊創立など、斬新な発想と行動力で時代を動かしていきました。「東行」は彼が西行法師にちなんで自ら付した号。この日、晋作の墓所がある「東行庵」では、墓前祭のほか、保育園児による舞や奉納吟などが催されます。

## 東行庵《とうぎょうあん》

●山口県下関市大字吉田町1184▶JR小月駅下車、バスに乗り換え約14分、東行庵入り口バス停下車、徒歩約5分●高杉晋作の霊位礼拝堂として1884（明治17）年に創建。桜、ツツジ、紫陽花、山茶花など四季折々の花木が目を楽しませてくれる「花の寺」としても知られています。晋作の忌日がある4月にはミツバツツジが、庵を象徴する花となっている沙羅は6月中旬から7月に見頃を迎えます。

今日は何の日？

**タイタニック号の日**

イギリスの大型客船タイタニック号は、サザンプトン港からニューヨークへ向けて1912（明治45）年の4月10日に出発。わずか4日後の14日、北大西洋ニューファンドランド沖で氷山に激突し沈没しました。1997（平成9）年、ジェームズ・キャメロン監督・脚本による映画『タイタニック』は当時、映画史上最高の世界興行収入を記録し、ギネスブックに登録されました。

**フレンドリーデー**

新入学、就職など新たなスタートを切る4月。2週間が過ぎ、友人との絆を深め、友情を確認し合う日として、「友達ってよいよね」の合言葉からよ（4）い（1）よ（4）ねの語呂合わせで制定されました。

4月15日

●卯月（うづき）
●二十四節気：清明（せいめい）
●七十二候：虹始見（にじはじめてあらわる）

●元日から104日／大晦日まで260日

# 巡礼《じゅんれい》

日常の暮らしを一時的に離れ、聖地や霊場を旅するのが「巡礼」。日本最古の巡礼路は「西国三十三所」で、和歌山から大阪、京都、奈良、滋賀、岐阜に至る近畿圏に総距離約1000kmに及びます。4月15日は「日本巡礼文化の日」。仏教だけでなく、キリスト教、イスラム教などでも同様の行動がありますが、日本の特徴は「三十三」「八十八」など宗教的な意味合いをもつ数の場所を定めて巡ることです。

**青岸渡寺《せいがんとじ》**

●和歌山県東牟婁郡那智勝浦町那智山8▶JR紀伊勝浦駅下車、那智山行バスに乗り換え終点下車、徒歩約15分●「西国三十三所」の一番札所。本尊の如意輪観世音を祀る本堂は1590（天正18）年に豊臣秀吉が再建したもの。ユネスコの世界遺産の一部として登録されており、境内にそびえる三重塔と那智の滝との組み合わせは必見です。

# 4月16日

●卯月（うづき）
●二十四節気：清明（せいめい）
●七十二候：虹始見（にじはじめてあらわる）

●元日から105日／大晦日まで259日

## 女子マラソン

じょしまらそん

日本で初めて女子のフルマラソン大会が多摩湖畔で開かれたのは1978（昭和53）年の今日。記録を競うものではなく、健康維持と体力作りを目的としていて、「亀のようにゆっくりでいい」というコンセプトから「女子タートルマラソン全国大会」と名付けられました。優勝者は横浜在住の女性で、タイムは3時間10分48秒。参加者数わずか49名に対し、沿道には10万人を超える大観衆が集まったといいます。

**多摩湖**
たまこ

●東京都東大和市▶西武多摩湖線武蔵大和駅下車、徒歩約10分●「村山貯水池」が正式名称で、東京都水道局が管理する人造湖。1927（昭和2）年に完成し、16.7kmの周遊道路の一角には、日本初の女子マラソン開催の地を記念する「水の精」の像があります。湖畔は桜の名所でもあり、都心より約2週間遅れて見頃を迎えます。

**今日は何の日?**

**チャップリンデー**

『黄金狂時代』『モダン・タイムス』『ライムライト』など数々の名作映画を世に送り出し、「喜劇王」と呼ばれるチャーリー・チャップリン。1889（明治22）年の今日、ロンドンで誕生しました。『独裁者』のモデルとなったヒトラーとは誕生年月が同じで、チャップリンは4日早く生まれています。

**康成忌（やすなりき）**

日本人として初めてノーベル文学賞を受賞した川端康成は、1972（昭和47）年の今日に亡くなりました。『伊豆の踊子』『雪国』『山の音』など、日本美を表現する独自の世界を追求。最期は自殺によるものでしたが、遺書が残されていなかったため、理由についてさまざまな憶測を呼びました。

# 4月17日

●卯月（うづき）
●二十四節気：清明（せいめい）
●七十二候：虹始見（にじはじめてあらわる）

●元日から106日／大晦日まで258日

# 恐竜《きょうりゅう》

映画『インディ・ジョーンズ』のモデルといわれるアメリカの動物学者ロイ・チャップマン・アンドリュースは1923（大正12）年の今日、北京からゴビ砂漠に向け5年間もの冒険旅行に出発しました。途中世界で初めて恐竜の卵の化石を発見し、これが本格的な恐竜研究の始まりとなりました。その後の冒険でサメやオオカミ、盗賊に襲われながら危機一髪で切り抜けた映画さながらの武勇伝が伝わっています。

**福井県立恐竜博物館**
ふくいけんりつ
きょうりゅうはくぶつかん

●福井県勝山市村岡町寺尾51-11▶えちぜん鉄道勝山永平寺線・勝山駅下車、コミュニティバスに乗り換え約15分●勝山市で発見採取された恐竜化石を中心に紹介する博物館。ドーム型の展示室には44体の恐竜の骨格標本や巨大ジオラマ、200インチスクリーンなどがあり、子供はもちろん、大人にも人気のスポットになっています。

今日は何の日？

**クイーンの日**

映画『ボヘミアン・ラプソディ』で人気が再燃した「クイーン」は、ロンドン出身の男性4人組によるロックバンド。マイケル・ジャクソン、エアロスミスらとともに、「ロックの殿堂」入りを果たしています。1975（昭和50）年のこの日に初来日し、来日40周年を記念して制定されました。

**ハローワークの日**

職業紹介や指導、失業保険の交付などを行う施設として「公共職業安定所」が発足したのが、1947（昭和22）年の今日。「職安」の呼び名が一般的になっていましたが、時代に合わず暗い印象があるとのことで一般から公募したニックネームが「ハローワーク」。1990（平成2）年から使われています。

# 4月18日

●卯月（うづき）
●二十四節気：清明（せいめい）
●七十二候：虹始見（にじはじめてあらわる）

●元日から107日／大晦日まで257日

# 鎮花祭

ちんかさい

夏

場に向かい増えてくる疫病を鎮めるための行事が「鎮花祭」。平安時代に疫病が流行したとき、奈良・大神《おおみわ》神社の大物主大神《おおものぬしのおおかみ》が鎮めたとの言い伝えが起源です。約2000年の歴史があり、701年に完成した日本初の法律「大宝律令」では、国の祭祀として毎年必ず行うよう定められていました。薬草や百合根が供えられ、多くの医薬業関係者も参列することから、最近では「薬まつり」とも呼ばれています。

**大神神社**
おおみわじんじゃ

●奈良県桜井市三輪1422▶JR三輪駅下車、徒歩約5分●『古事記』や『日本書紀』に創建の記録が残る日本最古の神社。古来は本殿を設けず、拝殿の奥にある三ツ鳥居を通して三輪山に祈りを捧げる様式を今に伝えています。伝統的な催事とともに、この地の歴史や文化について学ぶ「三輪山セミナー」、茶道教室などの催しも行われます。

今日は何の日？

**お香の日**

お香についての最初の記録は『日本書紀』にあり、推古天皇の時代、淡路島の海岸にひと抱えもある木が漂着したというもの。燃やすと大変良い香りが広がったので、木片が朝廷に献上されました。聖徳太子はここから手箱と観音像を彫ったといわれます。4月のことで、「香」の字は「一十八」と読み分けられることから、この日に制定されました。

**発明の日**

現在の「特許法」の前身となる「専売特許条例」が公布されたのが1885（明治18）年の今日。「発明の日」は、特許庁と科学技術庁（現・文部科学省）が科学技術についての関心と理解を深めるため1954（昭和29）年に制定したものです。

4月
19日

●卯月（うづき）
●二十四節気：穀雨（こくう）
●七十二候：虹始見（にじはじめてあらわる）

●元日から108日／大晦日まで256日

# 地図
ちず

50歳を過ぎ家督を長男に譲り、測量と天文学を学んだ伊能忠敬。55歳のとき、日本全土の実測地図作製のため蝦夷地の測量に出発したのが1800（寛政12）年のこの日です。以後16年間、全国各地を測量して歩き、「大日本沿海輿《よ》地《ち》全図」を完成させました。彼の名から「伊能図」とも呼ばれていますが、大図、中図、小図、特別図など200枚以上に及ぶ手描きの彩色地図が実際に完成したのは没後のことです。

## 伊能忠敬記念館
いのうただたかきねんかん

●千葉県香取市佐原イ1722-1
▶JR佐原駅下車、徒歩約10分
●古くからの建物が残る水郷・佐原。伊能はこの町の商人出身で、造り酒屋を営んでいました。その旧宅を利用した記念館には、全国測量の旅で使った器具や測量図、日記など1000点以上が保存されています。商家造りの建物宅からは、江戸時代の暮らしぶりもうかがうことができます。

今日は何の日？

**乗馬許可記念日**
江戸時代まで馬は刀剣や鉄砲と同様、兵器として扱われていたため、乗馬は武士だけに認められたもの。商人や農民の乗馬は禁じられていました。庶民にも許可されたのが、1871（明治4）年の今日です。以後、日本の馬術は西洋馬術を主として発達しました。

**養育費の日**
ひとり親を支援しているNPO法人「Wink」が制定。2004（平成16）年の今日、民事執行法が改正され、養育費支払い遅延に対する給与差し押さえなどの強制執行申し立ての手続きが簡略化されたことによります。それまで遅延のたびに手続きが必要でしたが、1度の手続きだけで済むようになりました。

# 4月20日

●卯月（うづき）
●二十四節気：穀雨（こくう）
●七十二候：葭始生（あしはじめてしょうず）

●元日から109／大晦日まで255日

## 郵政記念日《ゆうせいきねんび》

江戸時代、手紙や荷物を運ぶために人の足で全国を駆け回った飛脚。これに代わり、１８７１（明治４）年の今日新しく発足したのが「郵便制度」です。東京・京都・大阪の３都市と東海道線の各駅で郵便物の取り扱いと切手の発行が開始され、翌年にはほぼ全国を網羅するようになりました。イギリスの郵便制度を参考に日本の飛脚の方法を取り入れたもので、立案者の前島密は「日本近代郵便の父」と呼ばれています。

**KITTE**
きって

●東京都千代田区丸の内2-7-2
▶JR東京駅下車、徒歩約1分
●東京中央郵便局が入る複合商業施設。「ヒト・モノ・コトとの出会いをつなげる」をコンセプトに、地下1階から地上6階に全国各地の名産品販売店や話題の飲食店が出店。日本郵便と東京大学が運営するミュージアム、東京駅を一望できる屋上庭園も人気です。

### 今日は何の日?

**青年海外協力隊の日**

「国際協力機構」が実施している海外ボランティア制度「青年海外協力隊」は、１９６５（昭和40）年の今日発足。当初、20〜39歳の年齢制限がありましたがその後、「シニアボランティア」を新設。２０１８（平成30）年に「ＪＩＣＡ海外協力隊」と名称が変わり、専門性により69歳まで細かな年齢区分が設けられています。

**女子大の日**

日本で最初の女子大学は、１９０１（明治34）年の今日、開学した「日本女子大学校（現・日本女子大学）」です。本部がある文京区目白台のキャンパスには、創設者・成瀬仁蔵の記念講堂があり、高村光太郎作の胸像が置かれています。

4月21日

●卯月（うづき）
●二十四節気：穀雨（こくう）
●七十二候：葭始生（あしはじめてしょうず）

●元日から110日／大晦日まで254日

# ネモフィラ

可憐な青い花で目を楽しませてくれる「ネモフィラ」。北アメリカ原産の一年草で、和名は瑠璃《るり》唐草《からくさ》。花の大きさはわずか2cmほど。青い花びらと白い花芯から、アメリカでは「赤ちゃんの青い瞳」と呼ばれるそう。地表を覆うように群生し、花色と空の色が重なる美しさは言葉では表現できないほど。青色の絨毯が広がる光景を見に、晩春の旅へ出かけてみてはいかがでしょうか。

**ひたち海浜公園**
ひたちかいひんこうえん

●茨城県ひたちなか市馬渡字大沼605-4▶JR勝田駅下車、直行バスに乗り換え15～20分●総面積約200haの園内に咲く四季折々の花は、春のネモフィラのほか、夏の緑コキアとヒマワリ、秋のコスモス、晩秋の紅葉など。大観覧車や絶叫マシンを楽しめるプレジャーガーデンもあり、1年を通じて人気のレジャースポットになっています。

# 4月22日

●卯月（うづき）
●二十四節気：穀雨（こくう）
●七十二候：葭始生（あしはじめてしょうず）

●元日から111日／大晦日まで253日

## 夫婦和合《ふうふわごう》

夫婦仲良く、睦まじく過ごすよう神社などで祈願するのが「夫婦和合」。夫婦に関する記念日は、11月22日の「いい夫婦の日」がよく知られていますが、4月22日は「良い夫婦の日」。1994（平成6）年、国連総会によって国際家族年が定められたことで出版社の講談社が制定しました。このほか2月2日は夫婦記念日。これらの日は、結婚式や入籍を行うカップルが多いそうです。

### 鵜戸神宮《うどじんぐう》

●宮崎県日南市大字宮浦3232▶JR伊比井駅下車、日南・都井岬行きバスに乗り換え約20分、鵜戸神宮下車、徒歩約10分●日南海岸の日向灘に面した風光明媚な場所にあり、自然の洞窟内に本殿があります。ここは海神の娘・豊玉姫命（とよたまひめのみこと）が出産したことから「産殿」と呼ばれ、良縁と安産、夫婦和合を願う人が多く訪れています。

今日は何の日？

**カーペンターズの日**

「カーペンターズ」はアメリカ出身のポップスデュオ。兄のリチャードが楽器を、ヴォーカルを妹のカレンが担当し、1970年代に日本でも大きなブームを巻き起こしました。グラミー賞を3回受賞する功績を誇ります。彼らがメジャー契約を交わし、正式にこの名で活動を開始したのが1969（昭和44）年の今日だったことから、日本のレコード会社が制定しました。

**アースデー**

アメリカの上院議員ゲイロード・ネルソンが1970（昭和45）年、地球規模の環境問題を討論する集会の必要性を呼びかけた日。これに賛同し全米で2千万人が参加し、環境保護運動の先駆けとなりました。

# 4月23日

卯月（うづき）
二十四節気：穀雨（こくう）
七十二候：葭始生（あしはじめてしょうず）

元日から112日／大晦日まで252日

# チューリップ

春を代表する花のひとつであるチューリップの原産地は中近東から中央アジア。16世紀ごろヨーロッパに伝わり、平坦で肥沃な土地をもつオランダで盛んに栽培されるようになりました。異国情緒あふれる珍しい花を貴族や富裕層が好んで庭に植え、希少な品種の球根に財産をつぎ込む蒐集家も現れたのだとか。そのため、「チューリップバブル」という言葉が残っています。

## 砺波チューリップ公園

となみちゅーりっぷこうえん

富山県砺波市花園町1-32
JR砺波駅下車、徒歩約15分

チューリップの栽培面積が日本一を誇る砺波市は、市章にもこの花が使われています。その特産品をテーマにした公園です。春には300品種100万本が見頃を迎え、毎年ゴールデンウィークに開催される「となみチューリップフェア」では、市内の畑を巡る周遊バスが運行します。

# 4月24日

●卯月（うづき）
●二十四節気：穀雨（こくう）
●七十二候：葭始生（あしはじめてしょうず）

●元日から113日／大晦日まで251日

## 日本ダービー

にほんだーびー

「ダービー」とはもともと、イギリス貴族の伯爵位。第12代ダービー伯爵のエドワード・スミス＝スタンリーが、サラブレッド3歳馬のナンバーワンを決めるレース「ダービーステイクス」を創設。これに倣って世界各国で「ダービー」の名を付けたレースが開催されるようになりました。日本初のダービーは1932（昭和7）年の今日、東京・目黒競馬場で開催された「第1回東京優駿大競走」です。

### 東京競馬場

とうきょうけいばじょう

●東京都府中市日吉町1-1▶京王線府中競馬正門前駅下車、徒歩2分●「日本ダービー」の正式名称は「東京優駿」。毎年5月の最終日曜日に開催され、第3回からここ府中に会場を移しています。競馬ファンにとって聖地であるだけでなく、子供たちがポニーと触れ合える広場や遊具を設置。7月には花火大会も開催されます。

### 今日は何の日？

**植物学の日**

「日本植物学の父」といわれる植物学者・牧野富太郎が生まれた日にちなみます。独学で植物分類学を研究した牧野は、50万点もの標本や観察記録を『牧野日本植物図鑑』をはじめとした著作に残しています。また、生誕の地である高知市には記念館を併設する「県立牧野植物園」があります。

**ブルボン・プチの日**

新潟県柏崎市に本社を置く製菓会社・ブルボンが制定したもの。ひとくちサイズで手軽に食べられる「プチシリーズ」は米菓、ビスケット、スナックなど24種類のバリエーションとパッケージのかわいらしさが人気。多くの人に楽しんでもらおうと、この数にちなんで毎月24日になりました。

# 4月25日

●卯月（うづき）
●二十四節気：穀雨（こくう）
●七十二候：霜止出苗（しもやんでなえいづる）

●元日から114日／大晦日まで250日

# 国連記念日
こくれんきねんび

1945（昭和20）年の今日、連合国50カ国の代表がサンフランシスコに集結し、「国際連合憲章」が作成されました。同年10月、世界的な平和の維持と経済や社会に関する国際協力の実現を目的に「国際連合（国連）」が設立されましたが日本の加盟は1956（昭和31）年の12月18日で、現在193カ国が加盟しています。軍隊をもたず、平和活動には加盟する各国が兵士や装備などを提供することになっています。

**国連大学**
こくれんだいがく

●東京都渋谷区神宮前5-53-70▶東京メトロ銀座線表参道駅下車、徒歩約5分●唯一、日本に本部を置く国連の機関。国連総会から学位授与の権限を与えられ、世界各国の研究機関を通じ、大学院の学位プログラムや専門コースを提供しています。専門家によるシンポジウムや対談など、一般の人が参加可能なイベントも開催。

## 今日は何の日?

**世界ペンギンの日**

ふっくらした体形と、よちよちと歩く姿が人気のペンギン。毎年この時期、アメリカの南極基地周辺にアデリーペンギンが姿を現したことから、基地の科学者たちが「ペンギンの日」として祝ったことが始まりです。ペンギンは現在19種が生息し、南極大陸で繁殖するのはコウテイペンギンとアデリーペンギンの2種です。

**ギロチンの日**

1792年の今日、フランス議会で正式な処刑用具として認められました。「ギロチン」は採用を提案した国民議会議員ジョゼフ・ギヨタンの英語読みがなまったもの。フランスでは1981年の死刑制度廃止とともに、使用されなくなっています。

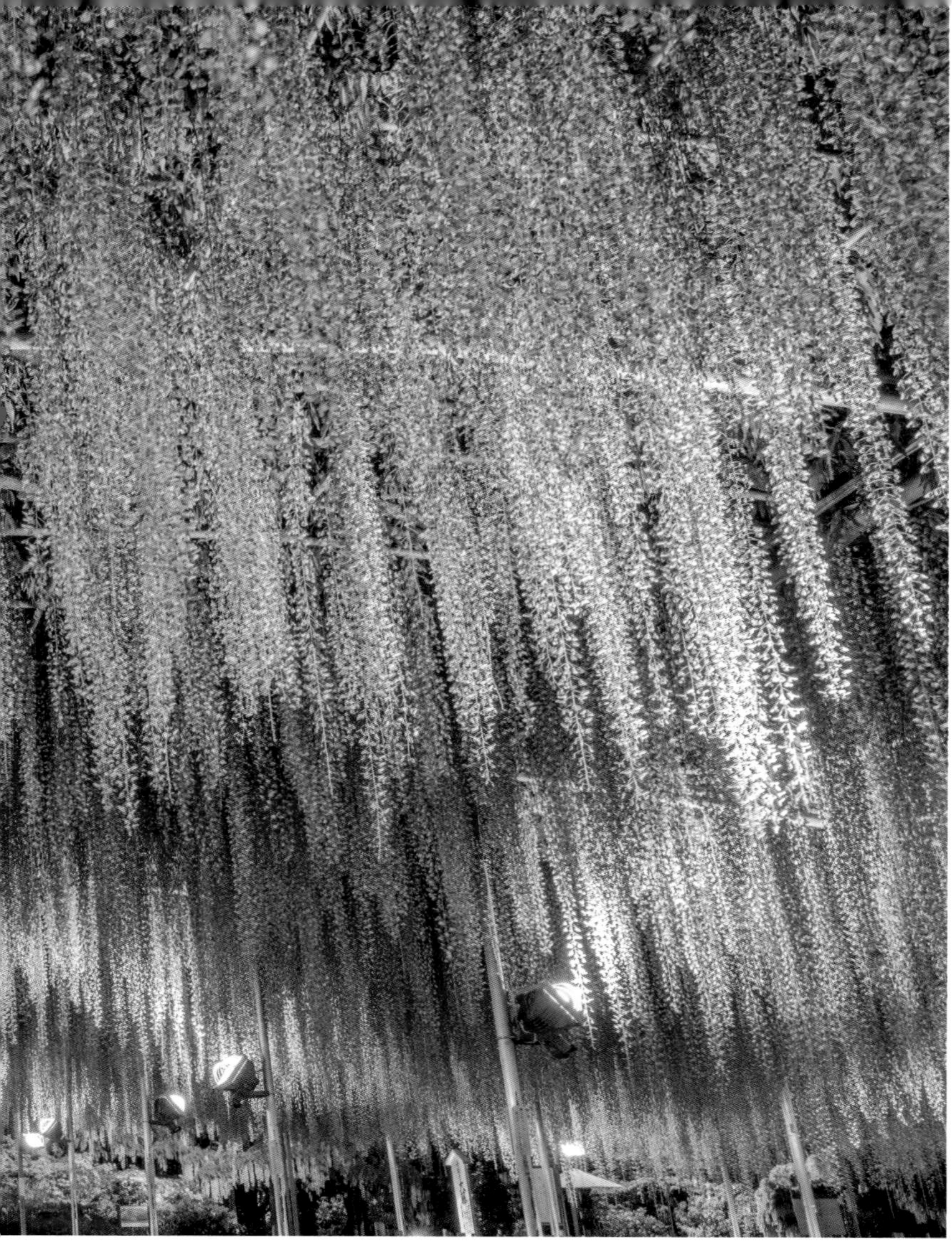

# 4月 26日

●卯月（うづき）
●二十四節気：穀雨（こくう）
●七十二候：霜止出苗（しもやんでなえいづる）

元日から115日／大晦日まで249日

## 藤《ふじ》

古来日本で愛され、日本画や着物の柄にも好んで描かれてきた藤。よい香りを放ち、長く垂れさがる房状の花は、そのたおやかな姿から女性らしさの象徴に例えられることもあります。花言葉は「恋に酔う」。藤色と称されるように薄紫色のイメージがありますが、白や淡紅色、黄色の花を咲かせる品種もあります。本州では4月下旬からゴールデンウィークに見頃を迎え、各地に藤の名所が点在します。陽光とともに、観賞を楽しみに出かけましょう。

## あしかがフラワーパーク

●栃木県足利市迫間町607▶JRあしかがフラワーパーク駅下車、徒歩約3分●「250畳の大藤」で知られる庭園の別名は「花の芸術村」。シンボルとなっている大藤は、日本における女性樹木医第1号の塚本こなみ氏によって1997（平成9）年、移植されました。当時樹齢130年の移植は前例がなく、そのプロジェクトが大きな話題となりました。4本の大藤と80mに及ぶ白藤のトンネルは栃木県天然記念物。見頃の4月中旬から5月中旬の1カ月間開催される「大藤まつり」ではライトアップも行われ、多くの人でにぎわいます。

今日は何の日?

**テルマエ・ロマエ よい風呂の日**

古代ローマの浴場設計士が現代日本にタイムスリップし、日本の浴場を巡るコミック『テルマエ・ロマエ』。これを原作とした映画は2012（平成24）年に公開され大ヒットを記録しました。続編『テルマエ・ロマエⅡ』を手掛けた制作委員会が、よ（4）い風呂（26）の語呂合わせから制定。風呂をテーマとした映画の最高傑作といわれています。

# 4月27日

●卯月（うづき）
●二十四節気：穀雨（こくう）
●七十二候：霜止出苗（しもやんでなえいづる）

元日から116日／大晦日まで248日

# カルミア

金

金平糖のようなかたちの蕾から、傘を開いたような可愛らしい花を咲かせるカルミア。この時期から梅雨入りまでの間、可憐な花姿を楽しませてくれます。北アメリカとキューバに分布していたツツジの仲間で、日本で広く見られるのはラテフォリア種と呼ばれるもの。葉の形がシャクナゲやローレルに似ていることから、アメリカシャクナゲやアメリカンローレルと呼ばれることも。

**京都府立植物園**
きょうとふりつしょくぶつえん

●京都市左京区下鴨半木町▶京都市営地下鉄「北山駅」下車3番出口すぐ●1924（大正13）年に開園。戦時下では園内に菜園が設けられ、戦後12年間は連合軍に接収された歴史も。1961（昭和36）年に府民の憩いと教養の場として生まれ変わりました。日本最大級の観覧温室内には昼夜逆転室などユニークな展示も。

今日は何の日？

**諏訪神社の万燈祭り**

新潟県佐渡島の河原田諏訪町にある諏訪神社では、毎年4月27日に例大祭である「万燈祭り」が行われます。古い物語の主人公からアニメのヒーローまで、各地区が趣向を凝らして作った大万燈が町を練り歩きます。夜7時になると大万燈8基が一堂に会し、神輿の前を照らしながら行進する様子が迫力満点です。

**駅伝誕生の日**

日本で最初の駅伝大会は、1917（大正6）年の今日開催された「東海道五十三次駅伝競争」。京都・三条大橋から東京・上野不忍池までの508km23区間を、3日間かけて走りました。スタートとゴールの地にはそれぞれ「駅伝発祥の地」の碑が置かれています。

4月28日

●卯月（うづき）
●二十四節気：穀雨（こくう）
●七十二候：霜止出苗（しもやんでなえいづる）

●元日から117日／大晦日まで247日

# 花筏《はないかだ》

弘前公園《ひろさきこうえん》

●青森県弘前市下白銀町1 ▶JR弘前駅下車、市内循環バスに乗り換え約15分、市役所前下車、徒歩約4分●「弘前公園」は、津軽家の居城・弘前城が中心。約50種2600本の桜の見頃は、4月下旬からゴールデンウィーク。夜になるとライトアップされ、お堀に浮かぶ花筏の幻想的な光景が訪れる人を魅了します。

桜の花びらが散り、水面に連なって流れていく様子を表す「花筏」。本来は川を下る筏に散りかかる花びらを表したもの。美しい響きとともに、春の水面にゆるゆると流れる情景が浮かび、俳句の世界では晩春の季語として使われます。豊臣秀吉の正室・ねねが建立した京都・高台寺には、花筏が描かれた「花筏蒔絵階段」があります。

# 4月29日

●卯月（うづき）
●二十四節気：穀雨（こくう）
●七十二候：霜止出苗（しもやんでなえいづる）

●元日から118日／大晦日まで246日

## 錦帯橋《きんたいきょう》

岩国市の錦川に架かる「錦帯橋」は、ともに江戸時代に架けられた東京の日本橋、長崎の眼鏡橋と並ぶ「日本三名橋」のひとつ。1673（延宝元）年に現在の橋の原型となる木造橋が建築されましたが川の氾濫により何度か流失し、2004（平成16）年に架け替え事業により再建。5連の木造橋は釘を1本も使わない木組みの技法で作られ、現代の橋梁工学においても、当時の技術力の高さが称賛されています。

### 錦帯橋まつり

きんたいきょうまつり

●山口県岩国市岩国▶JR山陽新幹線新岩国駅下車、いわくにバスに乗り換え約15分で錦帯橋バス停下車、すぐ●毎年4月29日に催される、江戸時代の参勤交代を再現した祭り。奴道中や大名行列が橋を練り歩き、岩国太鼓の演奏、鉄砲隊による演武のほかお茶会なども催されます。錦川を運航する遊覧船から眺めるのも一興。

### 今日は何の日?

**昭和の日**

1989（昭和64）年に崩御された昭和天皇の誕生日。平成に入り名称が変わり「みどりの日」となりましたが、その後「国民の祝日に関する法律」により5月4日に移行。4月29日は「昭和の日」に改称されました。

**羊肉の日**

よ（4）うに（2）く（9）の語呂合わせから、札幌市に事務局を置く「ジンギスカン食普及拡大促進協議会」が制定。北海道では明治時代からヒツジの飼育が行われており、伝統的な食文化であるジンギスカンに使われる羊肉のPRが目的です。

# 4月30日

●卯月（うづき）
●二十四節気：穀雨（こくう）
●七十二候：牡丹華（ぼたんはなさく）

●元日から119日／大晦日まで245日

# どろめ祭り《どろめまつり》

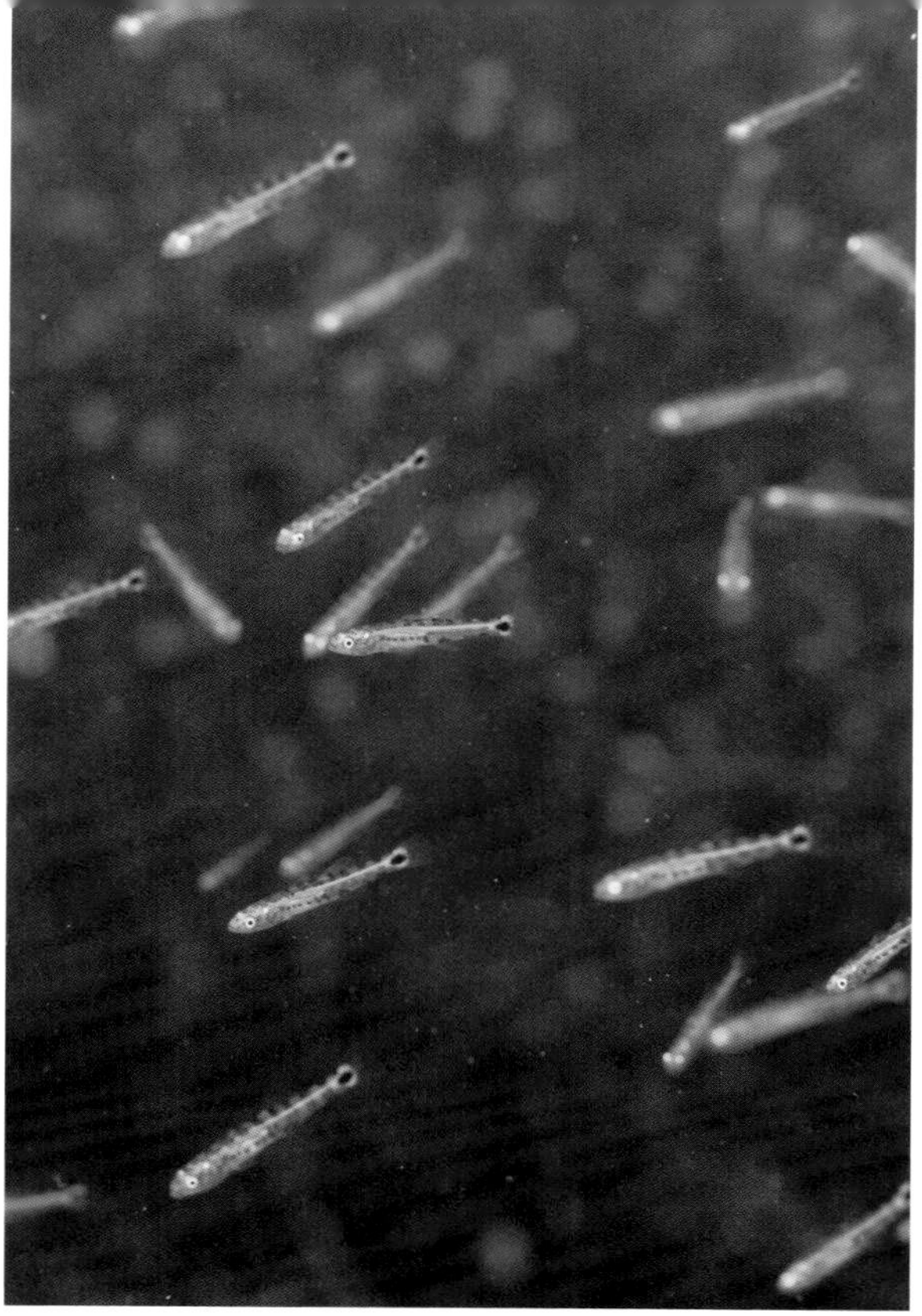

## 香南市赤岡町
こうなんしあかおかまち

●高知県香南市赤岡海浜▶土佐くろしお鉄道あかおか駅下車、徒歩約3分●高知県のほぼ中央に位置し、土佐湾に面した赤岡町。町内に残る「絵金蔵」では、江戸時代の絵師・金蔵が描いた23枚の芝居絵屏風を収蔵、保管しています。もとは土佐藩の御用を勤める狩野派の絵師でしたが、贋作事件に巻き込まれて追放、この地の酒蔵で絵を描き続けたと伝わっています。

目の前の太平洋から揚がったどろめ（マイワシやウルメなどの稚魚）を味わうことから始まったのがこの祭り。

メインイベントが、大杯になみなみと注がれた酒を飲み干し、その飲みっぷりと時間を競う大会です。男性には1升、女性には5合の酒が与えられ、優勝者の平均タイムは男性が12・5秒、女性が10・8秒。われこそはと思う方は、チャレンジしてみてはいかがでしょうか。

### 今日は何の日？

**国際ジャズデー**
ジャズは19世紀末から20世紀初頭に、アメリカ南部で生まれた音楽。ヨーロッパ音楽の技術と楽器、アフリカ系アメリカ人の民族音楽が融合したものといわれています。２０１１（平成23）年、パリのユネスコ総会で制定された国際デーのひとつで、ジャズを通じて世界のさまざまな文化に対する理解を深めることを目的にしています。

**図書館記念日**
日本の図書館は、１８７２（明治5）年、文部省が東京の湯島聖堂内に「書籍館（しょじゃくかん、現・国立国会図書館）」を開設したのが始まり。１９５０（昭和25）年の今日、公共図書館の設置や運営に関する「図書館法」が公布されました。

コラム4

# 節句とは？

「桃の節句」や「端午の節句」など、季節の行事として存在する「節句」も暦のひとつです。二十四節気同様、紀元前8～3世紀の古代の中国が発祥で、陰陽五行説を由来としています。季節の節目を祝う年中行事として、もとは宮廷や貴族の習慣でした。

陰陽説とは、すべてのものは「陰」と「陽」に分けられ、互いに相対的に影響を及ぼし合っているという考え。例えば太陽と月、奇数と偶数、男と女のような関係です。五行説は、万物は「木・火・土・金・水」の5つのものから成り立ち、それぞれがお互いに影響を与えることで、世の中が変化し、循環するという考えです。中国ではこれに従って儀式が行われていて、その風習がそのまま日本に伝わりました。しばらくは多くの儀式が宮中で行われていたのですが、江戸幕府が

1月7日（人日《じんじつ》の節句）
3月3日（上巳《じょうし》の節句）
5月5日（端午の節句）
7月7日（七夕《しちせき》の節句）
9月9日（重陽の節句）

の五つを「五節句」として公式に祝日に定めたことで、節句を祝う習慣が庶民にも広がっていきました。

本来、それぞれの季節の食べ物を神様にお供えして無病息災を祈ることから「節供」の字が当てられていましたが、のちに今のように「節句」の字が使われるようになりました。

明治時代になり、新暦に変わったことで「五節句」は廃止されましたが、9月9日を除けば（「菊の節句」として一部でお祝いをしているところもありますが）、七草粥や桃の節句、七夕《たなばた》などの行事として現在も新暦のそれぞれの日でお祝いしているのはご存じの通りです。

5月4日

●皐月（さつき）
●二十四節気：穀雨（こくう）
●七十二候：牡丹華（ぼたんはなさく）

元日から123日／大晦日まで241日

# 博多どんたく《はかたどんたく》

毎年5月3日から2日間、福岡市で行われる祭礼。もともとは、1月15日に行われた「松囃子」という商人の祝福芸が起源といわれます。「どんたく」に発展したのは明治時代で、オランダ語の「ゾンターク」（休日）の訛りとも。現在は国内動員数最大規模の祭りとなり、櫛田神社から出発した恵比寿神などの古式行列のほか、仮装をした人がしゃもじを打ち鳴らし、博多の街をにぎやかに練り歩きます。

## 博多
はかた

●福岡県福岡市▶福岡空港駅から空港線筑前前原行で約6分、博多駅下車●博多湾に面する港湾都市。古代からアジアの玄関口として発展し、国際便が数多く就航。また、日本一の屋台数を誇るグルメ街でもあります。全国的にも有名な博多（長浜）ラーメンを、粋な博多弁が飛び交う屋台で食べるのも魅力的です。

## 今日は何の日？

**ラムネの日**

日本人に初めてラムネ（レモン水）の製造販売の許可が下ったのが、1872（明治5）年の今日。東京の千葉勝五郎が、製造を開始したことを記念して制定。ラムネ最大の特徴のひとつは、愛らしいガラス瓶。舶来品に改良を加えたものですが、ビー玉栓で密閉でき、100％リユース可能など、出来が良い造りは今の時代でも新鮮です。

**名刺の日**

英語のMay（メイ）と、4日の4（シ）で「めいし」の語呂合わせから、日本名刺研究会によって制定された記念日です。名刺はその人を雄弁に語るもの。いちど自分らしいと思うスタイルに、改良を加えてみるのもおすすめです。

5月5日

●皐月（さつき）
●二十四節気：立夏（りっか）
●七十二候：蛙始鳴（かわずはじめてなく）

元日から124日／大晦日まで240日

# こいのぼり

薫

風を受けて悠々と泳ぐこいのぼり。男児の健やかな成長を願う、端午の節句を代表する風物詩です。この風習は、鯉が激流の滝をのぼって竜になるという、中国の故事「登竜門」に由来します。その伝説が江戸時代に伝承され、立身出世の象徴に。町人がそのいわれにあやかって、武士の家で掲げる幟《のぼり》のかわりに、「鯉幟」を立てるようになりました。武将の弓矢をイメージした頂部の矢車や、5色の吹き流しには、魔よけの意味があるとされています。

## こいのぼりの里まつり

**こいのぼりのさとまつり**

●群馬県館林市内（鶴生田川・近藤沼・茂林寺川・つつじが岡パークイン・多々良沼）▶メインの鶴生田川会場へは、東武伊勢崎線館林駅から徒歩約15分●3月下旬～5月上旬にかけて、大小約4300匹のこいのぼりを、市内5ヵ所に掲揚。桜の開花期には、「館林さくらまつり」も同時開催され、桜とこいのぼりのコラボレーションに目を奪われます。平成17年には、5283匹の掲揚数で、ギネス世界記録認定規模に。鶴生田川会場では、毎晩18:00～22:00まで美しいライトアップが行われます。

### 今日は何の日？
### こどもの日

1948（昭和23）年7月の「国民の祝日に関する法律」により制定され、「子供の人格を重んじ、子供の幸福をはかるとともに、母に感謝する」国民の祝日に。「端午の節句」でもある今日は、男の子の日という思いも根強く残り、こいのぼりや、武者人形を飾ってお祝いします。

●皐月（さつき）
●二十四節気：立夏（りっか）
●七十二候：蛙始鳴（かわずはじめてなく）



# 蛙《かわず》

季 節は「立夏」の初候。さわやかな陽気になりました。繁殖期を迎えた蛙が盛んに鳴くこの頃を、「蛙始鳴」と表します。昔から日本人は、大声で降雨を予報する蛙を信仰の対象とし、その鳴き声を好みました。清流の歌姫とも呼ばれる「カジカガエル」は、和歌の題材になることも多く、江戸時代には飼育して、この時期の鳴き声を楽しみました。また蛙は「返る」「帰る」という言葉と引掛けて、縁起物とされています。

**KawaZoo**
かわずー

●静岡県賀茂郡河津町梨本377-1▶河津駅から東海バス修善寺行きで約25分、河津七滝下車●日本最大級のカエル専門施設。世界各国から集めた120種類以上、約2000匹のカエルを展示しています。屋外飼育された一部のカエルは、年間を通じ野生の姿が観察可能。エサやり体験もできます。雨天時も安心な、全天候型室内展示。

**今日は何の日?**
**国際ノーダイエットデー**

1992（平成4）年の今日、イギリスのフェミニストである、メリー・エヴァンス・ヤングが、世間の過度なダイエットへの圧力に対抗したことにちなみ制定されました。近年では、世界各地において、一人ひとりの多様性を認め、積極的に歓迎しようという運動へも発展しています。

**季節を楽しむ**
**初ガツオ**

この頃になると、伊豆・房総沖などの関東近海には、黒潮に乗ってカツオが北上してきます。江戸時代には、「福を呼ぶ」として、初ガツオは、庶民の間で特に重宝されました。クセのない赤身が特徴で、その食べ方といえば、「たたき」が有名。初夏を感じる旬の味わいです。

# 5月7日

●皐月（さつき）
●二十四節気：立夏（りっか）
●七十二候：蛙始鳴（かわずはじめてなく）

●元日から126日／大晦日まで238日

# 老神温泉大蛇まつり《おいがみおんせんだいじゃまつり》

体

長30mもの蛇神輿を担ぎ、温泉街を駆け巡る、赤城神社の例大祭。赤城山の神が大蛇に、日光二荒山の神がムカデに化身し戦った伝説が由来です。大蛇が刺さった矢で岩をつつき湧いたのが温泉で、赤城山の神は老いるまでここで過ごし、老神に。この地を守り、万病に効く温泉を見つけてくれた、蛇への感謝が込められています。

## 赤城神社

あかぎじんじゃ

●群馬県沼田市利根町老神399▶JR沼田駅から鎌田行きバスで約40分、大原老神入口下車、徒歩約20分●老神温泉の入口に鎮座する神社。老神温泉の由来には「赤城の神が、日光の神を追い返した」という意味合いも。「大蛇まつり」は毎年5月上旬の2日間。蛇神輿が、振る舞い酒とともに町を練り歩きます。

### 今日は何の日？

**コナモンの日**

5（こ）7（な）で粉（こな）の語呂合わせで、日本コナモン協会が2003年に制定した記念日。たこ焼き、お好み焼き、うどんなど、すっかり全国に定着した「コナモン」という言葉ですが、おいしさの基本は、だしからこだわることだそう。本格的な仕上がりになります。

**博士の日**

1888（明治21）年の今日、日本初の博士が誕生しました。これにちなみ、今日は「博士の日」。博士号を授与されたのは、植物学者や数学者らの25人。ただし当時は、論文提出による博士号ではなく、教育への貢献が評価された名誉博士的なものでした。やがて論文による本格的な博士が生まれたのは、それから3年後のことです。

# 5月8日

●皐月（さつき）
●二十四節気：立夏（りっか）
●七十二候：蛙始鳴（かわずはじめてなく）

●元日から127日／大晦日まで237日

# 母の日
ははのひ

5月の第2日曜日は母の日。この日は母に感謝の気持ちを表す風習がありますが、そのルーツはアメリカから。ある少女が亡き母をしのぶ会で、母が好きだった白いカーネーションを捧げたことに始まります。この話がアメリカ国内に共感を呼び、1914年の議会でこの日を国民の祝日と定めました。日本には戦後、キリスト教会により導入され、定着していきました。

## かわづカーネーション見本園
かわづかーねーしょんみほんえん

●静岡県賀茂郡河津町田中11▶伊豆急行河津駅下車、徒歩約10分●静岡県屈指のカーネーションの産地、河津町で行われる見本市。市場に出ていない試験栽培を含む約360品種、約14000株ものカーネーションは大迫力。その年の新品種を楽しみに、毎年、県内外から多くの観光客が訪れます。公開期間も12月下旬から5月上旬と長期にわたり、暖かな温室の中で観賞できます。

今日は何の日？

**世界赤十字デー**

国に関係なく、苦しむ人を敵味方関係なく救護する、国際赤十字の創始者、アンリー・デュナンの誕生日にちなんで1948（昭和23）年に制定。一人ひとりが、赤十字について原点に立ち戻るべく、この日「レッドライトアッププロジェクト」が実施されます。全国各地のランドマークに、赤十字のシンボルカラーである赤い光が灯ります。

**ゴーヤーの日**

沖縄の郷土料理にも使用されている5（ゴー）8（ヤー）の語呂合わせから、制定。1年を通じて入手可能ですが、5月を境に沖縄では、出荷量が増えます。栄養価が高いのは、やはりこの頃から夏にかけて。夏の日差しを遮る「緑のカーテン」としても役立ちます。

5月 9日

●皐月（さつき）
●二十四節気：立夏（りっか）
●七十二候：蛙始鳴（かわずはじめてなく）

●元日から128日／大晦日まで236日

# 薬師祭植木市

やくしまつりうえきいち

## 薬師祭

やくしまつり

●山形県山形市薬師町（薬師公園、薬師町通り、新築西通り、五中通り、六日町通りなどの延べ約3キロで開催）▶JR山形駅西口から荻の窪線バスで約15分、千歳公園待合所下車徒歩約1分●国分寺薬師堂の祭礼。江戸時代から約400年以上の歴史を持つ、日本三大植木市のひとつ。例年5月8日・9日・10日の3日間開催。

山形市の薬師祭植木市は、毎年5月に開催される、国分寺薬師堂の祭礼。薬師祭の行われる5月8日からの3日間、周辺には植木の露天や縁日約400店が勢ぞろいし、客を出迎えます。植木市の由来は、江戸時代に発生した大火災にありました。当時の山形城主が、焼失した緑を復興するために、住民に植樹を働きかけたのです。県内外からも、さまざまな苗木が取り寄せられて、鮮やかな新緑が沿道を飾ります。大阪市、熊本市の植木市と並び日本三大植木市のひとつ。

今日は何の日？

**アイスクリームの日**

東京オリンピック開催年の1964（昭和39）年。アイスクリームの製造団体が、アイスクリームの普及を願って、諸施設へアイスクリームのプレゼントをしたことが由来です。日ごとに暑くなる連休明けの今日、アイスに関わるイベントが数多く開催されます。

**藤の花**

日本古来の花木である藤は、マメ科の植物。晩春から初夏にかけて、蝶のような薄紫の花びらが、房状に垂れ下がり見頃を迎えます。古代から和歌や文学にも好まれ登場してきました。『源氏物語』では、藤の花の宴の様子が、重要なシーンで描かれています。蔓を這わせる「藤棚」は優雅で、全国の植物園や公園では、見物客でにぎわいます。

# 5月10日

●皐月（さつき）
●二十四節気：立夏（りっか）
●七十二候：蚯蚓出（みみずいづる）

●元日から129日／大晦日まで235日

# 愛鳥週間《あいちょうしゅうかん》

5月10日から16日は、野鳥保護を目的とした「愛鳥週間」。日本では、アメリカの「バードウィーク」にならい、野鳥のさえずりが活発になるこの日を「愛鳥の日」と定めました。地域によって見られる種類が異なりますが、新緑のこの季節は水辺や平野部でも多くの野鳥が見られるため、探鳥会も開かれます。なかでも、この時期に飛来するホトトギスは夏告鳥。その初音を聞けることは幸運だとされています。

## 東京港野鳥公園《とうきょうこうやちょうこうえん》

●東京都大田区東海3-1▶JR大森駅より京急バス森24・25・32・36・41系統で東京港野鳥公園下車徒歩約5分●東京湾の埋め立て地の野鳥の愛護活動を行う自然公園。園内は森林や池、里山の環境が整備され、野鳥観察のために広場が設けられています。日本野鳥の会のレンジャーも常駐し、観察サポートも行っています。

### 今日は何の日？

**日本気象協会創立記念日**

1950（昭和25）年の今日、日本気象協会（ＪＷＡ）が「気象協会」として業務を開始したことに由来。ちなみに「天気」とは、晴れや、雨など、数時間から数日間程度の大気の状態、「天候」は天気に比べて、やや長く数週間から数ヵ月の大気の状態、「気候」は毎年繰り返される大気の総合状態を指します。

**コットンの日**

5（こ）ten（テン）で「コットン」の語呂合わせと、綿が夏物素材としてよく使用されることから制定。近年では、高機能な化学繊維が発達していますが、自然環境にもよいコットン製品の人気が復活しています。

5月
11日

●皐月（さつき）
●二十四節気：立夏（りっか）
●七十二候：蚯蚓出（みみずいづる）

# 鵜飼開き《うかいびらき》

●元日から130日／大晦日まで234日

今日から10月15日まで、岐阜県の長良川では、伝統的な漁として知られる鵜飼が行われます。鵜飼とは、鵜匠が飼い慣らした鵜を操り、船から川魚を獲る漁法。その歴史は1300年以上も続くほど古く、幻想的な篝火を焚きながらの漁は、昔のままの姿を残す夏の風物詩です。この古代漁法を伝承しようと、岐阜市には宮内庁式部職としての、鵜匠が存在。年に8回御料鵜飼が行われ、獲れた鮎は皇室に献上します。

**長良川**
ながらがわ

●岐阜県岐阜市湊町1（鵜飼観覧船事務所）▶JR岐阜駅または名鉄岐阜駅から岐阜バス「高富行き」「市内ループ線左回り」など長良橋経由路線で約20分、長良橋下車徒歩約1分●日本三大清流のひとつ。鵜飼を行う中流域の水は、環境省の「名水百選」に選出。1995年に河口堰ができるまでは、本州で唯一ダムのない川としても有名でした。

**今日は何の日？**

**長良川鵜飼い開き**

毎年5月11日から10月15日までの連夜開催される長良川鵜飼（満月の日と増水時は中止）。初日には、にぎやかなイベントが開かれます。迫力ある鵜飼を間近で見るには観覧船がおすすめ。鵜飼の始まりを告げる花火でスタートし、クライマックスの「総がらみ」では、鵜舟が横一列に並んで、一斉に鮎を浅瀬に追い込む姿が見られます。

長良川のほかに、愛媛県大洲市の肱川、大分県日田市の三隈川で行われている鵜飼が「日本三大鵜飼」といわれています。それ以外に日本全国の9つの川で鵜飼漁が行われています。

5月12日

●皐月（さつき）
●二十四節気：立夏（りっか）
●七十二候：蚯蚓出（みみずいづる）

元日から131日／大晦日まで233日

# 檜枝岐歌舞伎

ひのえまたかぶき

福島県の檜枝岐に伝わる「檜枝岐歌舞伎」。これはその昔、江戸で歌舞伎を観劇した農民から伝承されたとされる、奉納歌舞伎です。舞台は鎮守神に向かう形で建てられ、ここで演じることは、神様に捧げることを意味します。素人離れした演技の役者はもちろん、化粧師、舞台方などのすべてを、村の住民が担っているというから驚きです。270年以上の歴史を持つ歌舞伎の上演は、毎年熱気で包まれます。

**檜枝岐**

ひのえまた

●福島県南会津郡檜枝岐村居平▶檜枝岐の舞台へは、会津鬼怒川線会津高原尾瀬口駅からバスで約1時間5分、檜枝岐中央下車徒歩約1分●尾瀬国立公園の福島県の玄関口で、平家の落人伝説が残る。村民が演じる檜枝岐歌舞伎は、国指定の重要有形民俗文化財。上演は年に3回（5月12日、8月18日の祭礼、9月第1土曜日）。

**今日は何の日？**

**看護の日**

近代看護を築いたフローレンス・ナイチンゲールの誕生日にちなみ、看護の理解を深めるために制定された記念日です。今日から1週間を「看護週間」として、ケアの心、助け合いの心を育むきっかけとなるイベントが、各地で開催されます。

**海上保安の日**

海上保安庁が、かつては今日を「開庁記念日」として制定していましたが、2000（平成12）年に「海上保安の日」と改称。毎年今日には、「海上保安の日祝賀会」が盛大に開催され、海上保安庁の役割や活動が、地域に広く親しまれるように、さまざまな関連行事が催されます。海上保安庁音楽隊による演奏も大いに盛り上がります。

# 5月13日

●皐月（さつき）
●二十四節気：立夏（りっか）
●七十二候：蚯蚓出（みみずいづる）

●元日から132日／大晦日まで232日

## 潮干狩り
しおひがり

いよいよ潮干狩りのベストシーズン。太平洋側ではアサリの産卵期と重なり、身がぷっくりと肉厚になります。アサリは普段、海底2～5cmの深さに生息していますが、日中にも潮が引いて砂地が現れ、簡単に獲ることができます。レジャー前には、潮位のチェックも忘れずに。各潮干狩り場や気象庁の潮見表でも確認ができます。大潮に近い日ほど干満の差が大きく、沖に出られるので、絶好の収穫日和になります。

**木更津海岸潮干狩り場**
きさらづかいがん
しおひがりじょう

●千葉県木更津市中の島（中の島公園）▶JR木更津駅より徒歩25分●木更津漁業組合が運営する潮干狩場。木更津エリアの中でも特に遠浅で、アサリやハマグリなどが取れる潮干狩りスポットです。レンタル熊手や、シャワー、コインロッカーなども完備。営業は3月中旬～7月下旬まで。

**今日は何の日?**
**メイストームデー**
今日は、別れを切り出すのに最適な日といわれる「メイストームデー」。これには、日本の雑節の一つ、「八十八夜」が関係しています。農業では「八十八夜の別れ霜」といって、この日を境に霜害の心配がなくなるとして、稲の種蒔きを行ってきました。

**季節を楽しむ**
**深川めし**
アサリといえば、深川の郷土料理「深川めし」。アサリの炊き込みご飯を思い浮かべますが、もともとはアサリ汁をご飯にかけただけのもの。深川では、漁師町という土地柄、賄い飯や日常食とされていました。江戸時代から伝承される、〝ぶっかけ〟は、今でも下町の看板料理です。

5月14日

●皐月（さつき）
●二十四節気：立夏（りっか）
●七十二候：蚯蚓出（みみずいづる）

●元日から133日／大晦日まで231日

# 出雲大社大祭礼《いずもおおやしろだいさいれい》

縁結びで知られる島根の出雲大社では、「出雲大社大祭礼」が行われます。3日間開催される大祭礼は、天皇のお遣いをお迎えする1年で最も盛大な祭典。初日には、神職がこの日だけの鮮やかな装束を身に纏う祭儀があり、流鏑馬や田植舞など貴重な芸能も必見。2日目、3日目には、神輿渡御や大茶会が華やかに催されます。祭りに先立ち行われる「的射祭」は、神職により矢が放たれ、厄が祓われるそうです。

**出雲大社**
いずもたいしゃ

●島根県出雲市大社町杵築東195 ▶JR出雲市駅から一畑バスで25分、出雲大社前下車徒歩約5分●主祭神を大国主命とする、日本随一の縁結びの神様として親しまれる神社。神殿は日本最古の神社建築「大社造」で国宝に指定。「出雲大社大祭礼」は、毎年5月13日を前夜祭とし、14日から16日まで催行。

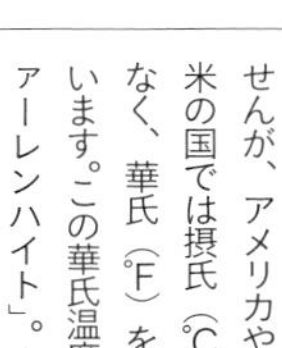


**今日は何の日？**

**種痘記念日**
1796（寛政8）年の今日は、イギリスの医師ジェンナーが天然痘に用いる種痘法を生み出した日。種痘とは、天然痘を予防するために、それに似た病にかかった牛のウイルスを接種して、免疫を与える方法。この日彼は、8歳の少年に接種し、成功しました。

**温度計の日**
1686（貞享3）年の今日は、水銀温度計を発明したドイツの物理学者ガブリエル・ファーレンハイトの生誕日。日本では使われませんが、アメリカや一部欧米の国では摂氏（℃）ではなく、華氏（F）を使っています。この華氏温度が「ファーレンハイト」。水の融点0℃が華氏32°F、沸点摂氏100℃が華氏212°Fになります。

# 5月15日

●皐月（さつき）
●二十四節気：立夏（りっか）
●七十二候：竹笋生（たけのこしょうず）

## 葵祭

あおいまつり

●元日から134日／大晦日まで230日

今日は京都三大祭りのひとつで、上賀茂・下鴨両神社の例祭。クライマックスともいえる15日の路頭の儀は、平安時代を思わせる総勢500名以上の華やかな大行列。約1万本もの葵の葉が衣装や牛車に飾られ、京都御所を出発し、下鴨神社・上賀茂神社に向かって練り歩きます。「葵祭」と呼ばれるゆえんは、その昔、上賀茂神社の祭神より「葵と桂を編んで祀りせよ」というお告げに基づく習わしからだそうです。

### 上賀茂神社

かみがもじんじゃ

●京都市北区上賀茂本山339 ▶市バス4系統で上賀茂神社前下車●賀茂別雷神を祀る京都最古の神社。境内には賀茂川が流れ市民憩いの場に。

### 下鴨神社

しもがもじんじゃ

●京都市左京区下鴨泉川町59 ▶市バス4・205系統で下鴨神社前下車●神聖な原生林「糺の森」を持つ古社。葵祭では「社頭の儀」が行われます。

今日は何の日?

**沖縄返還の日**

第二次世界大戦後、27年間もの間アメリカの統治下にあった沖縄が、日本に返還された日が1972（昭和47）年の今日。返還後はアメリカ化から解き放たれ、道路は左側通行になり、本土へのパスポートも不要に。一方で、基地や核もない、完全な形での返還を望む抗議運動が各地で開かれました。

**Jリーグ開幕の日**

1993（平成5）年の今日、日本初のプロサッカーリーグ・Jリーグが開幕。海外からも優秀な選手や監督らを招き、日本のサッカー人気に火をつけました。また、ホーム・タウン制をとることにより、地元チームと一体になる熱烈なサポーターを生み出しました。

5月16日

●皐月（さつき）
●二十四節気：立夏（りっか）
●七十二候：竹笋生（たけのこしょうず）

# 奥の細道《おくのほそみち》

●元日から135日／大晦日まで229日

『奥の細道』は、江戸時代の俳人・松尾芭蕉による150日間、2400kmの旅の記録です。その行動力と、格調高い俳句はまさに芭蕉の生き方を象徴したものでした。作品は、300年以上経った今でも、輝きを失いません。1689（元禄2）年の今日は、千住宿を出発し、奥の細道紀行に出た日。住まいも譲り、覚悟の上で旅に出た芭蕉はこの時45歳。自分の足でどん欲に出かけるスタイルが、紀行文を味わい深くさせています。

## 千住宿

せんじゅしゅく

●東京都足立区千住 ▶京成本線千住大橋駅または常盤線北千住駅下車●日光・奥州街道の初宿に指定された、人口1万人と江戸四宿最大規模の宿場町。水路と陸路が交差する交通要所で、かつては「やっちゃ場」（野菜市場）でにぎわいました。芭蕉は千住で「行く春や鳥啼き魚の目は泪」と詠み東北へ旅立ったとされます。

## 今日は何の日？

**旅の日**

今日は、松尾芭蕉が「奥の細道」紀行に旅立った日。記録では旧暦の1689（元禄2）年3月とされていますが、新暦に換算すると5月16日に。芭蕉は、弟子を伴って東北・北陸地方を巡り、8月に大垣で紀行を終えます。その間150日、約5カ月にも及ぶ長旅でした。途中さまざまな名所をめぐり、各地の人々との交流から数多くの名句が生まれました。

**女性初のエベレスト登頂**

1975（昭和50）年の今日、日本人の登山家・田部井淳子さんが、女性として世界で初めてエベレストの登頂に成功しました。

5月17日

●皐月（さつき）
●二十四節気：立夏（りっか）
●七十二候：竹笋生（たけのこしょうず）

●元日から136日／大晦日まで228日

# 日光東照宮

にっこうとうしょうぐう

日光東照宮の中で、最も知れ渡る「春季例大祭」が今日から始まります。江戸幕府初代将軍・徳川家康公をお祀りする、日光東照宮。家康公は没後、駿府久能山に神葬されましたが、遺言により日光へ移されました。18日に行われる「百物揃千人行列」はその神輿渡御を再現した祭典。3基の神輿とともに、装束姿の武者総勢1200名から成る大行列が東照宮へ向かいます。五月晴れが似合う、迫力ある神事です。

**日光東照宮**
にっこうとうしょうぐう

●栃木県日光市山内2301 ▶東武日光駅より世界遺産めぐりバスで約8分、表参道下車徒歩約5分●毎年5月17・18日に行われる例大祭。ハイライトは、2日目の「百物揃千人行列」。東照宮に向かって大行列が参道を進みます。初日には、馬を操る射手が的を射抜く流鏑馬神事や、巫女による舞の奉納もあり必見です。

**今日は何の日?**

**お茶漬けの日**

江戸時代に煎茶製法を発明した永谷宗七郎。日本茶文化に大きな功績を残した偉業をたたえ、その命日となる今日に制定。お茶漬けでおなじみの永谷園の創業者、永谷嘉男は宗七郎の子孫。

**府県制・郡制の公布**

1890（明治23）年の今日、明治政府が、プロシアの地方制度を参考に府県制と郡制を公布しました。初めは、府県郡市町村の長も政府が任命していましたが、次第に国民が選挙で知事や市長を選ぶようになり、各都道府県による、自治制につながりました。

# 5月18日

●皐月（さつき）
●二十四節気：立夏（りっか）
●七十二候：竹笋生（たけのこしょうず）

# 三社祭《さんじゃまつり》

●元日から137日／大晦日まで227日

今日は「三社さま」の愛称で親しまれている浅草神社の例大祭。三社祭といえば、お神輿が豪快に町を練り歩く様子が見ものです。「神輿」はその名の通り、神様の乗り物。普段は神社に祀ってある神霊をお神輿に移して、神様に町の様子を見てもらうのです。３日間行われる祭りの２日目は１００基もの町内神輿が渡御し、最終日には大神輿３基が町を練り歩きます。五穀豊穣を願って初日に奉納される舞も雅です。

## 浅草寺《せんそうじ》

●東京都台東区浅草2-3-1 ▶地下鉄浅草駅から、徒歩約5分
●1400年近い歴史を持つ都内最古の寺。「浅草観音」の愛称で親しまれています。風神・雷神が守護する雷門は、浅草のシンボル。約16万㎡の敷地には、宝蔵門や、五重塔など見どころが多数。浅草神社には浅草寺の草創に関わった3人が祀られています。

**今日は何の日？**

**国際親善デー**
ロシア皇帝ニコライ2世の呼びかけで、1899（明治32）年にオランダのハーグで第1回平和会議が行われたことを記念に制定。

**国際博物館の日**
1977（昭和52）年の今日ICOM（国際博物館会議）が制定した国際デー。世界各国の美術館、科学館、動植物園、水族館では、毎年、世界共通で設けられたテーマを元に、各国独自のさまざまな企画やイベントが開催されます。

**季節を楽しむ**
**アスパラガス**
旬のアスパラガスは、4月～5月の2～3週間ほどしか出回らない、貴重な山菜。ゆでる際には固い部分から徐々に湯に浸し、ゆで過ぎには注意。

# 5月19日

●皐月（さつき）
●二十四節気：立夏（りっか）
●七十二候：竹笋生（たけのこしょうず）

# うちわまき

●元日から138日／大晦日まで226日

今日は鑑真でおなじみの、奈良唐招提寺の「うちわまき」。その起源は鎌倉時代にまでさかのぼり、寺を復興させたと伝えられる高僧・覚盛の伝承に由来します。覚盛は厳しい戒律を守り、蚊までも殺さず、菩薩行を貫いたといわれます。その高い徳を称えるべく命日のこの日、蚊を払うためのうちわを豪快に撒く様は粋の一言。うちわは縁起物として、ハート型に再現しており、観客からは歓声が巻き起こります。

## 唐招提寺

とうしょうだいじ

●奈良県奈良市五条町13-46 ▶近鉄西ノ京駅から徒歩約10分●南都六宗のひとつである律宗の総本山。苦難の航海の末、唐から日本の地を踏んだ鑑真大和上が5年間過ごし、戒律修行のための道場を開いた。境内には奈良時代建立の金堂、天平時代の面影をとどめる講堂をはじめ、多くの国宝、重要文化財が残ります。

### 言葉を楽しむ

**風薫る**

新緑、若葉の頃に吹きわたる爽やかな風を表す季語。語源は漢語の「薫風」で、これを訓読みして和語化したもの。和歌や俳句にも多く詠まれています。

### 季節を楽しむ

**たけのこ**

桜が開花すると、そろそろたけのこの季節。「筍」という字の通り、一旬で「竹」に成長するため旬もわずか。掘り立てを味わうのが良いとされています。ちなみに付着している白い粉は「チロシン」というアミノ酸の一種。集中力を高める成分としても注目されているそうです。

5月20日

●皐月（さつき）
●二十四節気：立夏（りっか）
●七十二候：竹笋生（たけのこしょうず）

# ツツジ

・元日から139日／大晦日まで225日

日差しも強くなりツツジの花と新緑が光を受けて、一層鮮やかさを増しています。日本では野山に40～50種ものツツジが自生し、古来観賞用の植物とされてきました。江戸時代には参勤交代を通じて、薩摩のキリシマツツジが伝来。品種改良もされ、庶民の間で「園芸ツツジ」の栽培が爆発的に広まったといわれています。今でも大名庭園や寺社には、希少ながらもさまざまな品種が残り、各地でその継承が行われています。

## 徳仙丈山
とくせんじょうさん

●宮城県気仙沼市赤岩物見 ▶気仙沼駅から徳仙丈つつじバスで約45分、徳仙丈山気仙沼登山口下車●気仙沼市と旧本吉町の境にそびえる、標高711mの山。5月中旬から6月上旬にかけて、約50万本のヤマツツジなどが見頃に。山一面を赤色に染め上げます。登山口から山頂までは、ツツジが楽しめるハイキングコースになっています。

# 5月21日

●皐月（さつき）
●二十四節気：小満（しょうまん）
●七十二候：蚕起食桑（かいこおきてくわをはむ）

# 藻刈神事《もかりしんじ》

●元日から140日／大晦日まで224日

伊勢神宮のお膝元、三重県の二見興玉神社で、今日執り行われる「藻刈神事」。二見浦沖に鎮まる御祭神縁りの興玉神石付近に繁茂する海藻「アマモ」を、神職・舞女らが船から刈り取る神事。昔から伊勢神宮の参拝前には、二見浦の海に入って身を清める「禊」の儀があったそうです。採取して天日に干されたアマモは、無垢塩草として不浄祓いのお守りとして使われます。

## 二見興玉神社
ふたみおきたまじんじゃ

●三重県伊勢市二見町江575 ▶JR参宮線二見浦駅から徒歩約15分●夫婦岩の前に鎮まる神社。正面に見える夫婦岩は、沖合約700m先の海中にある御祭神に縁りの「興玉神石」を拝むための鳥居だそう。夏至の日に海水で禊をする「夏至祭」も有名。境内には大神の使いといわれる、蛙の置物が奉納されています。

今日は何の日?

**小学校開校の日**

1869（明治2）年の今日、京都市内に日本初の小学校が設立されました。

**リンドバーグ翼の日**

アメリカのチャールズ・リンドバーグが、パリ郊外のル・ブールジェ飛行場に降り立ったのが、1927（昭和2）年の今日。人類初の大西洋無着陸横断単独飛行に成功した、記念すべき日です。

言葉を楽しむ

**蚕起きて桑を食む**

「小満」の初候で、蚕が孵化して、桑の葉をもりもり食べて育つ季節。蚕の数え方は一匹ではなく、一頭。蚕が紡いだ繭が、美しい絹になり、生活を支える重要な生き物として扱われたためです。

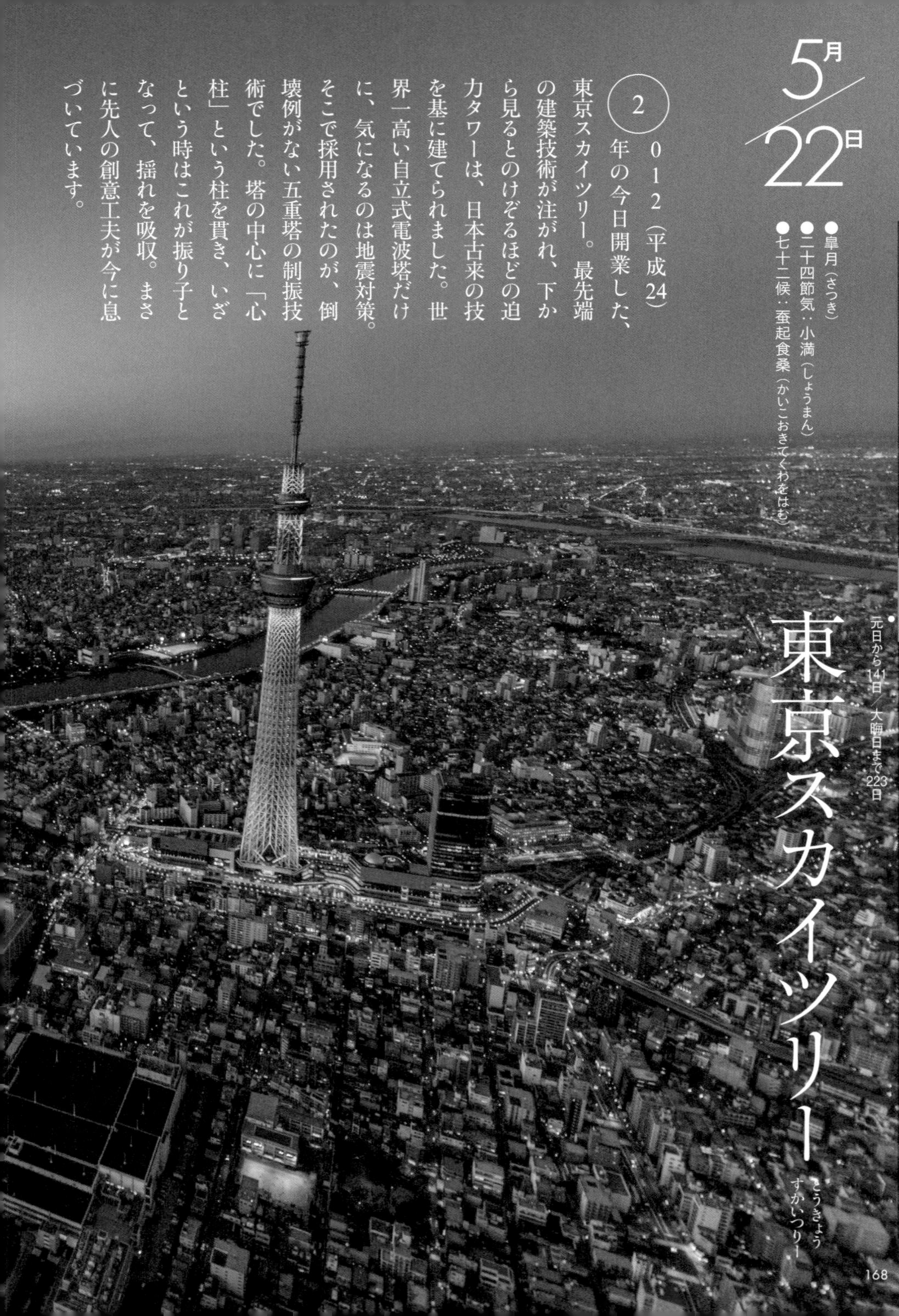

# 5月22日

●皐月（さつき）
●二十四節気：小満（しょうまん）
●七十二候：蚕起食桑（かいこおきてくわをはむ）

●元日から141日／大晦日まで223日

## 東京スカイツリー《とうきょうすかいつりー》

2012（平成24）年の今日開業した、東京スカイツリー。最先端の建築技術が注がれ、下から見るとのけぞるほどの迫力タワーは、日本古来の技を基に建てられました。世界一高い自立式電波塔だけに、気になるのは地震対策。そこで採用されたのが、倒壊例がない五重塔の制振技術でした。塔の中心に「心柱」という柱を貫き、いざという時はこれが振り子となって、揺れを吸収。まさに先人の創意工夫が今に息づいています。

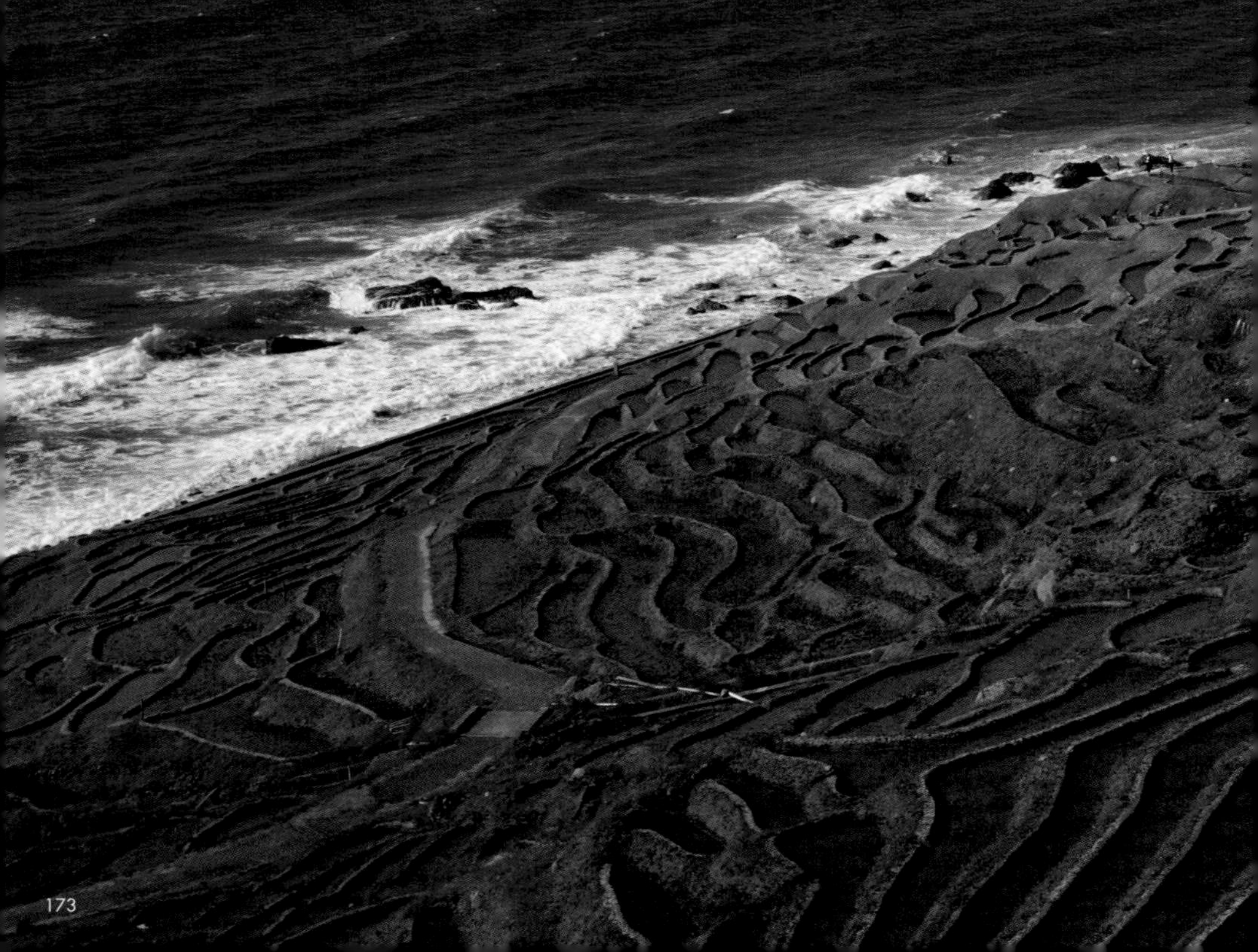

今日は何の日？

**食堂車の日**

1899（明治32）年の今日、山陽鉄道（現・JR西日本山陽本線）の京都～三田尻を走る列車に、初めて食堂車が連結された日を記念し制定。当時のメニューは洋食のみで、利用できたのは一等・二等の乗客限定でした。

**広辞苑記念日**

1955（昭和30）年5月25日に、岩波書店で広辞苑の初版が発行されたことを記念して制定。

言葉を楽しむ

**田毎の月**

田の水面に、月が映し出され、それぞれの田に月が映りゆくことを「田毎の月」といいます。その風情ある美しさを、俳人・松尾芭蕉らも句に詠んでいます。

## 白米千枚田

しろよねせんまいだ

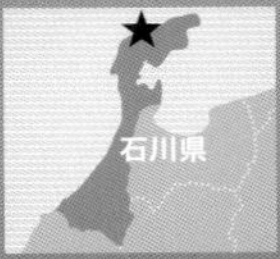


石川県輪島市白米町99-5（レストハウス）　金沢駅から輪島特急バスで約120分、道の駅輪島ふらっと訪夢で乗り換え、北鉄奥能登バス町野線で約20分、白米千枚田下車●日本海に面した、約4ヘクタールの急斜面に1004枚もの棚田が広がる能登の絶景。日本古来の農法「苗代田」を復活させ、2011年には世界農業遺産に認定。

# 5月26日

●皐月（さつき）
●二十四節気：小満（しょうまん）
●七十二候：紅花栄（べにばなさかう）

## ペーロン

元日から145日／大晦日まで219日

ペーロンとは、中国伝来の長崎の船競漕。「ドン！デン！ジャン！」と、細身の船に銅鑼や太鼓も乗せて、力漕する姿は圧巻です。江戸時代の1655（明暦元）年、長崎港を訪れた中国船が強風で出航できず、海神を鎮めるために行われたという競漕。長い歴史の中で、長崎独自のスタイルに進化していきました。中国語で「白竜（パイロン）」を意味するペーロンは、日本のボートレースの元祖でもあります。

### 相生ペーロン祭

あいおいぺーろんまつり

●兵庫県相生市相生湾 ▶JR相生駅から徒歩約20分●毎年5月の最終土・日曜日に催される、ペーロン競漕の祭典。30名近くの漕ぎ手が船に乗り込み、櫂を片手に競漕。前夜祭には、約5000発を打ち上げる豪華な海上花火大会を開催。大正時代に、長崎出身の造船所の従業員によって、ペーロンが伝えられたといわれています。

**今日は何の日?**

**ル・マンの日**

自動車の世界三大レースのひとつ、フランスのル・マンにあるサルト・サーキットで行われる、ル・マン24時間耐久レース。24時間でのサーキット周回数を競うものですが、その1回目のレースが1923（大正12）年の今日スタート。近年では、2018年、2019年にトヨタが総合優勝を遂げています。

**季節を楽しむ**

**えんどう豆**

秋に種を蒔いたえんどう豆が、この時期旬を迎えます。その期間はわずか2週間。とても短い収穫期ですが、甘くてとてもジューシー。豆は火を通して冷凍すれば、翌年まで持ち越せます。

# 5月27日

●皐月（さつき）
●二十四節気：小満（しょうまん）
●七十二候：紅花栄（べにばなさかう）

# 百人一首

ひゃくにんいっしゅ

元日から146日／大晦日まで218日

日

本語の美しさ感じる百人一首。1235（文暦2）年の今日は、藤原定家が「小倉百人一首」を完成した日。飛鳥から鎌倉時代までの歌人の歌から選りすぐられた100首の情景は、味わい深く、選者のセンスが光ります。江戸時代以降は「歌がるた」として親しまれ、近年は競技としても発達。漫画や映画化もされ人気を得ました。歌の主題には恋歌が多く、現代でも共感して楽しめる、特別な魅力があります。

**近江神宮**
おうみじんぐう

●滋賀県大津市神宮町1-1 ▶京阪電車近江神宮駅前から徒歩約5分●大津京を建都した天智天皇を祀る神社。小倉百人一首の最初の歌が、天智天皇の御製であることにちなんで「かるたの殿堂」と称されています。競技かるたの日本一を競う「競技かるた名人位・クイーン位決定戦」や正月に行われる「近江神宮かるた祭」でも有名。

今日は何の日?

**ドラゴンクエストの日**

1986（昭和61）年の今日、「ドラゴンクエスト」がエニックス（現スクウェア・エニックス）からファミリーコンピュータ用ソフトとして発売されました。当時の家庭用ゲーム機では珍しいRPGがヒットし、続くシリーズ作品も、絶大な人気を得ました。

**小松菜の日**

5（こ）2（まつ）7（な）という語呂にちなんで、制定。小松菜は、和洋中どんな料理にも合う優れもの。アクがあまり出ないため下茹で不要で、料理にも使いやすい。和え物や、お雑煮の具材としても親しまれています。

# 5月28日

●皐月（さつき）
●二十四節気：小満（しょうまん）
●七十二候：紅花栄（べにばなさかう）

# あやめ

元日から147日／大晦日まで217日

「雨降花」のひとつ、あやめが咲き始めたら、梅雨はもうすぐ。あやめの花には傘のような花柱があるのも、自然の妙です。「いずれあやめか杜若《かきつばた》」の通り、アヤメ属の植物はよく似ています。それぞれの花びらに杜若には白い、あやめには黄色い棒状の模様があるのが特徴。この蜜標という斑点が見分けるコツです。

## 水郷潮来あやめ園
すいごういたこあやめえん

●茨城県潮来市あやめ1-5 ▶JR鹿島線潮来駅から徒歩3分●1.3haの土地に約500種類、100万株のあやめ（花菖蒲）を栽培。毎年5月下旬～6月下旬に開催される「水郷潮来あやめまつり」の会場でもあります。1番の見頃は例年6月中旬頃。毎年80万人を超える観光客が水郷情緒とあやめを堪能します。

### 今日は何の日?

**隅田川の花火**
1733（享保18）年の今日、隅田川にかかる両国橋の近くで花火が打ち上げられました。当時の凶作を受けて、江戸幕府が水辺で祓いをしたことが由来です。その後、川開きといわれる納涼祭に発展しました。

**長崎の出島**
鎖国の時代、キリスト教の布教をさせないよう江戸幕府が造った扇形の埋め立て地。ここにポルトガル商人を住まわせ、貿易を監視しました。その出島が1634（寛永11）年の今日、建設スタート。

**国際アムネスティ記念日**
1961（昭和36）年、政治的権力による人権侵害を守るための国際NGO「アムネスティ・インターナショナル」が発足。

# 5月29日

●皐月（さつき）
●二十四節気：小満（しょうまん）
●七十二候：紅花栄（べにばなさかう）

# こんにゃく

●元日から148日／大晦日まで216日

煮物やおでんなど、家庭の味には、欠かせないこんにゃく。主成分のマンナンには食物繊維が豊富で、昔から「身体の砂おろし」と呼ばれ注目を集めてきました。原料となる、ずっしりと重いこんにゃく芋は、サトイモ科の植物。春に種芋を植え付け、秋にできる新芋をいったん収穫し、また翌春に植え直します。その作業を3年も繰り返すという、こんにゃく造り。丁寧な手仕事と愛で守られているのです。

## こんにゃくパーク

●群馬県甘楽郡甘楽町大字小幡204-1 ▶上信電鉄上州富岡駅下車、タクシーで約15分●日本の伝統食品・こんにゃくのテーマパーク。製造工程がわかる工場見学のほか、手作りこんにゃく体験（予約制）など、和食文化を学べます。無料のバイキングゾーンでは、こんにゃくをさまざまにアレンジした料理が食べ放題。

### 今日は何の日？

**こんにゃくの日**
529（こんにゃく）の語呂合わせと、この時期にこんにゃく芋の作付けが始まることから、日本こんにゃく協会が制定。1989（平成元）年よりこの日を記念日に定めました。

**呉服の日**
5（ご）2（ふ）9（く）（呉服）と読む語呂合わせから、呉服の日に制定。和服業界が、日本各地を着物姿でいっぱいに……、との願いを込めて、各地で着物を楽しむイベントを多く開催しています。

**エベレスト初登頂**
ニュージーランドの登山家ヒラリーと、シェルパを務めたテンジンは、1953（昭和28）年の今日、世界最高峰エベレストの頂上に立ちました。

# 5月30日

●皐月（さつき）
●二十四節気：小満（しょうまん）
●七十二候：紅花栄（べにばなさかう）

元日から149日／大晦日まで215日

## ガタリンピック

泥の中へダイブ！ 見るからに楽しそうな人々。町おこしの目的で始められた「ガタリンピック」は、日本一干満の差が大きい有明海の干潟で行う運動会です。大潮の時の有明海には、8600haにも及ぶ干潟が出現。そんな地の利を活用したもので、有明特有の漁具「ガタスキー」を使ったレースなど、夢中になってしまう人も多いとか。非日常を思う存分味わい尽くすなら、水着を携えての参加が正解!!

**鹿島ガタリンピック**
かしまがたりんぴっく
●佐賀県鹿島市音成甲4427-6（会場は道の駅かしま）▶JR長崎本線肥前七浦駅から徒歩約5分●潮の干満差が日本最大級の広大な有明海の海底の泥、ガタ（干潟）を利用した、干潟の上で行う運動会。観覧は無料、競技への出場は有料（要事前申し込み）。干潟に入る時に必要なガタ足袋は会場にて貸し出し可。毎年初夏に開催。

### 今日は何の日？

**消費者の日**
消費者の権利を定めた消費者保護基本法（現・消費者基本法）が施行された日にちなみ、1978（昭和53）年に制定。

**ごみゼロの日**
5（ゴ）3（ミ）0（ゼロ）の語呂合わせから制定された、ごみ対策を進めるための記念日。今日から6月5日の「環境の日」までの1週間を「ごみ減量・リサイクル推進週間」とし、各地で環境美化活動が行われます。

### 言葉を楽しむ

**紅花栄う**
古代より、染料や漢方薬として重宝されてきた紅花が、色鮮やかに花を咲かせる頃を表した候。アザミのような棘があるため、朝露がついた刺がまだ柔らかい早朝に、花びらを摘み取ります。

# 5月31日

●皐月（さつき）
●二十四節気：小満（しょうまん）
●七十二候：麦秋至（むぎのときいたる）

# 走り梅雨

はしりづゆ

●元日から150日／大晦日まで214日

貴船神社
きふねじんじゃ

●京都府京都市左京区鞍馬貴船町180 ▶叡山電鉄鞍馬線貴船口駅前から京都バス33系で約5分、貴船下車徒歩約5分●古来より祈雨の神として信仰されてきた神社。本宮社殿前の石垣からは貴船山の御神水が湧き出ています。平安時代の雨乞い・雨止みの御祈願の風習が、現在の絵馬の原型。

梅雨の先駆けの「走り梅雨」。沖縄が梅雨入りすると、本州付近に前線が停滞し、ぐずついた天気が続くことを言い表しています。一方、これから迎える梅雨を楽しめる、雨と縁深いとされるスポットが京都の貴船神社。水の神様をお祀りし、古来より馬を奉納し、雨乞いや五穀豊穣の祈願には欠かせない場所でした。

# コラム5
# 新暦と旧暦

私たちが毎日見ているカレンダー。うるう年を除き1年が365日、1月から12月まであって、1カ月は2月を除いて30日間、または31日間。日本でこの暦（グレゴリオ暦）を導入したのは1872（明治5）年で、それまで使っていた暦を「旧暦」、それ以降、現在も使っている暦を「新暦」としています。

新暦と旧暦の一番の違いは、新暦が太陽の動きを、旧暦は月の動きをもとに作られていることです。そのため、このふたつの暦では誤差が大きく異なります。新暦の誤差は4年に一度うるう年を設けることで解消していますが、旧暦では誤差がもっと大きかったので、「うるう月」を設けて、1年が12か月ではなく、13か月となる年を設けて調整をしました。この「調整年」は19年間に7回、つまり2〜3年に一度1年が13か月の年があったのです。今から考えるとかなりややこしいと思えますが、日本ではこの暦を1500年近く使ってきました。さすがに1500年も使っていれば、DNAのレベル（？）でその暦が体に染みついているのでしょう。誰もが生まれた時から新暦で過ごしているにもかかわらず、古い祭りなどの行事や占いなどを、今でも旧暦の暦に合わせて行っているものがあります。

（→P.76）

ちなみにアジア圏（特に中国文化の影響が強い地域）では、通常の暦は日本と同じ新暦を使っていますが、年中行事や祝日は旧暦のままという国が少なくありません。日本ではお正月は1月1日ですが、これらの国では旧暦の正月（中国の春節、韓国のソルラルなど）を盛大にお祝いしています。

# 6月

## 水無月《みなづき》

# 6月1日

●水無月（みなづき）
●二十四節気：小満（しょうまん）
●七十二候：麦秋至（むぎのときいたる）

# 真珠《しんじゅ》

●元日から151日　大晦日まで213日

（美）しい海で育てられる真珠は、6月の誕生石。1893（明治26）年の今日、世界初の真珠養殖を確立したのが御木本幸吉。あのミキモトの創業者です。真珠造りは真珠貝であるアコヤ貝の中で行われますが、欠かせないのが「核入れ」という作業。貝の口に貝の成分を作る細胞と、丸の芯になる「核」を移植します。海に戻された貝は時と人の手で磨かれ、いつしか丸い結晶に。偶然の巡り合わせで、宝石になります。

**英虞湾**
あごわん

●三重県志摩市大王町波切2199（ともやま公園事務所）▶鵜方駅から三重交通・磯部バス宿浦行で約25分、浜島下車●伊勢志摩国立公園の一部で、リアス式海岸の造形美でも有名。2016（平成28）年に伊勢志摩サミットの会場となった賢島をはじめ、さまざまな島が美しい景色を作っています。日本における真珠養殖の一大産地としても知られます。

# 6月2日

●水無月（みなづき）
●二十四節気：小満（しょうまん）
●七十二候：麦秋至（むぎのときいたる）

**横浜《よこはま》**

●神奈川県横浜市▶東京駅からJR東海道線で横浜駅まで約30分 ●幕末の開港により世界各国と日本を結ぶ重要な港町に。文明開化を支えた街には異国情緒が漂います。歴史のある伝統的な建造物と、近代的スポットなど、新旧交えた街は魅力が豊富。また、港町ならではの夜景も美しく、多くの人を引きつけています。

# 横浜港《よこはまこう》

元日から152日／大晦日まで212日

元は小さな漁村にすぎなかった横浜は、1859（安政6）年の今日、国際貿易港として開港しました。すぐに異文化交流の窓口となりました。日本初の鉄道が走り、ガス灯が設けられ、この港から日本特産の生糸が世界に輸出されていきました。日本最大の開港場で生まれた新たな文化は、今も街に漂います。毎年行われる「開港祭」は、人々の開拓心をたたえるものとして、市民の手で守られています。

## 今日は何の日?

**横浜開港記念日**
1859（安政6）年6月2日、横浜港に初の外国商船が来港し横浜港が開港。以来横浜に諸外国の領事館が置かれ、外国人居留地には多くの商人が移住し、急速に発展しました。「横浜鈍宅之図」（1861年・文久元年）には、開港を祝う楽隊や山車の姿が華やかに描かれています。

**裏切りの日**
1582（天正10）年の今日、織田信長が明智光秀に裏切られ、京都本能寺で急襲された「本能寺の変」から。

**下田あじさい祭**
下田市街と下田港を一望できる下田公園では、6月の1カ月間あじさい祭が開かれます。約15万株300万輪のあじさいが咲き誇ります。

# 6月3日

●水無月（みなづき）
●二十四節気：小満（しょうまん）
●七十二候：麦秋至（むぎのときいたる）

元日から153日／大晦日まで211日

## 測量《そくりょう》

今日は、地図や測量について学ぶ「測量の日」。測量とは、道路や家を建てるときに、土地の広さを測ったり、位置関係を明らかにしたり、地図を作ること。江戸時代に日本地図を作ったことで知られる伊能忠敬も、測量道具を用いて日本中の土地を精密に把握しました。近年の測量では、ドローンが活躍を見せています。空撮とGPSとの連動で正確に測量を行う仕組み。時代と共に、測量も進化しています。

### 地図と測量の科学館

ちずとそくりょうのかがくかん

●茨城県つくば市北郷1番 国土交通省国土地理院 ▶つくばエクスプレス研究学園駅から、つくバス吉沼シャトルとよさと病院行で約15分、国土地理院下車 ●地図や測量に関する歴史や仕組み、新しい技術を総合的に体感できる。施設内には、現存する世界最古の地球儀や古地図、地球の丸さを実感できる日本列島球体模型を展示しています。

今日は何の日？

**測量の日**
1949（昭和24）年の今日、測量法が公布されたことに由来。つくば市北郷の国土地理院では、測量や地図を多くの人が親しみながら学べる、「測量の日」を記念したイベントが行われます。

**雲仙普賢岳祈りの日**
長崎県にある雲仙・普賢岳で1991（平成3）年6月3日火砕流が発生し、多くの犠牲者を出しました。島原市では、犠牲となられた方に哀悼の意を表し、また災害の教訓とするため、今日を「いのりの日」として献花を行っています。

6月4日

●水無月（みなづき）
●二十四節気：小満（しょうまん）
●七十二候：麦秋至（むぎのときいたる）

# スズラン

●元日から154日／大晦日まで210日

寒さに強い多年草で、北海道や信州八ヶ岳などが生育地として名高いスズラン。そのため暑さに弱く、本格的な夏になる前が見頃です。釣鐘型の純白な小花を鈴のようにつける姿が語源ですが、「幸福の再来」という特別な花言葉も。札幌市では市の花として、街のシンボルにもなっています。

## 平取町芽生 すずらん群生地

びらとりちょうめむ すずらんぐんせいち

●北海道沙流郡平取町字芽生
▶平取町市街から車で40分。
●平取町芽生にある、約15haの日本一広大なスズラン群生地。一般公開は毎年5月下旬～6月中旬の約1ヵ月で、例年見頃は6月の「すずらん観賞会」の開催期間。

6月5日

●水無月（みなづき）
●二十四節気：芒種（ぼうしゅ）
●七十二候：蟷螂生（かまきりしょうず）

# 百万石《ひゃくまんごく》

元日から155日／大晦日まで209日

「石高」とは、戦国時代の頃から使われた言葉で、簡単にいうと、米の生産高を示す単位のこと。今の言葉でいえば、国の経済規模を示すGDPに近いものと考えていいでしょう。江戸時代、徳川将軍家を除いて、公式に石高が100万を超えた藩は、加賀前田藩しかありません。その豊かな経済力を背景に築かれたのが金沢の町。武家の文化と伝統、そして加賀藩の富がもたらした唯一無二の街並みは、国内屈指の観光地です。

**金沢百万石まつり**
かなざわひゃくまんごくまつり

●百万石行列は金沢駅東口（石川県金沢市木ノ新保町）からスタート ●初代藩主前田利家公が1583（天正11）年6月14日に金沢城に入城したことにちなみ6月第一土曜日の前後3日間行われる祭り。ハイライトは豪華絢爛な入場行列を再現した百万石行列。

**金沢は「小京都」ではない**

全国には「全国京都会議」に加盟する「小京都」と呼ばれるところが43市町（令和2年1月現在）あります。加盟の条件は、以下の条件にひとつ以上あてはまること。①京都に似た自然景観、町並み、たたずまいがある ②京都と歴史的なつながりがある ③伝統的な産業、芸能がある　金沢は「小京都」という呼び名を2008年に自ら返上しました。「京都ブランド」に頼らず、独自の伝統と文化を内外にアピールするのが目的です。

今日は何の日？
**環境の日**
1972年6月5日からストックホルムで開催された「国連人間環境会議」を記念して定められました。

# 6日

●水無月（みなづき）
●二十四節気：芒種（ぼうしゅ）
●七十二候：蟷螂生（かまきりしょうず）

# 楽器《がっき》

元日から156日／大晦日まで208日

島根半島に鎮座する美保神社は、楽器が奉納される珍しい神社。俗に「えびす様信仰」で知られる、えびす社の総本社です。「えびす様は鳴り物がお好き」との言い伝えから、祈願とともにおびただしい数の楽器が奉納されています。その内846点が国の重要有形民俗文化財に指定されています。また、今日は「楽器の日」や「おけいこの日」。古来6歳の6月6日は、稽古始めに最適な日とされたことが由来です。

**美保神社《みほじんじゃ》**

●島根県松江市美保関町美保関608 ▶JR山陰本線松江駅から一畑バス美保関ターミナル行で約40分、終点下車、美保関ターミナルで美保関コミュニティバスに乗り換え約30分、美保神社入口下車徒歩約1分 ●大国主神の子の事代主神を祭り、漁業の守護神として敬われてきた神社。「えびす信仰」と海を舞台にした神事でも知られます。

今日は何の日？

**稽古始め**
6歳の6月6日は、楽器や舞踏などの伝統芸能の稽古始めに良い日とされています。これは室町時代の能作者世阿弥が、能の理論書「風姿花伝」で語った一説に由来。それにちなみ、今日を「楽器の日」や「いけばなの日」としています。

**蟷螂生**
芒種の初候は、草木に植え付けられたカマキリの卵から、次々に赤ちゃんが出てくる頃。昔からカマキリは、強靭な前肢で害虫を捕えてくれるありがたい虫でした。

**伊勢えび祭**
三重県志摩市で行われる、伊勢海老豊漁の祈願祭。小海老が飛び跳ねる様子を表した「じゃこっぺ踊り」や、巨大な海老神輿も登場。毎年6月の第一土曜日に開催。

# 6月7日

●水無月（みなづき）
●二十四節気：芒種（ぼうしゅ）
●七十二候：蟷螂生（かまきりしょうず）

## 紫陽花《あじさい》

・元日から157日／大晦日まで207日

紫陽花は花が集まって咲くことから、「アジ（古語の集づ）サイ（財）」と見立てられ、古来金運が高まる花とされてきました。その半面、移ろう人の心にも例えられますが、これは花色が変わるため。花の色は土の性質で違い、酸性土壌では青い花が咲き、アルカリ性が強いと赤い花になります。「紫陽花寺」として名高い鎌倉の明月院では、青色の花が藍色に移り変わる様子を、楽しむことができます。

**明月院**
めいげついん

●神奈川県鎌倉市山ノ内189 ▶JR横須賀線北鎌倉駅から徒歩約10分 ●禅興寺の塔頭として、北条時宗が建立した寺。参道から境内まで覆いつくす約2500株の紫陽花は9割が「ヒメアジサイ」。また、しだれ桜や、花菖蒲など一年を通じ花が見どころの花の寺です。「悟りの窓」と呼ばれる本堂の円窓から望む、後庭園は必見。

6月/8日

●水無月（みなづき）
●二十四節気：芒種（ぼうしゅ）
●七十二候：蟷螂生（かまきりしょうず）

# 大鳴門橋《おおなるときょう》

●元日から158日／大晦日まで206日

**大鳴門橋架橋記念館エディ**
おおなるときょうかきょうきねんかんえでぃ
●徳島県鳴門市鳴門町土佐泊浦福池65 ▶JR鳴門駅から徳島バス鳴門公園下車徒歩約5分 ●「渦」と「橋」をテーマにしたミュージアム。大鳴門橋の構造や、鳴門の渦潮のメカニズムを、バーチャル技術や、ハイビジョン映像を通して体感できます。屋上には、鳴門海峡・大鳴門橋が望めるパノラマ展望台も完備されています。

徳島県と淡路島を結ぶ大鳴門橋が架かる鳴門海峡は、「鳴門の渦潮」で有名な観光スポット。大鳴門橋の橋げたには遊歩道「渦の道」が設けられ、陸地から450m先にある展望室では渦潮が体感できます。渦潮は潮の満ち引きと関連しているため、大潮の日は、特に激しい潮流になるそうです。また、遊歩道に設置されているガラスの床から45m下に見下ろす渦潮の見物も迫力があります。

6月9日

●水無月（みなづき）
●二十四節気：芒種（ぼうしゅ）
●七十二候：螳螂生（かまきりしょうず）

元日から159日／大晦日まで205日

# 鳥越神社大祭

とりこえじんじゃたいさい

豪華な提灯行列や神輿が町内を練り歩く「鳥越神社例大祭」。東京の下町、台東区にある鳥越神社は飛鳥時代に創建された古社。その最大の神事として初夏に行われます。祭りのシンボル「千貫神輿」は都内最大級といわれ、重さがなんと4t。迫力満点です。日没後、弓張り提灯に火がともされていく様はとても幻想的。活気ある神輿さばきとともに、宮入りする華々しい夜の還御《かんぎょ》が祭りのフィナーレを飾ります。

**鳥越神社**
とりこえじんじゃ

●東京都台東区鳥越 2-4-1 ▶都営地下鉄浅草線蔵前駅から徒歩約6分 ●日本武尊を祭神とする古社。白鳥神社といわれていましたが、平安時代に源義家が鳥越大明神の社号を奉納。「鳥越例大祭」の御本社神輿は元祖千貫神輿。弓張り提灯で飾られた夜の宮入道中は、別名「鳥越の夜祭り」と呼ばれ、美しく荘厳です。

**千貫神輿とは?**

千貫の「貫」とは重さの単位で、約3・75t（1貫は3・75kg）に相当。そのため特に重い神輿を指します。鳥越神社の千貫神輿は、重さを感じる神輿として有名。下町の狭い町内を渡御するには担ぎ棒を短く、担ぎ手も限られるため、ひとり当たりの負担が大きいのです。

今日は何の日?

**ロックの日**

6と9を「ロック」と読む語呂合わせから、ロック・ミュージックをたたえる日として制定。音楽のみならず、人々のライフスタイルに影響を与える、ロックの魅力を広める音楽イベントが多く開かれます。

6月
10日

●水無月（みなづき）
●二十四節気：芒種（ぼうしゅ）
●七十二候：腐草為蛍（くされたるくさほたるとなる）

# YOSAKOIソーラン

よさこいそーらん

●元日から160日／大晦日まで204日

今日は、札幌の初夏を彩る「YOSAKOIソーラン祭り」。「鳴子」の音と北海道の民謡「ソーラン節」が響き渡る、踊り子たちのカーニバルです。高知の「よさこい祭り」に感動した学生が始めた祭りは、約200万人が訪れる規模に。踊りのルールは「曲にソーラン節のフレーズを入れ、鳴子を持って踊る」こと。全国から結集した280ものチームが市内の会場を移動し、趣向を凝らした踊りを披露します

## YOSAKOIソーラン祭り

よさこいそーらんまつり

●北海道札幌市の大通公園西8丁目会場を中心に、市内約20会場で開催 ▶地下鉄西11丁目駅から徒歩約4分（大通公園）
●高知の「よさこい祭り」を元に、北海道の「ソーラン節」を織り交ぜた踊りの祭典です。個性あふれる各会場での演舞は大迫力で「ワオドリスクエア」ステージでは飛び込み参加も可能。毎年6月初旬開催。

今日は何の日？

**時の記念日**
1920（大正9）年の今日、時間の大切さの認識を目的に制定。また671（天智10）年に天智天皇が「漏刻」と呼ばれる日本初の水時計を設置し、時を知らせるようになったこの日を「時の記念日」と定めました。

**路面電車の日**
6（ろ）10（でん）（路電）の語呂合わせと、1995（平成7年）の今日、路面電車を持つ自治体が広島市で開催した「路面電車サミット」にちなんで制定。

季節を楽しむ

**レッドムーン**
入梅前後に取れる紅色のじゃがいも「レッドムーン」は、ねっとりした甘みが特徴。紫色に咲く花も見頃で、じゃがいも畑は花盛りに。

# 6月11日

●水無月（みなづき）
●二十四節気：芒種（ぼうしゅ）
●七十二候：腐草為蛍（くされたるくさほたるとなる）

## 銀行《ぎんこう》

元日から161日／大晦日まで203日

1873（明治6）年の今日は日本初の銀行、第一国立銀行が設立された日。これに携わったのが渋沢栄一です。彼は日本近代資本主義の父と呼ばれ、生涯を通じ約500もの会社をつくり、経済を発展させました。渋沢が銀行の仕組みを定着させたのは、フランス留学を通じ、民間経済の発展が国力の根源になると気づいたから。官民対等でこそ近代化されると考え、民間ビジネスの後押しに尽力したといわれます。

**旧渋沢邸「中の家」**
きゅうしぶさわてい「なかんち」

●埼玉県深谷市血洗島 247-1 ▶ JR 深谷駅下車、タクシーで約 20 分 ●渋沢栄一生誕地に栄一の妹夫妻によって明治 28 年に建てられました。栄一は多忙な中でも頻繁に帰郷し、寝泊まりしたそうです。昭和 58 年からは「青淵塾渋沢国際学園」の施設として使用され、多くの外国人留学生が学びましたが、平成 12 年に深谷市に帰属されました。

**今日は何の日?**

**国立銀行設立の日**

1873（明治6）年の今日、第一国立銀行が設立された日に由来。初代頭取に、渋沢栄一が抜擢され、国立銀行は全国各府県に153行を設立。日本経済を発展させました。1882（明治15）年には日本銀行が唯一の発券銀行となり、国立銀行は普通銀行に変わりました。

**季節を楽しむ**

**入梅**

太陽が黄経80度を通る今日は、雑節では梅雨入りとされています。入梅の語源は「梅の実が熟す頃に雨期に入ること」。ジメジメとしたこの頃は、食べ物が腐りやすく、殺菌効果として梅を食べる習慣から、「梅」という字が使われるようになったといわれます。

# 6月12日

●水無月（みなづき）
●二十四節気：芒種（ぼうしゅ）
●七十二候：腐草為蛍（くされたるくさほたるとなる）

●元日から162日／大晦日まで202日

# チャグチャグ馬コ《ちゃぐちゃぐうまっこ》

豪華な装束をつけた馬が練り歩く「チャグチャグ馬コ」は名馬の産地、岩手の夏の代名詞。「チャグチャグ」とは、馬に付けた鈴の音のこと。約100頭にも及ぶ馬の行列が、鬼越蒼前神社での神事の後、盛岡八幡宮への14kmの道のりを大行進します。祭りのルーツは農耕馬をねぎらう行事から。次第に絢爛豪華な飾りをまとい、互いに見せ合うスタイルに。馬を大事に育てる思いが、今に引き継がれています。

## 鬼越蒼前神社

おにこしそうぜんじんじゃ

●岩手県滝沢市鵜飼外久保 ▶ 盛岡駅前からバスで約20分、鵜飼小学校前で下車、徒歩約18分 ●岩手県は馬の産地として知られており、江戸時代後期から、人馬がひとつ屋根の下で生活する南部曲り家が造られました。馬を愛する土地柄、馬を祀る蒼前神社も建てられました。

今日は何の日？

**父の日**

アメリカでは「母の日」に続いて1972（昭和47）年に制定。日本では戦後、1950年代から「父の日」を祝うように。よく黄色をシンボルカラーとして推奨していますが、これは日本独自のもの。身を守る象徴である黄色を、お父さんの安全祈願に結びつけています。

季節を楽しむ

**向日葵**

夏を彩る身近な花といえば、向日葵。語源は、茎が伸びている間、つぼみは太陽を追いかけるように向きを変えることから。近年では、西洋絵画の巨匠が描いた向日葵が、そのまま「ゴッホ」や「ゴーギャン」といった園芸品種になっていて、色や咲き方も多種多様。父の日の贈り物にもぴったり。

# 6月13日

●水無月（みなづき）
●二十四節気：芒種（ぼうしゅ）
●七十二候：腐草為蛍（くされたるくさほたるとなる）

## 蛍《ほたる》

●元日から163日／大晦日まで201日

幻想的な光を放つ、夏の虫の蛍。一般的には「ゲンジボタル」と「ヘイケボタル」がメジャーですが、日本には約50種類もの蛍が生息しています。蛍の成虫が光るのは、異性を呼ぶメッセージ。しかしゲンジボタルにおいては、その求愛の仕方が産地によって差があるそうです。西日本では2秒に1回、東日本では4秒に1回点滅。不思議な生物発光の仕組みです。

### 鳥川ホタルの里湧水群
とっかわほたるのさとゆうすいぐん

●愛知県岡崎市鳥川町▶東名高速道路岡崎ICから国道1号・473号経由で約30分 ●環境省の「名水百選」にも選定されている湧水群。その恵まれた環境と、地元の保存会による蛍の保全活動により、天然の「ゲンジボタル」の生息地域としても知られます。毎年5月末から6月末まで「鳥川ホタルまつり」が開催。美しい輝きの蛍の乱舞に、夏の訪れを感じます。

# 6月14日

●水無月（みなづき）
●二十四節気：芒種（ぼうしゅ）
●七十二候：腐草為蛍（くされたるくさほたるとなる）

# 御田植祭と田楽《おたうえさいとでんがく》

●元日から164日／大晦日まで200日

重労働である田植えのつらさを、歌や踊りで紛らわせようとした風習が、後に豊作祈願の祭礼と結びついたのが御田植祭りの起源といわれています。大阪・住吉大社の「御田植祭」では、本宮で苗を受けた「植女《うえめ》」から花笠姿の「替植女《かえうえめ》」に早苗が渡され、植え付けが行われます。同時に舞や踊りが奉納されます。お囃子や曲芸を行い農作業を盛り立てる、それが後に民俗芸能「田楽」を生み出しました。

## 住吉の御田植神事

すみよしのおたうえしんじ

●大阪府大阪市住吉区住吉2-9-89 ▶南海鉄道南海本線住吉大社駅から徒歩約３分 ●日本最古の田植祭として国の重要無形民俗文化財に指定。鎮座にあたり、神功皇后が神前に備える米の田を耕された伝説に由来。植女から替植女に早苗が渡され、田植えと同時に「八乙女舞」が奉納。毎年6月14日開催。

**住吉踊りとは?**

「住吉の御田植神事」の最後を飾る「住吉踊り」は、戦国時代から続く由緒あるもの。江戸時代には大道芸として広まり、「かっぽれ」にも影響を与えました。

**今日は何の日?**

**五輪旗制定記念日**

1914（大正３）年の今日、５色（青・黄・黒・緑・赤）の五輪旗がオリンピック委員会により決定されました。この輪の発想は、ヨーロッパ、南北アメリカ、アフリカ、アジア、オセアニアの相互の友好からイメージされているそう。デザイン制作は、近代オリンピックの創立者、ピエール・ド・クーベルタン氏。古代オリンピックの開催地のひとつであるデルフォイの祭壇にあった、休戦協定を刻んだ「五輪の紋章」がヒントだそうです。

# 6月15日

●水無月（みなづき）
●二十四節気：芒種（ぼうしゅ）
●七十二候：梅子黄（うめのみきばむ）

# 山王祭
さんのうまつり

●元日から165日／大晦日まで199日

東京・日枝神社の例祭「山王祭」は、江戸三大祭りの筆頭。江戸っ子が熱狂した幕府公認の「天下祭」。45基もの華やかな山車と神輿の祭礼行列は、将軍も見物したそうです。日枝神社は徳川家の産土神《うぶすながみ》とされていたので、祭礼行列があり、江戸城に入ることが許されていました。明治以降巨大な山車巡業はなくなりましたが、神幸行列が町を巡行する様は、圧巻。往年の江戸情緒を、感じさせてくれます。

**日枝神社**
ひえじんじゃ

●東京都千代田区永田町2-10-5 ▶千代田線赤坂駅から徒歩約3分 ●主神は大山咋神。江戸時代から徳川将軍家の産土神として崇敬される神社です。「山王祭」は、徳川家産土神の祭礼として由緒あるもので、日本三大祭りのひとつ。神田祭と隔年で開催。6月15日を中心に本祭が行われます。

**天下祭とは？**
幕府公認で将軍の上覧があった祭りを「天下祭」と呼びます。江戸中期には文京区の根津権現の祭礼が天下祭に加わりましたが、1度きりとなり、幕末までの天下祭は、山王祭（日枝神社）・神田祭（神田明神）の2社に限られました。祭り最大の見せ場は町ごとに出される山車・練り物の行列。規模からして山王祭は江戸随一で、創意工夫が凝らされ、費用も膨大だったといわれます。

**今日は何の日？**
**暑中見舞いの日**
「暑中見舞いはがき」が、郵便局から発売されたのが、1950（昭和25）年の今日。この時期大切な人の健康を願う便りをしたためるのもいいですね。暑中見舞いの投函は、梅雨明けの小暑の頃から立秋までに。

# 6月16日

●水無月（みなづき）
●二十四節気：芒種（ぼうしゅ）
●七十二候：梅子黄（うめのみきばむ）

# サクランボ

●元日から166日／大晦日まで198日

鮮やかな色のサクランボが、店頭に並び始めました。サクランボといえば「佐藤錦」が有名ですが、その特別感は原産地山形でも同じ。この美しい品種は、東根市の農家、佐藤栄助氏が16年もの歳月をかけ品質改良に挑み、原木の育成に成功した歴史があります。また名づけの裏には、苗木を普及させた岡田東作氏が「発見者の名前を織り込みたい」と佐藤氏に敬意を表した、心温まるエピソードも残ります。

**東根市**
ひがしねし

●山形県東根市 ▶山形空港からタクシーで約８分、奥羽本線さくらんぼ東根駅下車 ●山形県の中央部に位置。東は仙台市、南は山形市・天童市に隣接した自然豊かな都市です。近年に水利の便が開発され、見事な「果樹王国ひがしね」に。サクランボのほか、リンゴ、モモ、ブドウなど、いずれも県内トップの収穫量を誇ります。

今日は何の日？
**和菓子の日**

かつて、平安期の仁明天皇の時代には、６月16日に16個の菓子を神様にお供えし、厄除けを願っていただく「嘉祥喰」という習わしがありました。１９７９（昭和54）年、新暦６月16日に、それを「和菓子の日」としてよみがえらせたのが全国和菓子協会。この日店頭には、笑福を願う縁起のよい嘉祥饅頭が並びます。

季節を楽しむ
**雨降り花**

古来「その花を摘むと、雨が降る」と伝えられている草花を総称して「雨降り花」といいます。地方によってもさまざまですが、露草、ヒルガオ、アジサイ、ホタルブクロなどを呼ぶことが多いようです。雨期ならではの、情緒ある呼び名です。

6月17日

●水無月（みなづき）
●二十四節気：芒種（ぼうしゅ）
●七十二候：梅子黄（うめのみきばむ）

# 三枝祭

さいくさのまつり

元日から167日／大晦日まで197日

文豪・三島由紀夫も夢中にさせたというゆかしい祭り。それが奈良市の率川神社の「三枝祭」です。別名「ゆり祭」とも呼ばれ、笹百合を奉納し疫病除けを祈る神事です。ご祭神にゆかりのある三輪山で摘まれた笹百合が奉納され、4人の巫女が神前で舞うと、観客の感動は最高潮に。例祭の後の時代行列も見どころのひとつ。七媛女と、ゆり姫、稚児の華やかな行列が、奈良の町を清めます。

**率川神社**
いさがわじんじゃ

●奈良県奈良市本子守町18 ▶近鉄奈良駅から徒歩約7分 ●子守明神とたたえられる、奈良市最古の神社。毎年6月17日を中心に3日間行われる「三枝祭」は、「大宝律令」に国家の祭祀として記された疫病除けの祭典。笹百合で飾られた酒樽をお供えし、笹百合の花を持った巫女が神前で「うま酒みわの舞」を披露します。

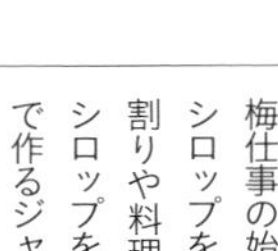


**うま酒みわの舞**

「三枝祭」で行われる巫女による神楽「うま酒みわの舞」。かの三島由紀夫も見学し、著書「奔馬」の中で、「これほど美しい神事は見たことがなかった」と言わしめた舞です。

今日は何の日?

**沖縄返還協定調印日**

1971（昭和46）年の今日、「沖縄返還協定」の日米同時調印式が行われました。

季節を楽しむ

**梅仕事**

青梅が出回るこの時期は、梅仕事の始まり。自家製梅シロップを作れば、ソーダ割りや料理の隠し味にも。シロップを抽出した残り梅で作るジャムもおすすめです。梅仕事は強力な酸を伴うため、保存容器は、ガラス製やほうろう製で。

# 6月18日

●水無月（みなづき）
●二十四節気：芒種（ぼうしゅ）
●七十二候：梅子黄（うめのみきばむ）

## 考古学《こうこがく》

●元日から168日／大晦日まで196日

1877（明治10）年の今日、アメリカの動物学者E・モース博士が、汽車の窓から偶然に見つけたのが大森貝塚でした。古代遺跡の概念が乏しかった日本で、科学的な調査、検証がされました。これが日本の近代考古学の始まりといわれます。モースの滞在はわずか2年半。滞在中の精密な観察記録『日本その日その日』には明治初期の人々の生活が細かく描かれており、筆者の日本への愛を感じられます。

### 大森貝塚遺跡庭園

おおもりかいづかいせきていえん

●東京都品川区大井6-21-6 ▶ JR大森駅北口より徒歩約5分
●E・モース博士が発掘した大森貝塚が整備された庭園。園内には貝層の剥離標本をはじめとした学習施設が整えられ、縄文時代の歴史を学べます。またモース博士の故郷アメリカ合衆国メイン州ポートランド市と、品川区の姉妹都市記念碑もあります。

**ふたつの大森貝塚碑**

大森貝塚の発掘記念碑が2カ所（品川区、大田区）あるのをご存じですか？モースの論文に発掘場所の詳細が見当たらず、一時は混乱の一因に。その後の学術調査で品川区側であったことが証明されました。

今日は何の日？
**海外移住の日**

1908年、日本最初の移民を乗せた船が、ブラジルのサントス港に到着した日に由来。海外移住者の歴史を振り返り、海外との友好関係を促進する日です。

季節を楽しむ
**尾瀬の水芭蕉**

首都圏が入梅の頃、尾瀬の主役、水芭蕉が最盛期を迎えます。白い花弁に見えるのは仏炎苞で、中央の棒状のものが、本当の花。この形はサトイモ科の特徴です。

# 6月19日

●水無月（みなづき）
●二十四節気：芒種（ぼうしゅ）
●七十二候：梅子黄（うめのみきばむ）

# 蜘蛛合戦《くもがっせん》

●元日から169日／大晦日まで195日

各地に伝わる蜘蛛相撲でも、400年以上の歴史を誇るのが、鹿児島県姶良市加治木の「くも合戦」。裃姿の行司が見守る中、長さ60㎝の竹の棒の上でコガネグモのメス同士を対戦させ、勝ち点を競います。蜘蛛合戦に熱中する人を、加治木の方言では「ヤマコッキッゲ（蜘蛛狂い）」と呼んでいます。多くの〝蜘蛛狂い〟の助力によって広く知られ、今では国の選択無形民俗文化財にも指定されています。

## 姶良市加治木町

あいらしかじきちょう

●鹿児島県姶良市加治木町 ▶ JR鹿児島本線鹿児島中央駅から約40分、日豊本線加治木駅下車 ●「加治木のくも合戦」は、1592（文禄元）年の朝鮮出兵にて、薩摩の武将島津義弘が士気を高めるために行ったことに由来。毎年6月中旬、姶良市加治木福祉センターで開催。

**加治木のくも合戦とは？**
県内外からエントリーした200人近い参加者が持ち寄る、コガネグモが繰り広げる熱い攻防戦。大会構成は、見た目を競う「優良ぐも部」「合戦の部」「王将戦の部」の3つ。終了後は蜘蛛を野生に放すのがルール。会場には「くも返却箱」が用意され、保存会が自然に返しています。

**今日は何の日？**

**朗読の日**
ろう（6）ど（10）く（9）の語呂合わせから制定。銀座博品館劇場では、毎年日本朗読文化協会による「朗読の日」公演を開催。

**桜桃忌**
今日は小説家・太宰治の命日。禅林寺（東京都三鷹市）の墓所には、毎年多くのファンが参拝に訪れています。

# 6月20日

- 水無月（みなづき）
- 二十四節気：芒種（ぼうしゅ）
- 七十二候：梅子黄（うめのみきばむ）

# ペパーミント

・元日から170日／大晦日まで194日

## 北見ハッカ記念館

きたみはっかきねんかん

●北海道北見市南仲町1丁目7-28 ▶JR北見駅から徒歩約10分 ●ハッカ産業で栄えた旧北見薄荷工場を活用した資料館。館内では、かつて工場で使われていた機械類の展示のほか、北見市でのハッカ栽培や研究の歴史を紹介。併設の「薄荷蒸溜館」では、歴代の蒸溜機器等の展示や「ハッカ蒸留体験」も行っています。

この季節に活躍するハーブといえば、清涼感を与えてくれるペパーミント。スーッとする強いメントールが頭をスッキリさせてくれます。ハッカの仲間は種類が多く、スペアミントはメントールをまったく含まず、カルボンが清涼感を出しています。日本古来の「和ハッカ」は、ペパーミントに比べてメントールの含有量が多いのが特徴。かつてはハッカ油から採れるメントールが世界中に輸出されていました。

今日は何の日？

**ペパーミントデー**

「和ハッカ」の産地で知られる、北海道北見市のまちづくり研究会が、「ハッカ（20日）」の語呂合わせと、ハッカのように爽やかな6月の北海道を合わせ、1987（昭和62）年に制定。北見ハッカは、昭和14年の最盛期には、世界の市場の7割を占めました。

**歌舞伎座で初の邦画公開**

1899（明治32）年の今日、日本製の映画が初めて歌舞伎座で上映されました。この映画は、歌舞伎座で評判だった九代目市川團十郎・五代目尾上菊五郎出演の「紅葉狩」を記録したもの。現在は東京国立近代美術館フィルムセンター（現・国立映画アーカイブ）にある、現存する最古の日本映画です。

# 6月21日

●水無月（みなづき）
●二十四節気：夏至（げし）
●七十二候：乃東枯（なつかれくさかるる）

● 元日から171日／大晦日まで193日

## 日中時間《にっちゅうじかん》

今日6月21日は二十四節気のひとつ「夏至」。北半球では1年の中で日の出から日の入りまでが最も長い日です。この日は太陽が真南に来たときの位置が最も高くなります。夏は北へ行くほど日の出が早く、日本本土の最北端の地とされる宗谷岬では、3時44分頃には日の出が見られ、日の入りは19時26分頃。日中時間は15時間42分となり、最も日中時間が短い「冬至」と比べると7時間近い差があります。

**宗谷岬**
そうやみさき

●北海道稚内市宗谷岬 ▶稚内駅前バスターミナルから宗谷バス浜頓別・音威子府方面行きで約50分、宗谷岬下車 ●日本の本土における最北端の地にある公園。また夏至の時には、日中時間が最も長い場所としても知られています。晴れた日には、宗谷海峡を挟んだ遠く43km も向こうに、樺太を望むことができます。

**もうひとつの日中**

日中時間は日の出から日の入りまでの「太陽が出ている時間」を指しますが、気象庁が発表する天気予報では、9時ごろから18時ごろまでを「日中」としています。ややこしいですね。

**今日は何の日?**

**冷蔵庫の日**

日本電機工業会（JEMA）が「夏至」に合わせて制定。湿気と気温が上がることから、食生活にも注意が必要。冷蔵庫が最も活躍する時期とされ、暑い夏がやって来る前に冷蔵庫の点検を呼びかけるものです。

**スナックの日**

全日本菓子協会が制定。かつて「夏至」のお祝いに「歯固め」と称して、「角黍（カクショ）」を食べて歯を丈夫にし、長寿を願う習慣があったことに由来。

# 6月22日

●水無月（みなづき）
●二十四節気：夏至（げし）
●七十二候：乃東枯（なつかれくさかるる）

# クチナシ

●元日から172日／大晦日まで192日

## 新宿御苑
しんじゅくぎょえん

●東京都新宿区内藤町11
▶東京メトロ丸ノ内線新宿御苑前駅から徒歩約5分
●江戸時代の武家屋敷跡に、1949（昭和24）年に新宿植物御苑として一般公開された国民公園。約58haの園内には回遊式日本庭園など、スケールの大きな庭園や、温室を完備。植樹された樹木数は1万本にも及び、季節を問わず花が楽しめます。クチナシの見頃は例年6月中旬頃。

（梅）雨時に漂う、クチナシの上品な香り。かつて俳人、正岡子規も「薄月夜花くちなしの匂いけり」と詠んだように、まさに匂いに季節を感じさせてくれる花。果実が熟しても開かないことの「口無し」が名前の語源。将棋をさす将棋盤の脚は、クチナシの実をかたどっているとされますが、これは対局中に「口出しするな」という意味が込められています。

**今日は何の日？**

**ボウリングの日**
幕末の1861（文久元）年の今日、長崎の外国人居留地内に日本初のボウリングサロンがオープン。その記念として制定。長崎の出島には、「ボウリング発祥の地」の記念碑が残ります。

**カニの日**
大阪道頓堀に本店がある、巨大なカニの看板で有名な「かに道楽」が制定。カニというと、冬の味覚というイメージがありますが、さまざまな種類のカニがいるので、一年中楽しめる海の幸。実際、オホーツク海の毛ガニは4〜7月が旬です。どうしても夏場は需要が減ってしまうので、夏場もおいしいカニをPRするために作った記念日です。カは五十音で6番目ニは五十音で22番目なので、6月22日になりました。

# 6月23日

●水無月（みなづき）
●二十四節気：夏至（げし）
●七十二候：乃東枯（なつかれくさかるる）

## ゆかた

元日から173日／大晦日まで191日

各地で夏祭りも始まり、ゆかたの出番です。ゆかたはそもそも沐浴に使った麻地の衣「湯帷子《ゆかたびら》」が語源。江戸時代には木綿に藍染の外出着に発展し、ひいきの歌舞伎役者が好んだ柄が庶民の手本に。幕府の倹約令に縛られながらも、華美を追求したといいます。そうして生み出されたのが裏にも同じ柄を本藍で染める「長板本藍染」。裾が揺れるたびにのぞくゆかたの裏は、江戸っ子独自の美意識です。

### 姫路ゆかたまつり

ひめじゆかたまつり

●長壁神社（兵庫県姫路市立町33）、ほか城南公園周辺・商店街▶JR・山陽電鉄姫路駅から徒歩約7分●姫路城の守護神、長壁神社の例祭にちなんだ祭り。姫路藩主が長壁神社で遷座祭をした際、外出用の着物を持たない庶民に浴衣での参拝を許したのが始まりとされています。毎年6月22日～24日に開催。

**長板本藍染とは?**
浴衣の柄に使われる江戸時代の染色技法のひとつ。長板に木綿生地を伸ばし、表裏の両面に同じ柄を本藍で染め上げます。江戸っ子は裾裏や袖口からちらっと見える染に粋を求め、この技法を好んだとされます。現在では希少な熟練技となり、重要無形文化財に指定されています。

**今日は何の日?**
**オリンピックデー**
1894（明治27）年の今日、国際オリンピック委員会（IOC）が結成されたことを記念し制定。

**辰野ほたる祭り**
環境省の「ふるさといきものの里」に指定された長野県辰野町松尾峡。ゲンジボタルが最盛期となる毎年6月中旬には、町を挙げてほたる祭りが開かれます。

# 6月24日

●水無月（みなづき）
●二十四節気：夏至（げし）
●七十二候：乃東枯（なつかれくさかるる）

# ほおずき市

ほおずきいち

●元日から174日／大晦日まで190日

東京・愛宕神社で昨日から催されている「千日詣りほおずき縁日」。ほおずき市の元祖ともいわれるこの風物詩の起源は、境内のほおずきを薬草として売り出したことに由来するとされます。その評判から、盛大なほおずき市が立つ浅草寺にも影響を与えたとか。現在ほおずきは観賞用に栽培され、千日詣りの今日、境内では無病息災を祈る茅の輪くぐりとともに、ほおずきの鉢植えが売られ、見物人でにぎわいます。

## 愛宕神社

あたごじんじゃ

●東京都港区愛宕 1-5-3 ▶東京メトロ日比谷線神谷町駅から徒歩約５分 ●愛宕山山頂にある神社。1603（慶長８）年徳川家康公の命により、江戸の防火を祈願して創建。火産霊命（ほむすびのみこと）が主祭神で、防火や縁結びの神様として知られるほか「出世の石段」を登ると御利益があるとされます。

今日は何の日？

**千日詣りほおずき縁日**

東京・愛宕神社で行われる縁日。６月23、24日に社殿にしつらえた茅の輪をくぐって参拝すると、千日分の御利益があり、境内で自生したほおずきを飲めば病に効く、という信仰に基づくもの。この縁日でほおずきを購入すると、社殿で特別にお祓いをしてくれます。

**ＵＦＯの日**

１９４７（昭和22）年の今日、アメリカの実業家ケネス・アーノルドが、自家用機で飛行中に、空飛ぶ円盤を目撃した日に由来。またアメリカ空軍が謎の物体を「ＵＦＯ」と名付け、最初の目撃例となったこの日をＵＦＯ研究家が記念日として命名。

# 6月25日

●水無月（みなづき）
●二十四節気：夏至（げし）
●七十二候：乃東枯（なつかれくさかるる）

伊豆の国パノラマパーク
いずのくにぱのらまぱーく

●静岡県伊豆の国市長岡260-1 ▶JR東海道線三島駅から伊豆箱根鉄道駿豆線に乗り換え伊豆長岡駅下車、伊豆箱根バス長岡温泉場循環行きに乗り換え、伊豆の国市役所前下車すぐ ●ロープウェイで結ばれた葛城山の山頂、富士見テラス・展望デッキで、毎年梅雨の時期限定で開催されるイベントです。

●元日から175日／大晦日まで189日

## アンブレラスカイ

"アンブレラスカイ"は元々はポルトガルの小さな町アゲダで始まった日射病対策のアート。芸術祭の一環として市長が発案したプロジェクトは世界に広がりました。天気によって傘が描く世界観は変化し、晴天時には日差しが浸透してドラマチックな光のアートとともにSNS映えの風景に。梅雨時期限定の特別な空間体験です。

# 6月26日

●水無月（みなづき）
●二十四節気：夏至（げし）
●七十二候：菖蒲華（あやめはなさく）

# 露天風呂《ろてんぶろ》

●元日から176日／大晦日まで188日

今日は「露天風呂の日」。野趣あふれる中で、日常とかけ離れた風景を見ることは露天の醍醐味。日本では山並みが美しく見渡せる露天風呂は珍しくありません。そんな中でもいにしえの姿を今に残す秘湯中の秘湯が、秋田の乳頭温泉郷。深いブナの林に溶け込む露天風呂は、東北の秘湯らしい混浴に、かやぶき屋根のひなびたたたずまい、そして山道を歩いてしかいけない素朴な湯宿も。どれも心に迫る日本の絶景です。

## 乳頭温泉

にゅうとうおんせん

●秋田県仙北市田沢湖 ▶JR田沢湖線田沢駅から乳頭温泉行の羽後交通バスで約45分、乳頭温泉下車 ●東北の秘湯の代表格。十和田八幡平国立公園、乳頭山の麓に点在する七湯を総称して、「乳頭温泉郷」と呼んでいます。大自然に埋もれるように個性的な一軒家が点在し、七湯はそれぞれに泉質が異なるのが魅力。湯巡りも楽しまれています。

今日は何の日？

**露天風呂の日**

岡山県の湯原温泉が町の活性化と、6月26日とろ（6）てん（・）ぶ（2）ろ（6）（露天風呂）の語呂合わせから制定。湯原温泉以外の温泉地でも「露天風呂の日」にちなんだイベントが行われています。

**久賀のなむでん踊**

毎年、山口県周防大島町久賀の久屋寺で、田植え終了後に行われる五穀豊穣祈願と「虫送り」の行事。稲につく害虫をデコと呼ばれる人形に集めて船で海に流します。また、祭りで奉納される「なむでん踊り」は、かねや太鼓の激しい音の響きで病害虫を追い払うというもの。県の無形民俗文化財にも指定されています。

# 6月27日

●水無月（みなづき）
●二十四節気：夏至（げし）
●七十二候：菖蒲華（あやめはなさく）

# ラベンダー

元日から177日／大晦日まで187日

シソ科のラベンダーは地中海地方をはじめ、世界各地に原種があり、各国で流通しています。元々は薬用とされてきましたが、人気がある理由はその芳香。花も葉も香りが良く、語源には「洗う」という意味のラテン語（lavare）が付きます。ラベンダーを代表する品種が「アングスティフォリア」。夏至の頃には、関東地方では開花期に。気温の上昇とともに香り高くなり、幸せな気持ちにさせてくれます。

**河口湖**
**ハーブフェスティバル**
かわぐちこはーぶふぇすてぃばる

●中心会場は大石公園（山梨県南都留郡富士河口湖町大石2585）▶河口湖周遊バス河口湖駅からバスで約27分、終点・河口湖自然生活館下車すぐ ●初夏の富士山を背に、さまざまなハーブが咲き誇る花のイベント。香り高いアングスティフォリア系のラベンダーが見事に迎えてくれます。毎年6月中旬〜7月中旬まで開催。

# 6月28日

●水無月（みなづき）
●二十四節気：夏至（げし）
●七十二候：菖蒲華（あやめはなさく）

# 雨の特異日

あめのとくいび

●元日から178日／大晦日まで186日

今日は、昔から言い伝えられてきた「雨の特異日」です。特異日とは、ある特定の天気が現れる確率が、その前後の日に比べて極めて高い日のこと。日本では、過去数十年の天気の統計から、1年のうちで最も雨が降りやすい日は6月28日、雨天率は53%という数字が出たそうです。晴れの特異日とされる日は、冬晴れの1月16日。ただし、特異日が現れる気象学的な原因は、まだ明らかではありません。

## 気象庁

きしょうちょう

●東京都千代田区大手町1-3-4 ▶東京メトロ東西線竹橋4番出口から徒歩約1分 ●日本の気象事業を行う国土交通省の機関。気象業務法のもと気象の観測、地震・火山など自然現象の監視、警報・注意報や天気予報などの暮らしに役立つ情報を発表しています。

今日は何の日？

**貿易記念日**

1859（安政6）年の今日、徳川幕府は鎖国を改め自由貿易を布告し、アメリカ、イギリス、フランス、ロシア、オランダの5カ国と友好通商条約を結びました。

**パフェの日**

日本プロ野球史上初のパーフェクトゲームが達成された日が、1950（昭和25）年の今日。「パフェの日」の「パフェ（parfait）」は、フランス語「完全（パーフェクト）」の省略なのです。

**豊橋祇園祭**

「手筒花火発祥の地」といわれる、愛知県豊橋市の吉田神社で花火大会が行われます。450年以上の歴史のある、豊橋の夏の風物詩です。

# 6月29日

●水無月（みなづき）
●二十四節気：夏至（げし）
●七十二候：菖蒲華（あやめはなさく）

元日から179日／大晦日まで185日

# 佃煮《つくだに》

水辺の下町・佃島を歩くと、佃煮の匂いとともに、海に向かって建つ赤鳥居が目に入ります。これは、大阪の住吉神社の祭神を分霊した住吉神社の鳥居。佃島は、大阪市の佃村の漁民が移り住み造った場所。かの徳川家康に江戸前の海での漁業権を与えられ白魚を献上した、これが佃煮の始まりといわれます。佃煮は、この地にちなんで生まれた名産品です。

## 住吉神社
すみよしじんじゃ

●東京都中央区佃 1-1-14 ▶東京メトロ有楽町線・都営大江戸線月島駅６番出口より徒歩約５分 ●江戸時代の1646（正保３）年に創建された佃島の鎮守。境内の龍神社には水辺の守護神が祀られ、海上安全や渡航安全の守護神として信仰を集めています。３年に１度の本祭では、八角神輿の宮出しや船渡御が行われ、年初めの縁日「巳の日」にはお守りが頒布されます。

今日は何の日?

**佃煮の日**
佃煮にゆかりのある東京の佃島に住吉神社が造営された、１６４６（正保３）年の今日にちなんで制定。かつて徳川家康は、大阪で窮地に立たされた際に佃の漁民に助けられました。その恩義を返すべく、彼らを江戸に招き入れ佃島を造り、漁業権を持たせせました。そこで開発されたのが佃煮。現在も、１８３７（天保８）年創業の「天安本店」ほか名高い佃煮の名店が残ります。

**ビートルズ来日**
イギリスのロックグループ、ビートルズが１９６６（昭和41）年の今日、初来日。第１回目の公演は、翌日日本武道館で行われ、ファン１万３０００人を熱狂させました。

# 6月30日

● 水無月（みなづき）
● 二十四節気：夏至（げし）
● 七十二候：菖蒲華（あやめはなさく）

# 茅の輪《ちのわ》

● 元日から180日／大晦日まで184日

6月の晦日に、各地の神社で行われる「夏越の祓」。これまでの半年間の穢れを清め、残る半年の無病息災を祈願する祓です。厄落としとして鳥居の下に作られる「茅の輪くぐり」が特徴的。神職が特別な祝詞を読み上げ、茅で作った茅の輪をくぐります。8の字を書くように3度くぐり抜けることで病が祓われるのだとか。人形に切り抜いた紙を奉納したり、お守りとして茅の輪を授ける神社もあります。

**武蔵一宮氷川神社**
むさしいちのみやひかわじんじゃ

●埼玉県さいたま市大宮区高鼻町1-407 ▶JR大宮駅東口から徒歩約15分 ●2400年以上の歴史をもち、武蔵一宮として関東一円であつく信仰されている古社。大宮の地名の由来は氷川神社の「大いなる宮居」から。6月30日に行われる「夏越の大祓」は、神橋上の茅の輪をくぐり、人形に半年間の自身の罪穢れを移します。

**茅の輪とは?**

チガヤというイネ科の多年草の葉や茎を束ねて、直径2～3mの輪をかたどった呪具。茅の力で災厄から逃れようとするものです。各神社では、鳥居の下や境内にこの茅の輪を飾り、人々は輪をくぐって心身を祓い清めてもらいます。

季節を楽しむ

**水無月（和菓子）**

夏の暑い時期に宮中で使われていた氷を、手に入らなかった庶民が〝暑気払いの和菓子〟として模したもの。米粉や葛粉を使った三角形の「ういろう」の上に、赤い小豆を散らしたのは、赤色には魔よけの力があるとされ、無病息災の願いを込めたため。3角形を削りたての氷に見立て、夏越の祓が行われる頃に食べていたそうです。

## コラム6 暦と季語

今、俳句がブームです。五七五のたった17音だけで、情景を描いたり、心情を表現したりする「世界で最も短い」文学は、日本で生まれ、日本で発展した独自の文化。もちろん「詩」という表現でも短いものはありますが、俳句のすごいところは、しっかりしたルールがあり、その制約の中で作品を作ることが求められるところでしょう。

最も大切なルールのひとつが「季語を使う」こと。特定の季節を表す言葉や単語を必ず入れることが必要です。

現在、俳句に使う季語は5000語以上あるとされ、俳句を作る人には季語が記された歳時記は必需品です。

ところで季節を表す言葉が「季語」ですが、中にはなぜこの言葉がこの季節の季語なの?というものがあります。例えば「七夕」。当然夏の季語だと思うでしょうが、「七夕」は秋の季語です。これには新暦と旧暦の話が関わってきます。旧暦が使われていた時代に作られた季語は、当然その時の暦に従って季節が決められます。旧暦では1~3月が春、4~6月が夏、7~9月が秋、10~12月が冬。つまり旧暦の7月は秋なので、七夕は秋の季語になります。

同様に「朝顔」や「西瓜(すいか)」など、感覚的には間違いなく夏なのに秋の季語になっているものもあります。当然同様のことは他の季節にもあるので注意が必要です。おもしろいのは「西瓜」は秋の季語なのに、「冷やし西瓜」は夏の季語になっていること。冷蔵庫などで西瓜を冷やせるようになったのは新暦を使うようになってから、というのが理由なのでしょうか。昔も井戸などで冷やすことはできたのですが……。

# 7月

## 文月《ふみづき》

7月
1日

●文月（ふみづき）
●二十四節気：夏至（げし）
●七十二候：菖蒲華（あやめはなさく）

# 山開き《やまびらき》

元日から181日／大晦日まで183日

今日から7月、各地で山開きが行われます。かつて山は神霊の宿る場所として、修験者以外立ち入れませんでしたが、江戸時代になると庶民の入山も許されるように。その登山が一定期間可能になる際の行事が山開きでした。山開きの日は場所やその年の残雪の状況などにより異なりますが、現在は宗教的な意味は薄れ、登山者の安全を祈願し、本格的な夏山シーズンの幕開けを告げるイベントになっています。

## 富士浅間神社《ふじせんげんじんじゃ》

●山梨県富士吉田市上吉田5558▶富士急行富士山駅から徒歩約20分●火山鎮護や富士山の神とされる木花開耶姫が御祭神。富士山世界遺産構成資産のひとつであり、境内の建造物は国の重要文化財に指定。富士山の吉田口登山道の起点で、毎年6月30日に行われる富士山開山前夜祭では太々神楽の奉奏や富士講のパレードでにぎわう。

### 今日は何の日?

**富士山の山開き**
北口本宮富士浅間神社（山梨県）では今日、登山をする人々のために山開きとなる「開山祭」を催行。また前夜祭では、山の神様が登山道入口の鳥居に張られたしめ縄を木づちで切る「お道開きの儀」も行われます。

**富士塚とは?**
江戸時代の人々は、日本一高い山の富士山に登って日の出を拝みたいと願っていました。しかし気軽に行けないのが常。そこで各地に富士山をかたどった「富士塚」という低山を造営。登山に行けない者にも御利益があるとされ、各地の富士塚では毎年7月1日の開山に合わせて、今なお宴を行うところもあります。

# 7月2日

●文月（ふみづき）
●二十四節気：夏至（げし）
●七十二候：半夏生（はんげしょうず）

## 虫送り《むしおくり》

●元日から182日／大晦日まで182日

「半夏生」の今日は農作業の大事な節目。田植えが済み、稲の穂が実るまでの間は害虫が発生しやすく、各地の田畑では「虫送り」が行われます。虫送りとは、稲田から害虫を追い払う豊作祈願。香川県の小豆島では、大きな松明に灯をともして夕暮れの田んぼのあぜ道をめぐり、虫の害を封じ込めます。特に江戸時代に最も恐れられたのがバッタ類の害。虫送りには農民の切実な思いが込められていたそうです。

### 小豆島《しょうどしま》

●香川県小豆郡▶JR岡山駅からかもめバスで新岡山港まで約40分、両備フェリーに乗り換え土庄港まで約70分●瀬戸内海に浮かぶ2番目に大きな島で、オリーブの産地でも有名。「虫送り」の伝統行事は、毎年7月初旬に開催。棚田のあぜ道を、火手（ほて）と呼ばれる松明をともして歩く光景は美しく神秘的です。

---

**今日は何の日?**

**うどんの日**

1980（昭和55）年の今日は、香川県の生麺事業協同組合が制定した「うどんの日」。こちらも「半夏生」に関わりが。かつては麦の刈入れや田植えが終わる半夏生に、その年に収穫された麦でうどんを打っていたそう。労をねぎらいうどんを食べる習慣から、記念日になりました。

**季節を楽しむ**

**半夏生**

雑節のひとつで、夏至から数えて11日目の7月2日頃を指します。地域によっては、この時期までには、田植えを済ませる風習がありました。また、半夏生に田の神を送り返す神事をする場所もあり、農業に関しての慎みの日でもありました。

# 7月／3日

●文月（ふみづき）
●二十四節気：夏至（げし）
●七十二候：半夏生（はんげしょうず）

# 七夕まつり《たなばたまつり》

元日から183日／大晦日まで181日

織姫と彦星の物語は中国伝来です。1年に1度、7月7日だけ離れ離れになった男女が天の川を渡って会うことができる物語ですが、短冊に願い事を書いて笹に吊るす風習は、別の中国の行事「乞巧奠（きっこうでん）」に由来します。これは機織りや手芸、その他針仕事をする女性が、技術の上達を星に願って7月7日に願うもの。機織りが得意の織姫の物語と結びついて、七夕に短冊を吊るす風習となりました。

**清めの行事、七夕**
古来より、水に関わる伝承も多い七夕祭。笹竹飾りを川や海に流したのも、笹竹とともに穢れを洗い流す、禊の意味でした。また一説では、青森県の伝統祭り「ねぶた」の灯籠流しも、七夕祭りの禊の要素を含んだものだといわれます。

**今日は何の日?**
**ソフトクリームの日**
1951（昭和26）年の今日、明治神宮外苑で開かれた、アメリカの独立記念日を祝う進駐軍主催のカーニバルで、日本人に初めてコーンスタイルのソフトクリームが販売されました。これにちなんで、日本ソフトクリーム協議会が、7月3日を「ソフトクリームの日」と制定。

**戸出七夕まつり**
とでたなばたまつり
●富山県高岡市戸出町3-8-10（戸出商工会館前）ほか、戸出町一円▶JR城端線戸出駅から徒歩約5分●男児の節句として、古くから受け継がれる七夕伝統行事。約18mものジャンボ七夕をはじめ、大小1500本の七夕飾りのトンネルが町を彩ります。提灯が幻想的な雰囲気を醸し出し、「日本一美しい七夕まつり」とも呼ばれています。毎年7月上旬に5日間開催。

7月7日は織姫と彦星が、年に1度だけ天の川を渡り再会できるという、ロマンチックな伝説の日。織姫はこと座の「ベガ」で彦星はわし座の「アルタイル」。この1等星の間に横たわる数百億の星の集団が天の川です。星が帯状に見えるのは、地球が属する銀河系の星が密になった部分（銀河の中心方向）を眺めているからです。

たくさんの星の集まりは、古代エジプトでも「天のナイル川」と川に例えられていますが、ギリシャ神話では女神ヘラの母乳が天に流れ出たもの。天の川を英語で「milky way」というのはそのためです。

旧暦7月7日は新暦の8月で、天の川が最もよく見える時期。とはいえ日本では、周りに明かりのない山の上や離島でないと、なかなか天の川は見られません。

**今日は何の日？**
**七夕・そうめんデー**
平安時代、五節句の七夕の日には麺類、特にそうめんを天の川に見立てて食べる習わしがありました。また当時の七夕の儀式の供え物のひとつに「そうめん」の原型とされる「索餅」が供えられていたことから、1982（昭和57）年に全国乾麺協同組合連合会、全国乾めん普及協議会が記念日に制定。

## 波照間島
はてるまじま

●沖縄県八重山郡竹富町▶新石垣空港からリムジンバス石垣空港線で石垣港離島ターミナルまで約40分、定期高速船で波照間島まで約60分●石垣島の南西約50kmにある、日本最南端の有人島。のどかなサトウキビ畑に断崖絶壁、八重山でも屈指の美しさを誇るビーチ北浜など、さまざまな風景美が魅力です。島には人工的な明かりが少なく、星を肉眼で観測するには絶好の天体観測地。島内には「星空観測タワー」があり、国内では最も南十字星がはっきりと見えることでも知られています。

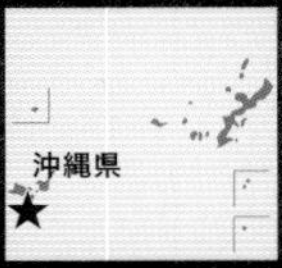

# 7月8日

●文月（ふみづき）
●二十四節気：小暑（しょうしょ）
●七十二候：温風至（あつかぜいたる）

元日から188日／大晦日まで176日

## 苦瓜《にがうり》

別名、ゴーヤ。通称はこちらの方が一般的です。栄養満点で夏のスタミナ源には欠かせない沖縄野菜。ウリ科の野菜でも群を抜いてビタミンCが豊富で、完熟前の未熟果を食べます。苦味の成分モモルデシンには、胃液の分泌を促す食欲増進効果があり、食欲が落ちる夏にグッド。独得の苦みを和らげるには、切った後に少し塩もみをして水にさらすとよいそうです。白い綿の部分は苦みが強いので、気になる場合は丁寧に取り除きましょう。

### 第一牧志公設市場
だいいちまきしこうせついちば

●沖縄県那覇市松尾 2-7-10（仮市場）▶ゆいレール牧志駅より徒歩約９分●「沖縄の台所」として地元で親しまれる市場。60 年以上の歴史を持つ売り場には沖縄県の食材が一堂に集まり、観光客にとっては珍しい食材の宝庫。１階で購入した魚を、２階の食堂で調理してもらい食べられるのも、市場ならではの醍醐味です。

**今日は何の日?**
**なはの日**
沖縄の市民団体が中心になって7（な）8（は）の語呂合わせから制定。この日を中心に那覇の未来のためにできることをやろうと、市内全域でイベントなどが開かれます。

**季節を楽しむ**
**お中元**
お中元は中国伝来の行事「三元」がもとになっています。中国では、旧暦1月、7月、10月の15日を「上元」「中元」「下元」として、神様にお供え物をして祝う習慣がありました。この内の「中元」が日本に伝来し、祖先を供養し、お世話になった方にあいさつをする独自の行事に変わったとされています。関東では、7月1日から15日の間にかけて、お中元を手配する習慣があります。

7月9日

●文月（ふみづき）
●二十四節気：小暑（しょうしょ）
●七十二候：温風至（あつかぜいたる）

# 四万六千日

しまんろくせんにち

元日から189日／大晦日まで175日

7月9日・10日は浅草寺（東京都）の功徳日「四万六千日」。観音様を祀る寺院では縁日がありますが、この日はそれとは別に特別な御利益がある「功徳日」とされ、1日で四万六千日詣に相当するとされます。由来には米1升が4万6千粒だから「一生＝一升」にかけたという説も。本来は10日のみでしたが、功徳を信じた人々が、前日から詰めかけたため9日、10日の両日が縁日と受け止められるようになりました。

**浅草寺**
せんそうじ

●東京都台東区浅草2-3-1▶地下鉄銀座線浅草駅から徒歩約5分●628（推古天皇36）年に創建した都内最古の寺院。東京・浅草の代表的な観光スポットであり、国内外から毎年3000万人以上が訪れます。毎月18日の聖観世音菩薩の縁日とは別に、月に1度、年に12回の功徳日があり、このうち7月9日・10日は最大とされています。

**今日は何の日?**

**浅草寺ほおずき市**

浅草観音の結縁日である四万六千日詣に立つ、盛大なほおずき市。境内に並ぶ、観賞用に仕立てられたほおずきを売る露店が名物です。江戸時代には、雷除けのご利益があるとして、赤いトウモロコシが売られましたが、愛宕神社の薬用ほおずきの評判から、ほおずきが加わったとされます。

**鴎外忌**

小説『舞姫』や『山椒大夫』などでも知られる、明治の文豪・森鴎外の忌日が1922（大正11）年の今日。鴎外は明治、大正期の小説家として、また陸軍軍医など、いろいろな要職を遂行しながら日本文学史にその名を残しました。

# 7月10日

●文月（ふみづき）
●二十四節気：小暑（しょうしょ）
●七十二候：温風至（あつかぜいたる）

●元日から190日／大晦日まで174日

# 花火大会《はなびたいかい》

江戸時代の夕涼みは旧暦5月28日から8月28日とされ、両国橋周辺の隅田川に限り、花火をあげることが許されていました。川開きの打ち上げ花火があげられたのが、八代将軍徳川吉宗の時。享保年間に出た大飢饉を鎮めようと隅田川で水神祭を行い、献花花火をあげたとされています。この打ち上げ花火が評判を呼び、今の隅田川花火大会のもととなりました。なお1978（昭和53）年までは、「両国の川開き」という江戸時代から続く名称が使われていました。

## 隅田川花火大会

すみだがわはなびたいかい

●東京都台東区・墨田区隅田川。（第1会場）桜橋下流～言問橋上流、（第2会場）駒形橋下流～厩橋上流▶（第1会場）東京メトロ銀座線浅草駅から徒歩約15分、（第2会場）都営地下鉄浅草線蔵前駅より徒歩5分●江戸時代に徳川家が打ち上げた「両国川開きの花火」を起源とする、日本最古の花火大会。江戸情緒あふれる下町の夜空を、約2万発の花火が彩ります。

### 今日は何の日?

**納豆の日**
なっ（7）とう（10）の語呂合わせから制定。納豆は奈良時代に唐の高僧・鑑真が来日した際に、製法を日本の僧侶に伝えたとされます。また「僧房の納所で作られた」ので納豆、と呼ばれる説が有力です。

**ウルトラマンの日**
1966（昭和41）年の今日は、巨大変身ヒーロー「ウルトラマン」が初めてテレビに登場した記念すべき日。「ウルトラマン」は翌週からスタートし、一大ブームを巻き起こしました。世代を超えて今なお愛され続けています。

# 7月11日

●文月（ふみづき）
●二十四節気：小暑（しょうしょ）
●七十二候：温風至（あつかぜいたる）

# ラーメン

元日から191日／大晦日まで173日

（7）をレンゲに（11）を箸に見立て、7月11日はラーメンの日。さらに1628（寛永5）年の今日は日本でラーメンを最初に食べたとされる水戸黄門、徳川光圀公の誕生日でもあります。明国の儒学者から教えを受けたとされるラーメンは、レンコンを練りこんだ麺に「五辛」という薬味を添えたもの。大切な家臣にも振る舞われたといいます。現在茨城県水戸市では「水戸藩ラーメン」として再現しています。

## 新横浜 ラーメン博物館

しんよこはまらーめんはくぶつかん

●神奈川県横浜市港北区新横浜2-14-21▶JR新横浜駅から徒歩約5分●"全国各地のラーメンを、飛行機に乗らずに食べに行ける"がコンセプトの、世界初のフードアミューズメントパーク。通称「ラー博」。館内には昭和30年代の町並みを再現。レトロな雰囲気の中、全国のご当地ラーメンの名店の味を食べ歩きできます。

### 今日は何の日?

**世界人口デー**

1987（昭和62）年の今日、世界の人口が50億を超えたことが多くの関心を集めたことにちなみ、国連により制定。世界の人口問題が持つ重要性に、一般の人々の意識を高めようというのがねらい。ちなみに2020（令和2）年1月1日現在の日本の総人口は1億2602万人。

**真珠記念日**

真珠の日（→P・182）とは別に制定された記念日。1893（明治26）年の今日、ミキモトの創業者御木本幸吉が三重県鳥羽町で、世界で初めて真珠の養殖に成功しました。ちなみに6月1日の真珠の日は、6月の誕生石が真珠であることから日本真珠振興会が制定した記念日です。

# 7月12日

●文月（ふみづき）
●二十四節気：小暑（しょうしょ）
●七十二候：蓮始開（はすはじめてひらく）

# 大賀蓮《おおがはす》

元日から192日／大晦日まで172日

千葉市の千葉公園の蓮池では、この時期「大賀蓮」を一目見ようと、早朝から「蓮見」をする人が詰めかけます。約2000年前の蓮と推定された大賀蓮は、その命名となる植物学者・大賀一郎博士がかつて遺跡で眠っていた蓮の種子から発芽・開花に成功させたもの。世界最古の花の生命の復活として大きく知られることとなりました。大賀蓮と名付けられた「古代蓮」は大切に育てられ、毎年蓮池に美しく群生します。

## 千葉公園
ちばこうえん

●千葉県千葉市中央区弁天3-1-1 ▶ JR千葉駅から徒歩約10分●約16ヘクタールの広大な敷地に、野球場やボート、プールを備えた総合公園。四季折々の景色が楽しめ、春にはしだれ桜、初夏には千葉市の「市花」でもある、大賀蓮が、多い時で700輪もの花を咲かせます。

大賀蓮の見頃は、例年6月中旬から7月下旬。

**今日は何の日?**

**人間ドックの日**

1954（昭和29）年の今日、国立東京第一病院（現・国立国際医療研究センター病院）で初めて人間ドックが行われました。

**洋食器の日**

カトラリーの産地として名高い、新潟県燕市の「日本金属洋食器工業組合」が制定した記念日。7（ナ）1（イ）2（フ）の語呂合わせから。

**季節を楽しむ**

**蓮始めて開く**

七十二候が小暑の次候になり、蓮の花が初めて咲く頃。江戸時代には「春は花見、夏は蓮見」が定番でした。仏教では極楽浄土の象徴とされ、多くの仏典に「蓮華」の名で登場し、仏像の台座にも蓮華の形が使われています。

# 7月13日

●文月（ふみづき）
●二十四節気：小暑（しょうしょ）
●七十二候：蓮始開（はすはじめてひらく）

# 日本標準時

にほんひょうじゅんじ

●元日から193日／大晦日まで171日

今日は日本の標準時が定められた記念日。東経135度に位置する兵庫県明石市には、日本標準時を示す大きな時計がありますが、日本標準時を刻んでいるのは、東京都小金井市にある、NICT（情報通信研究機構）。時刻決定のベースとなるのが18台のセシウム原子時計の計測で、誤差は3000万年に1秒。日本標準時は、標準電波で全国に発信され、私たちはこの受信で、時を正確に把握しています。

**明石市立天文科学館**
あかししりつてんもんかがくかん

●兵庫県明石市人丸町2-6 ▶ JR明石駅から徒歩約15分●日本標準時子午線上に建つ「時と宇宙」の博物館。「子午線のまち・明石」を紹介する展示や、稼働期間が日本一のプラネタリウム投影機での星空案内など、大人から子供まで幅広く楽しめます。月に一度、口径40cm天体望遠鏡を使用した天体観望会も開催（要予約）。

**今日は何の日？**

**日本標準時制定記念日**

1886（明治19）年の今日、兵庫県明石市を通る東経135度の時刻が、日本の標準時と制定されました。実際に国内の時間が統一されたのは、1888（明治21）年の1月1日です。明石市を通る東経135度が選ばれたのは「15」で割り切れ、世界標準時のイギリスとの時差が9時間とキリの良い数字だったからです。

**盆迎え火**

お盆は旧暦7月15日前後のご先祖様の霊を祀る期間。旧暦のまま7月にお盆を迎える地域では、今日13日が盆の入り。夕方に門口や墓でオガラを焚く「迎え火」をして、ご先祖様の霊を迎えます。期間中にはお墓参りやお供え物で供養して、16日の夜に送り火を焚いて、霊をあの世に送り出します。

# 7月14日

●文月（ふみづき）
●二十四節気：小暑（しょうしょ）
●七十二候：蓮始開（はすはじめてひらく）

## 熊野那智大社

くまのなちたいしゃ

●和歌山県東牟婁郡那智勝浦町那智山1▶JR紀勢本線紀伊勝浦駅から熊野交通那智山行きバスで約30分、終点下車、徒歩約15分●全国約4000社ある熊野神社の御本社で、熊野三山の一社。かつて神武天皇が、光り輝く那智山を見て滝を探り当て、ここに神としてお祀りしたという由来があります。また別宮の飛瀧神社は「那智の滝」そのものをご神体とする無社殿神社です。

# 扇祭《おうぎまつり》

●元日から194日／大晦日まで170日

白装束姿の氏子が大松明をかかげ参道を行きかう扇祭。「那智の火祭り」とも称される祭りは、那智の滝のご神体、飛瀧神社にいる神々が1年に1度元の滝に戻り、御神威を新たにする神事です。この日は扇神輿12体を同数の大松明が迎え、本殿から那智の滝の前にある飛瀧神社へ渡御する儀式が見もの。境内では古くから伝わる「田楽舞」も奉納されます。

**今日は何の日？**

**那智の扇祭り**

例年7月14日に催される「那智の扇祭り」は、熊野那智大社から別宮、飛瀧神社へ神々が年に1度里帰りする様を表したもの。12体の熊野の神々を移す縦長の扇神輿は、御滝の姿を表していて独特。日本の三大火祭りのひとつで、社殿で奉納される「田楽舞」はユネスコ無形文化遺産。

**日和佐うみがめまつり**

徳島県海部郡美波町は、国の天然記念物「アカウミガメ」がやってくる町。美しい海を守るため、アカウミガメの保護研究に町ぐるみで力を入れています。毎年7月中旬に行われる「日和佐うみがめまつり」は夏の始まりを告げる恒例行事。ウミガメの上陸と産卵を祈願する神事や、ウミガメの放流を行っています。

# 7月15日

●文月（ふみづき）
●二十四節気：小暑（しょうしょ）
●七十二候：蓮始開（はすはじめてひらく）

# 大阪港《おおさかこう》

元日から195日／大晦日まで169日

大阪港は1868（慶応4）年の今日、近代港湾として開港しました。「大阪の繁栄は港から」という市民の支援のもと、開港後も継続して築港工事が行われてきました。

現在の大阪市の市章は港にある水路標識「みおつくし」で、港の周辺は日本を代表する観光地となっています。USJ（ユニバーサル・スタジオ・ジャパン）をはじめ、天保山、海遊館など、人気スポットが目白押しです。

## 大阪港みなとまつり

おおさかこうみなとまつり

●大阪府大阪市大阪港各所（天保山岸壁、大阪北港マリーナ）▶地下鉄大阪港駅から徒歩約5分●7月15日の「大阪港開港記念日」と「海の日」にちなんで催される開港祭。ヨット体験乗艇が催されるほか、大型フェリーでの大阪湾クルーズなど、海に親しみを持てるイベントです。例年7月中旬～下旬に開催予定。

### 今日は何の日？ ファミコンの日

1983（昭和58）年の今日は、任天堂の家庭用ビデオゲーム機「ファミリーコンピュータ」（通称ファミコン）が発売された日です。発売からわずか4年で、1000万台を突破する売れ行きでした。

### 季節を楽しむ

**盂蘭盆会（うらぼんえ）**

ご先祖様の霊をお迎えして供養する仏事が「盂蘭盆会」、「お盆」とも呼ばれます。その起源は、お釈迦様の弟子が、餓鬼道に落ちた自分の母を供養して救ったという仏教の儀式が伝来したもの。この仏教伝説が日本古来の習わしと結びつき、「お盆」へと発展しました。この期間に行われる盆踊りは、室町時代から盛んに行われるようになりました。

# 7月16日

●文月（ふみづき）
●二十四節気：小暑（しょうしょ）
●七十二候：蓮始開（はすはじめてひらく）

●元日から196日／大晦日まで168日

# ススキ提灯献灯行事《すすきちょうちんけんとうぎょうじ》

高さ4・5mの竹柱に高張提灯を飾った巨大な竿燈をあやつり、差し手たちが妙技を競う「ススキ提灯献灯行事」。「ススキ提灯」と呼ばれる、先端に御幣を施した30基の竿燈が会場を埋め尽くし、威勢よく奉納演舞が披露されます。奈良県の鴨都波神社で行われるこの祭りは、五穀豊穣を祈る神事として、江戸時代から受け継がれてきました。主役である竿燈は、たわわに実る稲穂を表すといわれます。

**鴨都波神社**
かもつばじんじゃ

●奈良県御所市宮前町514▶JR御所駅から徒歩約10分●崇神天皇の時代の大豪族鴨氏の氏神社。7月と10月に行われる「ススキ提灯献灯行事」は五穀豊穣や無病息災を祈願する伝統行事で奈良県指定無形民俗文化財。神社では「若衆会」と呼ばれる組織が行事を執り行っており、秋季大祭の「神輿渡御」も有名。

**今日は何の日?**

**駅弁記念日**
1885（明治18）年の今日開業した日本鉄道の宇都宮駅で、日本初となる駅弁が発売されたことに由来。

**虹の日**
7月16日は、7（ナナ）16（イロ）と読む語呂合わせと、梅雨明けの空に虹が現れることが多いので、この日は人と人、人と自然が虹のように結びつくようにとの願いが込められています。俳句では虹は夏の季語。また朝虹が立てば雨、夕虹が立てば晴れともいわれます。

**国土交通DAY**
1999（平成11）年の今日、国土交通省設置法が公布されたことを記念して制定。国土交通行政に関する意義、目的を広く国民に理解してもらうため、さまざまなイベントを開催します。

# 7月／17日

●文月（ふみづき）
●二十四節気：小暑（しょうしょ）
●七十二候：鷹乃学習（たかすなわちわざをなす）

# 東京の日
とうきょうのひ

●元日から197日／大晦日まで167日

1868（明治元）年の今日は「江戸」を「東京府」と改称した重要な日。明治新政府が始動する際、首都をどこに置くかが大きな問題となりました。議論百出でしたが、最終的には明治天皇が江戸城（後の皇居）に移り、その後京都に置かれていた政府の機能が東京に移転されました。ただ天皇陛下の言葉（詔勅）で遷都が宣言されていないので、一部京都の人は今でも日本の首都は京都であると信じているとか……。

**都庁**
とちょう

●東京都新宿区西新宿 2-8-1
▶ JR 新宿駅から徒歩約 10 分
●地方公共団体である東京都の行政機関。現在の東京都庁は1990 年に完成した新庁舎で、建築家の丹下健三氏が建築を担当。第一本庁舎の上階はツインタワーになっており、地上202m の展望室からは、東京の街を一望できます。




**今日は何の日？**

**東京の日**
今日は「東京の日」。1868（明治元）年の今日、明治天皇の詔勅により、江戸が「東京府」に改称された日を記念しています。

**管絃祭**
旧暦6月17日に行われる、広島県宮島町厳島神社の祭典行事。平安時代に管弦を奏でた優雅な平安貴族の舟遊びを、平清盛がこの社に移して神事としたとされています。夕方から始まる祭りは、厳島神社の御祭神を御座船に乗せ、篝火の海を渡る深夜がクライマックス。舞と楽とのダイナミックな祭典です。

# 7月18日

●文月（ふみづき）
●二十四節気：小暑（しょうしょ）
●七十二候：鷹乃学習（たかすなわちわざをなす）

# ニッコウキスゲ

●元日から198日 大晦日まで166日

高原に咲く可憐な黄色の花の開花時期を迎えたら山の上も夏本番です。高山に群生するツルボラン科の多年草で和名は「ゼンテイカ（禅庭花）」。栃木県日光周辺に群生していることから「ニッコウキスゲ（日光黄萱）」と呼ばれます。その花言葉は「日々あらたに」。これは朝に花開き、夕方にはしぼむ一日花であることにちなんでいるため。草原が霧で包まれたり朝日や夕日があたると、幻想的な情景が現れます。

**霧降高原**
きりふりこうげん
●栃木県日光市所野 ●JR日光駅から霧降高原行または大笹牧場行バスで約25分。霧降高原下車すぐ●赤薙山の斜面に広がる、標高約1200mの高原地帯。初夏には多くの霧が発生し、気象条件によっては景色を覆いつくす雲海が一望できます。約26万株のニッコウキスゲが大群生する風景は、6月下旬～7月中旬頃が見頃。

7月

19日

●文月（ふみづき）
●二十四節気：小暑（しょうしょ）
●七十二候：鷹乃学習（たかすなわちわざをなす）

# 守礼門《しゅれいもん》

●元日から199日／大晦日まで165日

## 首里城守礼門

しゅりじょうしゅれいもん

●沖縄県那覇市首里金城町▶那覇空港からモノレール（ゆいレール）で約30分の首里駅下車、徒歩約15分●中国の建築様式を踏襲していますが、沖縄の赤瓦が独特の雰囲気を醸し出します。現在の守礼門は1958（昭和33）年に復元されたもので、2019年に首里城が全焼する火災でも被害を免れました。

2000（平成12）年の今日、二千円札が登場しました。これまで発行された紙幣は、表面に歴史上の人物の肖像が描かれていました。ところが二千円札だけ、人物はなく沖縄県那覇市にある守礼門が描かれています。15世紀前半から、約450年間独立国として存在していた琉球王朝の城、首里城の大手門（正門）であったこの門は、まさしく沖縄の顔なのでしょう。

今日は何の日

**女性大臣の日**

日本で最初の女性大臣が生まれたのが、1960（昭和35）年7月19日、第一次池田内閣で厚生大臣として入閣した中山マサ（1891〜1976）でした。その後現在に至るまで複数の女性大臣が誕生していますが、他国と比べると圧倒的に少ないのが実情です。

**北壁の日**

1967（昭和42）年の今日、二人の女性登山家（今井通子、若山美子）が女性だけのパーティーとしては世界で初めて、アルプス三大北壁のひとつマッターホルンの北壁登攀に成功しました。

# 7月20日

●文月（ふみづき）
●二十四節気：小暑（しょうしょ）
●七十二候：鷹乃学習（たかすなわちわざをなす）

# 土用の丑の日《どようのうしのひ》

●元日から200日／大晦日まで164日

土用とは、立春・立夏・立秋・立冬の各前日までの18日間を指しますが、主に立秋前の夏の土用を指します。特に暑いこの期を乗り切るために考え出されたのが、丑の日にウナギを食べる習慣。江戸時代の蘭学者・平賀源内が、暑さで売れ行きが思わしくないウナギ屋のために編み出した、宣伝広告が発端です。土用の丑の日に薬草を入れた「丑湯」に入浴するのも、夏負けしないように生まれた習慣のようです。

**成田山表参道**
なりたさんおもてさんどう

●千葉県成田市仲町▶JR成田駅東口から徒歩約15分●成田駅前から成田山新勝寺まで約800m続く表参道。江戸時代から栄えた門前町には、今も当時の風情を残す150店以上の飲食店や土産店が軒を連ねます。古くから成田詣の参拝客をもてなしたウナギ料理は、この界隈の名物。店頭での、ウナギをさばく光景も見ものです。

**土用干し**
ようやく梅雨が明けて日差しが厳しくなるこの時期。着物や書物に風を通す「土用干し」をして、家中を掃除してカビや虫の害を防ぎます。

**丑湯とは?**
土用の丑の日に、薬草を入れた「丑湯」に浸かると疲労回復に特効があるとされていました。場所によっては、菖蒲や薬草を入れて入浴するところもあります。

**今日は何の日?**
**海の日**
「海の恩恵に感謝し、海洋日本の繁栄を願う」日として制定された国民の祝日です。1876（明治9）年、明治天皇が東北巡幸の際に、はじめて汽船で横浜に帰着された7月20日にちなんでいます。現在では7月の第3月曜日とされています。

7月21日

# 天橋立《あまのはしだて》

●元日から201日／大晦日まで163日

●文月（ふみづき）
●二十四節気：小暑（しょうしょ）
●七十二候：鷹乃学習（たかすなわちわざをなす）

海に浮かぶ砂州に松林。日本三景として名高いこの景勝は、天と地の架け橋に見えることから、「天橋立」と呼ばれるようになりました。また日本神話の神イザナギノミコトが天に通うためのはしごが、寝ている間に倒れて陸地になったといわれる伝説もあります。まるで龍が天に舞い上がるような姿を目の当たりにすると、そんな物語が生まれても不思議ではない風景であることがわかります。

## 宮津市
みやづし

●京都府宮津市　京都丹後鉄道宮福線宮津駅下車　日本三景の天橋立で知られる宮津は、京都府の北部に位置する、若狭湾沿いの旧城下町。1580（天正8）年に丹後を領有した細川氏により宮津城が築かれ、明治時代に至るまで多くの城主が治めてきました。また海の玄関口でもあり、江戸時代には西廻り船の立ち寄り港、漁港として大いに発展した町です。

# 7月22日

●文月（ふみづき）
●二十四節気：大暑（たいしょ）
●七十二候：鷹乃学習（たかすなわちわざをなす）

## 牛鬼《うしおに》

元日から202日／大晦日まで162日

鬼面の頭に牛の体を持った巨大な牛鬼が練り歩く和霊神社（宇和島市）の例祭「牛鬼まつり」。豊かな収穫を邪魔する悪魔を追い払うには、体が大きく恐ろしい形をした人間の味方が望まれ、それで生まれたのが牛鬼。今年も数十人の若者に担がれて、走ったりよろけたりしながら街を練り歩きます。勢いあまって時々、長い首を店先に突っ込むことがあっても、縁起がいいと喜ばれているそうです。

### うわじま牛鬼まつり

うわじまうしおにまつり

●愛媛県宇和島市和霊町1451（和霊神社周辺）▶JR宇和島駅から徒歩約7分●毎年7月下旬に開催される、和霊神社の例祭。巨大な怪物「牛鬼」が市内を練り歩き、悪魔払いをする夏祭りです。子供たちが吹く竹笛の「ブーヤレ」の音は牛鬼のうなり声。最終日には、宇和島市営闘牛場で「闘牛」も行われます。

### 今日は何の日？

**ナッツの日**

日本ナッツ協会が、7（ナ）と22（ツツ）の語呂合わせから制定。ナッツは古代より保存食や神事の御供え物、そして料理の食材として多岐にわたり活用されてきました。最古のナッツといわれるクルミは、紀元前7000年前から存在するそう。1日の目安は一握り。良質な脂肪やミネラルなどの栄養素が豊富に含まれる魅力的な食べ物です。

**円周率近似値の日**

ヨーロッパでは日付の表記を「day/month」形式でします。今日7月22日は「22/7」と表記され、これを分数（7分の22）とすると、アルキメデスが求めた円周率の近似値（22/7＝3.142857）になることから。

# 7月23日

●文月（ふみづき）
●二十四節気：大暑（たいしょ）
●七十二候：桐始結花（きりはじめてはなをむすぶ）

# うちわ

元日から203日／大晦日まで161日

涼を呼ぶうちわは、日本の夏に欠かせないもの。江戸時代には紙の生産も増えて、うちわも生活必需品に。縁起物の贈答品として祝い事にも配られ、それが発端となった祭りが「うちわ祭り」と呼ばれる八坂神社（埼玉県熊谷市）の祇園祭です。祭りで配布されたうちわが評判を呼び「買い物は熊谷のうちわ祭の日に」といわれるように。今では関東一の祇園祭と称される、華やかなものになっています。

**熊谷うちわ祭り**
**くまがやうちわまつり**

●埼玉県熊谷市お祭り広場・市内各所▶JR高崎線・秩父鉄道熊谷駅から徒歩約5分●例年7月20日～22日まで行われる、八坂神社の例大祭。華麗な12基の山車と屋台が出て熊谷囃子とともに市街地を練り歩く姿は、京都の祇園祭を見習ったもの。中でも最終日の夜に行われる、囃子を競い合う「叩き合い」は圧巻です。

**今日は何の日？**

**ふみの日**

2（ふ）3（み）の語呂合わせと、日本では旧暦7月を文月という別称で呼んでいたことにちなんで制定。手紙を書く楽しさを知ってもらおうと毎年、記念切手が発売されます。

**相馬野馬追い**

福島県南相馬市では、7月最終週の土曜日から3日間古式の競馬が開幕。相馬氏の祖・平将門が関八州の武将を集めて、野馬を追いこんだことに由来。甲冑姿の武者が馬にまたがり場内を駆け抜ける「甲冑競馬」、大空に打ち上げられた御神旗を取り合う「神旗争奪戦」など、戦国時代がしのばれる内容です。国の重要無形民俗文化財にも指定。

# 7月24日

●文月（ふみづき）
●二十四節気：大暑（たいしょ）
●七十二候：桐始結花（きりはじめてはなをむすぶ）

## 山鉾巡行
やまぼこじゅんこう

元日から204日／大晦日まで160日

7月1日からひと月にわたって夏の京都を華やかに彩る祇園祭。平安時代の869（貞観11）年に日本各地で疫病が流行った際に行った災厄除去の祈願がこの祭りの始まりです。さまざまな行事が行われますが、ハイライトは7月17日と24日に行われる山鉾巡行。祇園囃子が響くなか、豪華な装飾が施された巨大な山鉾が都大路を引かれていきます。世界中からこの豪華な祭事を眺める人のために御池通には有料観覧席が設けられます。

### 八坂神社祇園祭
やさかじんじゃぎおんさい

●京都府京都市東山区祇園町北側625（八坂神社）、ほか各山鉾町▶京阪祇園四条駅から徒歩約5分●疫病除けで始まった、八坂神社（祇園社）の例祭で京都を代表する祭り。祭事のハイライトは前祭・後祭の山鉾巡行。前夜祭では「コンコン、チキチン」と祇園囃子が流れ、提灯をともした情緒ある雰囲気に包まれます。

**神輿洗い**
祇園祭の中で、最も大切な行事とされるのが神輿洗い。祇園祭でお迎えするのは疫病祓いの神様「牛頭天王」。その神様が乗る神輿を鴨川の水で祓い清めるもので、今も四条大橋で続けられています。こちらは毎年7月10日と28日に執り行われます。

**今日は何の日?**
**河童忌**
1927（昭和2）年は『羅生門』『鼻』など多くの傑作で知られる芥川龍之介の命日。晩年に発表した小説『河童』にちなみ、命日を「河童忌」とされたといわれています。また死後に文藝春秋社の菊池寛が、芥川の業績を称して新人文学賞「芥川龍之介賞」を設けました。

7月
25日

●文月（ふみづき）
●二十四節気：大暑（たいしょ）
●七十二候：桐始結花（きりはじめてはなをむすぶ）

# 尾張津島天王祭《おわりつしまてんのうまつり》

・元日から205日／大晦日まで159日

豪華絢爛な大水上絵巻、「尾張津島天王祭」。愛知県の津島神社で500年以上前から続く、暑気払いの船神事です。祭りの舞台は、津島の人々に親しまれている天王川。津島神社に鎮座する御神霊を神輿船に移し、対岸の御旅所に運ぶ船行列が見どころです。宵祭では、巻藁船という船を400個もの提灯で明るく飾り、また朝祭ではだんじり船に能人形と囃子方らが乗り、天王川を奏楽しながら渡ります。

**津島神社**
つしまじんじゃ

●愛知県津島市神明町1▶名鉄津島駅から徒歩約15分●全国約3000社の天王信仰の総本社。ご祭神は、疫病除けの神である「牛頭天王」。津島天王祭が京都の祇園祭（右ページ）の特徴と似ているのは御祭神が同じためとされます。また織田信長ら戦国武将や大名からも崇拝され、社領の寄進や社殿の造営等を受けました。

**今日は何の日？**

**尾張津島天王祭**
津島神社（愛知県）の牛頭天王信仰に由来する、疫病祓いの祭礼。長期にわたる祭りの見どころが「宵祭」と「朝祭」。宵祭では、祭囃子が流れる中、提灯をともした巻藁船が御旅所へ向かい、翌日の「朝祭」では、船は装い新たに能人形や稚児を乗せ、再び御旅所へ。船が御旅所に近づくと、鉾を持った若者が船から川に飛び込み、〝悪疫祓い〟となる鉾をお旅所に奉納。続いて稚児が上陸し参拝します。7月第4土曜日・日曜日に天王川公園・津島神社で開催。

**かき氷の日**
1933（昭和8）年の今日、フェーン現象により、山形県山形市で日本最高気温の40・8度を記録。またな（7）つ（2）ご（5）おりの語呂合わせから制定。

# 7月26日

●文月（ふみづき）
●二十四節気：大暑（たいしょ）
●七十二候：桐始結花（きりはじめてはなをむすぶ）

# 佐原の大祭
さわらのたいさい

元日から206日／大晦日まで158日

約300年の歴史をもつ北総を代表する夏祭り。情緒ある「佐原囃子」を響かせ、高さ5ｍもの大人形を乗せた山車の引き回しが特徴です。中でも曲引きのひとつ「のの字廻し」は重さ4ｔにも及ぶ山車の車輪を軸として、筆で「の」を書くように回転させるもの。人形が能を舞うかの如く回る様は、各町の腕の見せ所。水郷佐原に〝小江戸のにぎわい〟がよみがえる3日間です。

**佐原**
さわら

●千葉県香取市佐原▶東京駅からJR総武線で成田駅まで約1時間15分、JR成田線に乗り換え約30分、佐原駅下車●「北総の小江戸」と呼ばれる関東の人気観光地。利根川の支流である小野川を中心に栄え、東日本の物資の中継地として船が行き交い、水郷佐原の町並みを作り上げました。創業数百年の商店や食堂が軒を連ね、江戸情緒あふれる洗練された町並みが残ります。

**佐原の大祭**

関東三大山車祭りのひとつの郷土伝統芸能。「佐原囃子」の調べに乗せ10台の山車が町を練り歩きます。山車の大人形は、江戸から昭和期の名人形師が手がけた希少なもの。祭りは国指定重要無形民俗文化財。7月の夏祭り、10月の秋祭りの年2回開催されます。

**今日は何の日？**

**幽霊の日**

1825（文政8）年の今日、江戸の中村座で「東海道四谷怪談」が初演されたことにちなむ記念日。あの〝お岩さん〟で有名な、四代目鶴屋南北の怪談物です。

**風呂の日**

7月26日を7（なつ）26（ぶろ）と語呂合わせして。夏場こそ、湯舟に浸かるよさを学びながら健康意識を高める1日です。

# 7月27日

●文月（ふみづき）
●二十四節気：大暑（たいしょ）
●七十二候：桐始結花（きりはじめてはなをむすぶ）

## スイカ

元日から207日／大晦日まで157日

夏の味覚といえば、まず思い浮かぶのがスイカ。原産地はアフリカで、日本には江戸時代に中国経由で伝来したことから「西瓜（中国の西方から来た瓜）」の字が当てられました。本格的に栽培されたのは明治時代に入ってから。現在では、品種改良も進み、皮が黒いものや果肉の黄色いものも登場。切り分ける際は、最も甘いとされる「実の中心」を均等に分ければ、甘い部分を皆で楽しむことができます。

### 道の駅・尾花沢 花笠の里ねまる

みちのえきおばなざわ
はながさのさとねまる

●山形県尾花沢市芦沢 1195-1 ▶山形北 I.C. から尾花沢北 I.C. まで車で約 45 分●花笠踊りの発祥として有名な尾花沢市の入口にある道の駅。店名の「ねまる」は「くつろぎ」を表す尾花沢市の方言です。旬の地産食材を扱う新鮮市や食事処、また全国トップレベルの生産量を誇る、特産品のスイカを使用した加工品も人気です。

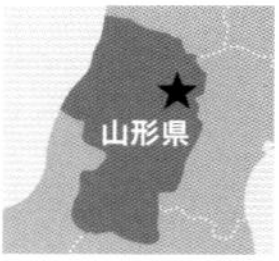


**今日は何の日？**

**スイカの日**

スイカの皮の縦縞模様を綱に見立て、今日7月27日を7（なつの）27（つな）（夏の綱）とした語呂合わせで制定されました。

**季節を楽しむ**

**打ち水**

路面や庭などに水をまいて、温度を下げるのが打ち水です。現在では、政府や自治体の呼びかけで、イベント化もされています。できるだけ風通しの良いところで広範囲にわたって行うとより効果的だそう。また、なるべく水道水を使わずに、風呂の残り水など二次利用水を使って行います。

7月28日

●文月（ふみづき）
●二十四節気：大暑（たいしょ）
●七十二候：土潤溽暑（つちうるおうてむしあつし）

# 北海へそ祭り《ほっかいへそまつり》

・元日から208日／大晦日まで156日

踊り手たちが自慢の腹に顔を描き、お囃子に合わせ街中を練り歩く、北海道富良野市の「北海へそ祭り」。昭和40年代から受け継がれてきた「へそ祭り」とは、北海道のほぼ中心に位置する同市が、人体に例えれば「へそ」にあたることが祭り創案のルーツです。最大の見どころは「へそ踊り大会」で、へそを生かした図腹踊りは珍奇絶妙。今では2日間で、約4000人の踊り手で賑わう北海道の夏の代名詞です。

**富良野市**
**ふらのし**

●北海道富良野市▶札幌駅からJR函館本線で滝川駅まで約50分、JR根室本線に乗り換え富良野駅まで約70分●北海道の中心に位置する富良野盆地の中心都市。ドラマのロケ地やウインターリゾート地で知られるほか、「ふらのワイン」「ふらのチーズ」などの特産物が多いことでも有名です。

**北海へそ祭り**
例年7月28日・29日に開催される北海道富良野市・北真神社（へそ神社）の例大祭。メインの「北海へそ踊り大会」は飛び入り参加も可能です。

**今日は何の日？**
**菜っ葉の日**
7（な）月28（つぱ）日と読む語呂合わせと、葉物野菜を食べて疲労した体を癒やすのがねらい。連日「大暑」通りの天気が続き、夏の菜の収穫もピークを迎える時期。中でも貴重な葉物が、モロヘイヤ。鉄分やカルシウムが豊富で、さっとゆでて酢の物やお浸しにも。

**乱歩忌**
1965（昭和40）年、推理小説で知られる作家・江戸川乱歩の忌日です。

7月 29日

●文月（ふみづき）
●二十四節気：大暑（たいしょ）
●七十二候：土潤溽暑（つちうるおうてむしあつし）

# ユリ

●元日から209日／大晦日まで155日

ハンターマウンテン
ゆりパーク

●栃木県那須塩原市湯本塩原字前黒▶JR那須塩原駅から車約60分●塩原温泉のスキー場、ハンターマウンテン塩原の「ゆりパーク」で開かれる、日本最大級のゆり博。広大なゲレンデには、色彩豊かなスカシユリや、カサブランカなど50種400万輪のユリが咲き乱れます。開園期間は例年7月中旬〜8月下旬。

ユリは花の色や咲き方もさまざまで、園芸品種も多い球根植物。園芸品種では「スカシユリ系」と「オリエンタル系」のふたつに分かれ、これとは別に日本古来のヤマユリやササユリといった野山に自生するユリは、切り花としても人気です。花の色によって「純粋」「無垢」など花言葉もたくさんあります。

# 7月30日

●文月（ふみづき）
●二十四節気：大暑（たいしょ）
●七十二候：土潤溽暑（つちうるおうてむしあつし）

元日から210日／大晦日まで154日

## 風鈴《ふうりん》

風鈴の音は夏の一服の清涼剤。その起源は、中国伝来の「風鐸」にあります。今でも魔よけとして仏堂の四隅に吊るされますが、風が吹くと響き渡る力強い音こそ、邪気を払うとされました。江戸時代には西洋からガラス技術がもたらされ、ガラス製の「江戸風鈴」が登場。天保年間には庶民にも広がり、軒先に吊るして楽しむのが風流だったとか。天秤に風鈴をつけた「風鈴売り」は、江戸の夏の風物詩でした。

**川越氷川神社 縁むすび風鈴**
かわごえひかわじんじゃ えんむすびふうりん

●埼玉県川越市宮下町2-11-3 ▶JR・東武線川越駅、または西武線本川越駅からバスで川越氷川神社下車●江戸の北の守りとして重要な川越城の城下の守護神を祀る社としてあつく崇敬されてきた古社。職人が手作りした約2000個の江戸風鈴に願いを込め、縁結びの神様に届ける祭事はこの夏の風物詩です。

### 今日は何の日?

**梅干しの日**
古くから「梅干しを食べると難が去る」と言い伝えられていることから、7（なんが）3（さ）0（る）の語呂合わせ。

**プロレス記念日**
1953（昭和28）年の今日、元力士の力道山が中心になり、日本初のプロレス団体「日本プロレスリング協会」を立ち上げました。同年にはテレビ放送も開始され、力道山戦が放映されると、街頭テレビの前には人々が群がりました。

**谷崎忌**
1965（昭和40）年の今日は、『痴人の愛』や『細雪』を残した、明治・大正・昭和の作家、谷崎潤一郎の忌日。「潤一郎忌」ともいわれ、晩夏を表す夏の季語にもなっています。

# 7月31日

●文月(ふみづき)
●二十四節気:大暑(たいしょ)
●七十二候:土潤溽暑(つちうるおうてむしあつし)

# 千日詣

せんにちまいり

●元日から211日/大晦日まで153日

京都の愛宕山山頂に立つ愛宕神社は、火伏の神の御利益で知られる神社。今日行われる「千日通夜祭」は、「千日詣」とも呼ばれ、千日分の御利益を求めて人々が険しい参道を登る一大行事。7月31日の夜から8月1日の未明にかけ、鳥居から本殿までの約4kmの参道は夜通し提灯で照らされ、参拝者らが行き交います。京都の家で見かける「火《ひ》廼要慎《のようじん》」の御札は、この日に授与される火伏の護符です。

**愛宕神社**
あたごじんじゃ

●京都府京都市右京区嵯峨愛宕町1 ▶京福電鉄嵐山駅から京都バスで約20分、清滝下車徒歩約120分●全国に約900社ある愛宕神社の総本社。防火の神様として京都市最高峰の霊山、愛宕山山頂に鎮座。7月31日夜から8月1日早朝に行われる千日詣には、多くの参拝者が山を登頂。優美な舞が奉納されます。

## 今日は何の日?

**パラグライダー記念日**

1988(昭和63)年の今日、福岡県北九州市で第1回パラグライダー選手権が開かれたことを記念して制定。パラグライダーは、グライダーを操作して上昇気流に乗り高度を上げ滑空します。ハンググライダーとの違いは使用する器具。ハンググライダーの固い骨組みに比べて軽量で手軽なため、スカイスポーツの中で競技人口が最も多いとされます。

**蓄音機の日**

蓄音機を発明したエジソンが、1877(明治10)年の今日、その特許を取得。

**山手線に冷房車登場**

1970(昭和45)年の今日、東京の山手線に冷房車が登場しました。国鉄(JR)の通勤電車では初の試みで、その後全国に普及しました。

コラム7
# 着物と季節の関係

日本では古くから6月1日と10月1日を「衣替え」の日としています。着物の種類にもこの衣替えの風習が深く関わっており、それぞれの季節に合わせた素材や仕立てなどに、着物ならではの決まりごとがあります。

10月から5月の時期に着るのが、裏地をつけて仕立てた「袷（あわせ）」。一年で最も長く着られる着物です。重量感がありきちんとした印象があるため、礼装用に使用する着物のほとんどは袷が使われます。

6月と9月に着るのが、裏地のない「単衣（ひとえ）」で、軽くて着やすいのが特徴。気軽に楽しめるので初心者にもおすすめです。

7・8月の盛夏に着るのが「薄物（うすもの）」。縦糸と横糸の密度が粗く、透ける生地の総称です。紗（しゃ）や絽（ろ）、上布（じょうふ）という透け感がある絹物や薄地の木綿、麻などが使われ、見た目にも涼やか。生地に合わせて帯も変えるのが通例です。

ただ、異常気象が続く昨今の気候を考えると、慣習にとらわれず、その日その日の状況に合わせた選択をしたいものです。

また、着物は柄で季節感を表すもの。特に草花は季節に合わせた柄を選ぶ必要があります。しかし、季節感が大切とはいえ例えば桜の時期に桜の柄を着るのは野暮とされ、少し季節を先取りするのが粋といわれています。なかには吉祥文様や亀甲や七宝などの有職文様など、季節に左右されない柄もあります。

着物だけでなく、帯や帯揚げ、帯留めなどの小物で季節感を出すこともできます。選び方ひとつで全体の印象がガラッと変わるのも着物の魅力といえるでしょう。

# 8月

## 葉月《はづき》

8月1日

●葉月（はづき）
●二十四節気：大暑（たいしょ）
●七十二候：土潤溽暑（つちうるおうてむしあつし）

# 伊崎の棹飛び

いさきのさおとび

元日から212日／大晦日まで152日

琵琶湖のほとりに位置する伊崎寺の年中行事です。棹と呼ばれる長さ約13mの角材の先から、約7m下の湖に白装束の行者が合掌しながら飛び込みます。起源は今から約1100年前。この寺で修行中の建立大師が琵琶湖に空鉢を投げて湖を行きかう舟の漁民に喜捨を乞い、その後、自分自身も飛び込み、お布施が入った鉢を拾い上げたという故事に基づくとされています。また、自ら身を投げることで他者救済を願う捨身の行ともいわれます。

**姨倚耶山 伊崎寺**
いきやさんいさきじ

●滋賀県近江八幡市白王町1391▶JR東海道本線近江八幡駅より休暇村近江八幡行きバスで30分、堀切港下車、徒歩40分●寺伝によると奈良時代、修験道の開祖役行者がこの地を見つけ、修験道の行場としたのが最初とされます。現在の本堂は1813（文化15）年の建立、天井には龍が描かれています。

**今日は何の日？**

**水の日**
1977（昭和52）年、国土庁（現・国土交通省）が制定しました。8月は1年間で最も水を使う月です。そこで8月最初の日に水の大切さや節水について関心を高めてもらおうと記念日にしました。この日から1週間は水の週間とされ、さまざまなイベントが開催されます。

**肺の日**
1999（平成11）年、日本呼吸器学会が定めました。は（8）い（1）の語呂合わせから、この日になりました。慢性気管支炎、肺気腫、肺がんなどが年々増加するに伴い、肺に関心を持ち、肺の大切さを多くの人に知ってもらうのが狙いです。全国各地で肺の疾患に関する講演会などが行われます。

# 8月 2日

●葉月（はづき）
●二十四節気：大暑（たいしょ）
●七十二候：土潤溽暑（つちうるおうてむしあつし）

# わらじ祭り

わらじまつり

●元日から213日／大晦日から151日

福島市の羽黒神社では江戸時代から、健脚を願って毎年2月（旧正月）に大わらじを奉納する「暁まいり」が行われてきました。わらじ祭りはこの「暁まいり」に由来する市民の祭典で、1970（昭和45）年から始まりました。長さ12m、重さ2tもの日本一の大わらじを市民が担ぎ、練り歩くパレードや「新わらじおどり」の披露やわらじ作り体験などを行ったあと、最終日に大わらじを羽黒神社に奉納します。

**わらじ祭り**
わらじまつり

●福島県福島市本町（国道13号、街なか広場）▶JR東北本線福島駅から徒歩5分●福島駅前を会場に3日間各種イベントが開催されます。「暁まいり」でわらじの片方を、「わらじ祭り」でもう片方を奉納することでわらじ1足が完成するため、より一層、健脚になれるようにとの願いが込められています。

## 今日は何の日？

**パンツの日**

下着メーカーの磯貝布帛工業（現・イソカイ）が1984（昭和59）年に、自社ブランドの製品「シルビー802」にちなみ、制定しました。日常生活に欠かせない下着の存在に目を向けてもらおうと、専門店やデパートのインナー売り場ではショーツの特設売り場を設けるなどの催事を行っています。

**博多人形の日**

博多人形の起源は1600（慶長5）年、黒田長政が福岡に城を構えると城下町に職人が集められ、素焼きの人形を制作したのが始まりとされます。2000（平成12）年、博多人形誕生400年を記念して博多人形商工業協同組合が博多人形の魅力を広めようと制定しました。

8月
3日

●葉月（はづき）
●二十四節気：大暑（たいしょ）
●七十二候：大雨時行（たいうときどきにふる）

# ねぶた祭《ねぶたまつり》

元日から214日／大晦日まで150日

ねぶた祭りは七夕祭りの燈籠流しの変形と言われています。奈良時代、中国から渡来した七夕祭りと津軽に古くからあった精霊送りなどの行事が一体化し、さらに紙と竹、ろうそくが普及すると燈籠ができ、変化して人形ねぶた、扇ねぶたになったと考えられます。ねぶたは和紙で作られた巨大な張りぼて人形。これを台車に乗せて、青森市内の目抜き通りを引き回します。祭事は7日間開催され、毎年、延べ200万人以上の観光客が訪れます。

## 青森ねぶた祭

あおもりねぶたまつり

●青森県青森市▶JR東北本線青森駅●ねぶたの題材となるのは日本の神話や歌舞伎、日本史上のヒーローたち。その大きさは台車を含めて幅9m、奥行き7m、高さ5mと巨大で夜には内部に取り付けられた電球に明かりをつけ、10人掛かりで台車を引き回します。東北三大祭のひとつです。

今日は何の日?

**ビーチサンダルの日**

東京都台東区に本社を置き、国内で唯一、通年、手作業でビーチサンダルを製造している（株）TSUKUMOが、より多くの人に足元から夏を楽しんでもらいたいと、日本記念日協会に申請、認定されました。8をビーチのBに3をサンダルの3に見立てています。

**はちみつの日**

8（はち）と3（みっつ）の語呂合わせから、日本養蜂はちみつ協会と全日本はちみつ協同組合が1985（昭和60）年に記念日にしました。はちみつは平安時代には宮中の献上品にされるほど貴重なもの。はちみつは10種類のビタミン類、27種のミネラルなど、150種以上の栄養成分が含まれている総合栄養食品です。

8月
4日

●葉月（はづき）
●二十四節気：大暑（たいしょ）
●七十二候：大雨時行（たいうときどきにふる）

## 竿燈まつり

かんとうまつり

元日から215日／大晦日まで149日

### 竿燈まつり

かんとうまつり

●秋田県秋田市（広小路、中央通り、山王大通り）▶中央会場までJR奥羽本線秋田駅から徒歩10分●竿燈には長さ12mの大若、9mの中若、7mの小若、5mの幼若があります。この竿燈を差し手と呼ばれる人たちが高く掲げて街を練り歩きます。280本ほどの竿燈、約1万もの提灯が繰り出し、提灯に灯がともる夜の光景はまさに圧巻です。

竿燈は竹を組んで提灯を吊るしたもの。竿燈まつりは秋田市中心街を会場にして4日間にわたって行われます。その起源は江戸時代中期にさかのぼります。病魔や邪気を払う「ねぶり流し」と五穀豊穣祈願が結びついて始まったとされ、提灯は米俵を表すとも言われています。最大の竿燈は長さ12m、46個の提灯がぶら下がり、重さは50kg。これを肩に乗せたり、額に乗せたりする妙技の披露は祭り最大の見どころです。国の重要無形民俗文化財に指定されています。

### 今日は何の日？

**橋の日**
1985（昭和60）年、宮崎県延岡市出身で橋梁会社に勤務していた湯浅利彦氏が提唱。翌年、第1回「橋の日」が開催されました。川や橋に感謝し、河川を愛護し浄化すること、多くの人との心の架け橋をつくることなどが記念日提唱の目的。2015（平成27）年には全国に広まり、橋に関する広報活動などのイベントが開催されています。

**箸の日**
食事をする際には欠かせない箸へ感謝を表すことを目的に、箸などの製造・卸・販売を手がける株式会社藤本商會本店が制定しました。この日は各地の寺社で箸に感謝し、無病息災を願い箸のおたき上げを行う箸供養が行われています。

# 8月5日

●葉月（はづき）
●二十四節気：大暑（たいしょ）
●七十二候：大雨時行（たいうときどきにふる）

# 花笠まつり

はながさまつり

元日から216日／大晦日まで148日

山形の夏を華やかに彩る花笠まつりは3日間にわたり、市内のメインストリートで開催されます。祭りは1963（昭和38）年、山形県、山形市などが中心になり、蔵王の観光開発とPRを目的に始まった「蔵王夏まつり」が前身。艶やかな衣装を身につけた踊り手は1万人以上。県花の紅花をあしらった花笠を手に「ヤッショ、マカショ」の威勢のいい掛け声と勇壮な花笠音頭に合わせ、花笠太鼓が響き渡るなか、ダイナミックな踊りを披露します。

**花笠まつり**
はながさまつり

●山形県山形市（十日町、本町、七日町）▶JR奥羽本線山形駅より徒歩10分●花笠を手にして踊る踊り方は優美な振り付けの女踊り「薫風最上川」と勇壮で切れのある正調男踊り「蔵王暁光」の２種類がメイン。踊り方を舞踊の先生が教えくれるイベントや観光客が踊りの輪に参加できる飛び入りコーナーもあります。

**今日は何の日？**

**タクシーの日**
タクシーが日本に登場したのは1912（大正元）年8月5日のこと。「タクシー自動車株式会社」が現在の東京都千代田区に建つ有楽町マリオンの場所に会社を設立し、タクシーメーターを備えたT型フォード6台で営業を開始しました。そこで全国ハイヤー・タクシー連合会が1989（平成元）年、この日をタクシーの日と定めました。

**ハコの日**
東京紙器工業組合がハコの語呂合わせで1991（平成3）年に制定しました。組合では紙器・段ボール箱コンテストを開催。印刷紙器、段ボール箱を使った作品を募集し、デザイン性やリサイクル性に富んだ作品に東京都知事賞をはじめとする賞を授与しています。

# 8月6日

●葉月（はづき）
●二十四節気：大暑（たいしょ）
●七十二候：大雨時行（たいうときどきにふる）

# 原爆ドーム

げんばくどーむ

●元日から217日／大晦日まで147日

1915（大正4）年に広島県内の物産品を展示、販売する施設として建てられました。正面中央部分は5階建てで屋根に銅板の楕円形ドームが載せられていました。1945（昭和20）年8月6日、原子爆弾の炸裂とともに建物は爆風と熱線で大破。1966（昭和41）年、広島市議会は永久保存を決議し、大規模な保存工事を行いました。1996（平成8）年、ユネスコの世界文化遺産に登録されています。

**原爆ドーム**
げんばくどーむ

●広島県広島市中区大手町1-10 ▶ JR山陽本線広島駅から路面電車で20分、原爆ドーム前下車●チェコ人の建築家ヤン・レツル氏が設計。ヨーロッパ風のモダンな外観から、広島市の名所として市民や観光客に親しまれていました。原爆により大破した無残な姿は核兵器の惨禍を今に伝えています。

## 今日は何の日？

**広島原爆忌**

人類史上初めて原子爆弾が投下された広島市では毎年、この日に原爆犠牲者の霊を慰め、世界平和を願う平和祈念式典を平和記念公園で開催しています。式典には被爆者や内閣総理大臣、諸外国の大使らが参列。原爆が投下された8時15分に黙とうをささげ、平和の鐘を撞き、その後、広島市長による平和宣言が行われます。平和宣言では毎年、核兵器の廃絶が強く訴えられています。式典の様子はＮＨＫで中継されます。

**ハムの日**

8と6の語呂合わせからハムの日とされています。ただ、この日は原爆忌でもあるため、にぎやかなイベントや広報活動などはされていません。

# 8月/7日

●葉月（はづき）
●二十四節気：立秋（りっしゅう）
●七十二候：涼風至（すずかぜいたる）



# 仙台七夕まつり

せんだいたなばたまつり

伊達政宗公の時代から続く伝統のお祭り。その風習は明治維新とともに廃れていきますが、昭和の始め、不景気を吹き飛ばそうと商家の有志が町内を華やかな笹飾りで飾りました。これが現在の仙台七夕まつりの原型です。戦中の中断をはさみ戦後になって復活。徐々に華やかさを増し、今では長さ10m以上の巨大な竹に色鮮やかな吹き流しを吊り下げる豪華な笹飾りになりました。開催前日には1万6000発もの花火が打ち上げられます。

**仙台七夕まつり**
**せんだいたなばたまつり**
●宮城県仙台市中心部（中央通り、一番町通り、おまつり広場）▶JR仙台駅前
●商店街では店の軒先に巨大な笹飾りを飾り付けます。竹には長さ5mほどの吹き流しが5本吊るされ、それは豪華。市内の笹飾りは合わせて3000本以上、期間中には毎年200万人以上の観光客が訪れます。東北三大祭のひとつ。

**今日は何の日？**

**鼻の日**
日本耳鼻咽喉科学会では1961（昭和36）年以降、毎年8月7日を鼻の日として鼻疾患についての啓蒙活動を行っています。最近、しばしば話題になる睡眠時無呼吸症候群ですが、鼻が悪いと口呼吸をするようになり、それが原因のひとつではと考えられています。

**バナナの日**
日本バナナ輸入組合がバナナの消費促進、また暑い夏をバナナを食べて乗り切ってもらいたいとの願いを込めて定めています。バナナ1本あたりのエネルギー量は約86㎉、ミネラルや豊富な栄養素を含み、夏バテ防止にも効果的とか。食べ頃はシュガースポットと呼ばれる茶色い斑点が出てから。糖度がぐっと上がります。

8月8日

●葉月（はづき）
●二十四節気：立秋（りっしゅう）
●七十二候：涼風至（すずかぜいたる）

# ひまわり

元日から219日／大晦日まで145日

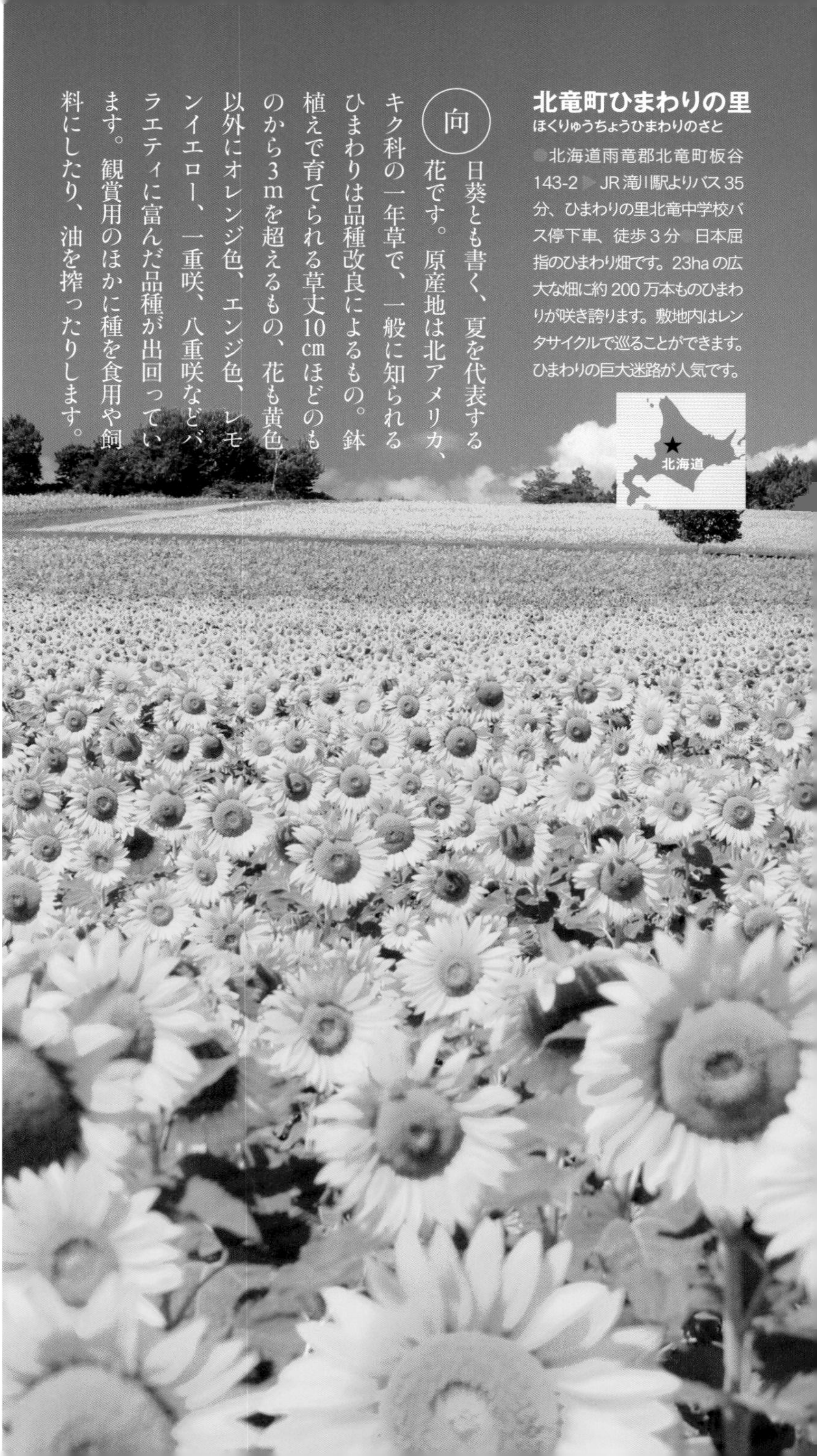

向日葵とも書く、夏を代表する花です。原産地は北アメリカ、キク科の一年草で、一般に知られるひまわりは品種改良によるもの。鉢植えで育てられる草丈10cmほどのものから3mを超えるもの、花も黄色以外にオレンジ色、エンジ色、レモンイエロー、一重咲、八重咲などバラエティに富んだ品種が出回っています。観賞用のほかに種を食用や飼料にしたり、油を搾ったりします。

## 北竜町ひまわりの里

ほくりゅうちょうひまわりのさと

●北海道雨竜郡北竜町板谷143-2 ▶JR滝川駅よりバス35分、ひまわりの里北竜中学校バス停下車、徒歩3分 日本屈指のひまわり畑です。23haの広大な畑に約200万本ものひまわりが咲き誇ります。敷地内はレンタサイクルで巡ることができます。ひまわりの巨大迷路が人気です。

# 8月9日

●葉月（はづき）
●二十四節気：立秋（りっしゅう）
●七十二候：涼風至（すずかぜいたる）

元日から220日／大晦日まで144日

## 長崎平和公園

ながさきへいわこうえん

被爆地とその北側に位置する総合公園です。原爆の実相を訴え、世界平和と文化交流の祈念施設として1951（昭和26）年に整備されました。公園を象徴する存在が平和記念像です。地元の彫刻家北村西望氏の作品で1955（昭和30）年に完成。高さ約10m、重さ約30tの青銅製。台座には「右手は原爆を示し、左手は平和を、顔は戦争犠牲者の冥福を祈る」と刻まれています。毎年、8月9日には像の前で平和祈念式典が行われます。

**長崎平和公園**
ながさきへいわこうえん

●長崎県長崎市松山町9▶JR長崎駅から路面電車15分、平和公園下車、徒歩3分●面積約18.5haの総合公園。園内には平和記念像のほかに原子爆弾落下中心地碑、浦上天主堂遺壁などがあります。原爆資料館では浦上天主堂で被爆した天使像やロザリオなど原爆の悲惨さを物語る遺物が展示されています。

### 今日は何の日？

**長崎原爆忌**
1945（昭和20）年の今日、11時2分、長崎市街地の北部松山町上空で原子爆弾が炸裂。その威力は広島市に投下されたものの1.5倍、7万4000人の命を奪いました。平和記念公園では毎年、「長崎原爆犠牲者慰霊平和祈念式典」が行われます。式典では犠牲者へ黙祷を捧げ、内閣総理大臣の挨拶、長崎市長による平和宣言などが行われます。

**薬草の日**
1997（平成9）年、沖縄県保健食品開発協同組合が薬草に親しみを持ってもらおうと定めました。日本有数の薬草の宝庫飛騨市（岐阜県）では毎年、この日に薬草フェスティバルを開催。薬草を使った料理教室などのイベントを実施しています。

# 8月10日

●葉月（はづき）
●二十四節気：立秋（りっしゅう）
●七十二候：涼風至（すずかぜいたる）

# よさこい祭り《よさこいまつり》

元日から221日／大晦日まで143日

高知市の夏の風物詩は、9日の前夜祭から12日の後夜祭まで4日間をかけて行われます。市内16ヵ所の会場で鳴子を持った踊り子たちがチームを組んで乱舞し、踊りや衣装を競います。参加者は約200チーム、約1万8000人。祭りの発端は1954（昭和29）年8月、夏枯れの商店街に活気を取り戻そうと高知商工会議所が中心となって始めたのでした。その時の参加者は21チーム、750人だったそうです。

**よさこい祭り**
よさこいまつり

●高知県高知市（高知駅前、帯屋町、京町、追手筋など）▶JR土讃線高知駅●祭りの見どころのひとつが衣装。斬新で個性的なデザインの衣装が多く、まさに百花繚乱です。音楽も、「よさこい鳴子踊り」を採り入れた、ロック調やポップス調、サンバ調などさまざまです。

## 今日は何の日？

**道の日**
道路の意義、重要性について関心を持ってもらうため、建設省（現・国土交通省）が1986（昭和61）年に制定しました。1920（大正9）年8月10日に、わが国で初めて「第一次道路改良計画」が実施されたことによります。全国の道の駅で花を配るなどのイベントが開催されています。

**ハートの日**
8月10日がハートと読み取れることから、日本心臓財団が1985（昭和60）年に「健康ハートの日」としました。財団では毎年、心臓病に関するテーマを定めたポスターを制作するなどして心臓病の原因となる高血圧・高脂血症の予防を訴えています。そのほか、各地で血圧測定、体脂肪測定などを開催しています。

8月
11日

●葉月（はづき）
●二十四節気：立秋（りっしゅう）
●七十二候：涼風至（すずかぜいたる）

# 山の日《やまのひ》

●元日から222日／大晦日まで142日

**高尾山《たかおさん》**

●東京都八王子市▶京王電鉄高尾山口駅下車●標高599m。ミシュランの3ツ星に指定され、国内外から多くの登山客が訪れます。山麓からはケーブルカー、リフトで標高472m付近まで登ることができます。麓からの登山路は3ルートで、いずれのルートも1時間30分ほどで山頂に達することができます。

山に親しみ、山の恩恵に感謝する日として2014（平成26）年に国民の祝日として制定され、2016（平成28）年から実施されました。山の日を国民の祝日にしようという運動は、2009（平成21）年に日本山岳会が提唱。翌年には国内の主要な山岳協会が連携し、さらに超党派の国会議員による「山の日制定議員連盟」が設立され制定に至ります。この日は山や自然を体感できるイベントが各地で開催されます。

8月
12日

●葉月（はづき）
●二十四節気：立秋（りっしゅう）
●七十二候：寒蝉鳴（ひぐらしなく）

# 阿波踊り《あわおどり》

●元日から223日／大晦日まで141日

## 徳島の阿波おどり
とくしまのあわおどり

●徳島県徳島市（両国本町演舞場、新町橋演舞場、元町演舞場など徳島駅周辺）▶JR徳島駅下車●400年の歴史を誇り、12日から15日の期間中は全国から120万人を超える観光客が訪れ、街は阿波踊り一色に染まります。踊り子1000人が一糸乱れぬ振り付けで一斉に踊る総踊りは圧巻です。

三味線、鉦、太鼓、篠笛のお囃子にのって〝連〟と呼ばれる踊り手の集団が街中を踊り練歩く阿波踊り。「踊る阿呆に見る阿呆、同じ阿呆なら踊らな損々」というお囃子で知られます。艶っぽい女踊りとユーモアと力強さが特徴の男踊りがあります。もともとは徳島市近辺の盆踊りでしたが、現在は全国各地で行われています。

# 8月13日

●葉月（はづき）
●二十四節気：立秋（りっしゅう）
●七十二候：寒蝉鳴（ひぐらしなく）

## 迎え火《むかえび》

元日から224日／大晦日まで140日

お盆になると先祖の霊を迎えるため、夕刻、家の門口で火を焚く風習があります。これを迎え火と呼び、一般的には麻の茎の皮をはぎ、乾かして作ったオガラを折って火をつけます。かつては家族全員で提灯を持って墓地に行き、墓前で提灯に火を入れ、家まで先祖の霊を案内し、その火を仏壇にともすという方法で行われていました。迎え火の変形とされるのが盆提灯で、祖霊が迷わず家に戻って来るための目印とされます。

### 妻籠宿の迎え火
つまごじゅくのむかえび

●長野県木曽郡南木曽町吾妻▶JR中央本線南木曽駅からタクシー10分●妻籠は江戸と京を結ぶ中山道の宿場町として発展しました。今も街道沿いには古い家並みが残ります。8月13日には街道沿いの家々が門口で一斉に迎え火を焚き、幻想的な風景を創り上げます。

### 今日は何の日?

**函館夜景の日**
函館は北海道南端の渡島半島に位置し、毎年500万人が訪れる観光地です。函館山の山頂標高334mから望む夜景が有名で、展望台からの夜景はまさに鮮やかな宝石のきらめきを見るようです。「やけい」の「や」が8、「けい」は「K」でトランプの13に当たることから、この日が函館夜景の日になりました。

**左利きの日**
イギリスのロンドンに店を構える左利き用品の専門店が1992年に「国際左利きの日」に制定しました。人類全体で左利きは約10%といわれています。日本では2月10日を0（レ）2（フ）10（ト）の語呂合わせから左利きの日にしています。

# 8月14日

● 葉月（はづき）
● 二十四節気：立秋（りっしゅう）
● 七十二候：寒蝉鳴（ひぐらしなく）

## 郡上おどり

ぐじょうおどり

元日から225日／大晦日まで139日

下町郡上八幡で400年にわたって踊り継がれてきた盆踊りです。江戸時代、藩主が士農工商の融和を図るため、盆の4日間は身分に関係なく無礼講で盆踊りを踊ってよいと奨励したのが始まりとされます。今でも、郡上おどりは地元の人たちだけでなく、観光客も自由に参加できる行事になっています。期間は長く7月中旬から9月上旬まで。特に8月のお盆の期間中は徹夜で踊る最大のクライマックスです。

城

**郡上おどり**
ぐじょうおどり

●岐阜県郡上市八幡町（本町、城山公園、下殿町、大手町など町内各所）▶長良川鉄道郡上八幡駅からタクシー13分●日本三大盆踊りのひとつ。郡上踊りは男女ともに同じ振り付けで輪になって踊ります。期間中は毎日、町内各地で「郡上の八幡出てゆくときは」の歌声が三味線、太鼓、鐘の音に乗って流れています。

今日は何の日?

**特許の日**

日本で初めて特許を受けた日です。1885（明治18）年4月、専売特許条例が制定され、同年の今日、堀田瑞松が申請した「堀田錆止塗料及ビ其塗法」に特許が交付されました。彫刻家で漆工芸家だった堀田は鉄船用の塗料を開発し、特許を取ったのです。この塗料は日本海軍、ロシア海軍、アメリカのガス会社に使用され、世界的な発明品となりました。専売特許条例は3年後には改正され、特許条例となり、現在に至っています。特許の日より、4月18日の「発明の日」の方がよく知られ、イベントも多く開催されているようです。

8月

15日

●葉月（はづき）
●二十四節気：立秋（りっしゅう）
●七十二候：寒蝉鳴（ひぐらしなく）

# 灯籠流し

とうろうながし

●元日から226日／大晦日まで138日

灯籠に火をともし、海や川に流し、死者の霊を弔う行事です。もともとは水難事故で亡くなった人の慰霊として行われていましたが、いつしかお盆の終わりに、お供え物とともに灯籠を水に流す行事になっていきました。死者の霊は灯籠に乗って川を下り、海の向こうのあの世に帰っていくという信仰に基づいていると思われます。最近では灯籠流しと花火大会を同時に行うなど観光行事としての色合いが濃いものもあります。

**真岡の灯ろう流し**
もおかのとうろうながし

●栃木県真岡市台町（行屋川水辺公園）▶真岡鉄道真岡駅から徒歩10分●戦没者や先祖の慰霊、平和への祈りを込めて、毎年行われる恒例行事です。この日、市内中心部を流れる行屋川には市民の手により、3500個もの灯籠が流されます。灯籠にともされた小さな燈火が揺れながら川面に映る光景は幻想的です。

**今日は何の日?**

**終戦の日**
1945（昭和20年）8月15日正午、昭和天皇はいわゆる玉音放送と呼ばれるラジオ放送で第二次世界大戦における日本の降伏を国民に伝えました。それに先立って日本は米英中3国による無条件降伏を要求した「ポツダム宣言」を受諾していました。日本の戦没者は国によると軍人・軍属230万人、民間人80万人に及びました。

**ポツダム宣言**
1945（昭和20）年、イギリス首相、アメリカ合衆国大統領、中華民国主席の名において、日本に対して出された宣言です。軍隊の武装解除、戦争犯罪人の厳罰、即時無条件降伏を要求しています。

# 8月16日

●葉月（はづき）
●二十四節気：立秋（りっしゅう）
●七十二候：寒蝉鳴（ひぐらしなく）

## 京都五山送り火《きょうとござんおくりび》

●京都府京都市（如意ヶ嶽、西山および東山、船山など）▶京都駅下車、市内各所から観覧可●京都を囲む5つの山に送り火をともす、京都の伝統行事です。点火は20時から始まり、大、法・妙、船形、左大文字、鳥居形と次々、火で描いた文字や形が夜空に浮かび上がります。点灯時間はそれぞれ30分ほどです。

# 送り火《おくりび》

盆行事のひとつ。盆に帰ってきた祖先の霊を再び、あの世に送るために夕刻、家の門口でオガラを折ってたきます。集落全体で小高い山の頂上や河原で火をたくところもあり、京都の五山送り火は有名です。盆飾りとしてキュウリやナスにオガラを差して馬や牛に見立てるお供え物があります。これは馬に乗って御先祖が早く帰ってこられるように、牛に乗ってゆっくり戻るようにとの願いが込められています。

●元日から227日／大晦日まで137日

8月
17日

●葉月（はづき）
●二十四節気：立秋（りっしゅう）
●七十二候：蒙霧升降（ふかきりまとう）

# 舟っこ流し《ふなっこながし》

元日から228日／大晦日まで136日

お盆の行事として全国各地で行われている灯籠流しや送り火。川面や海の上を炎がともった小さな舟が静かに流れる光景をイメージしますが、北上川が流れる盛岡の「舟っこ流し」は故人や先祖を供養するという趣旨は同じですが、趣はだいぶ異なります。まず舟が大きく、2～3mあります。派手に飾り付けられた舟が川に浮かべられると、火がつけられて盛大に燃え上がります。同時に船に仕掛けられた花火や爆竹が鳴り、にぎやかに故人を送ります。

**盛岡舟っこ流し**
もりおかふなっこながし

●岩手県盛岡市仙北一丁目（明治橋上流右岸河川敷）▶JR盛岡駅からタクシーで8分、徒歩約30分●起源は江戸時代の享保年間に行われた川施餓鬼の法要から。当日は周辺各地区から凝った装飾の10以上の舟っこが集まり、順に川に流されます。岩手県では同様な行事が各所で行われます。故人をにぎやかに送り出す行事は、長崎の精霊流しなどでもみられる風習です。

**今日は何の日?**

**パイナップルの日**
株式会社ドールが「パイナップルのおいしさをPRする日」としたのが最初です。パ（8）イ（1）ナ（7）ップルの語呂合わせからこの日になりました。パイナップルには食物繊維やタンパク質を分解し、整腸作用もある酵素ブロメラインが豊富に含まれています。

**プロ野球ナイター記念日**
横浜ゲーリック球場（現・横浜スタジアム）で1948（昭和23）年のこの日、初めてプロ野球の公式戦でナイターが行われました。対戦カードは東京巨人軍対中日ドラゴンズです。ナイターという言葉は、その試合から2年後、週刊ベースボール誌上で使われました。現在ではナイターという言葉はあまり使われず、ナイトゲームと言っています。

8月18日

●葉月（はづき）
●二十四節気：立秋（りっしゅう）
●七十二候：蒙霧升降（ふかききりまとう）

# 高校野球《こうこうやきゅう》

●元日から229日／大晦日まで135日

夏の全国高等学校野球選手権大会と春の選抜高等学校野球大会があります。夏の大会は1915（大正4）年から朝日新聞社主催で、春の大会は1924（大正13）年から毎日新聞社主催で始まり、現在日本高等学校野球連盟が春・夏とも全国大会の主催者に。夏の大会は都道府県予選を経て、49校が出場します。甲子園で約2週間繰り広げられる熱戦は、毎年、数々のドラマが生まれ、国民的な関心事となっています。

**阪神甲子園球場**
はんしんこうしえんきゅうじょう

●兵庫県西宮市甲子園町 1-82 ▶阪神電鉄甲子園駅から徒歩 3分●春・夏の高校野球の開催地であり、プロ野球阪神タイガースのホームグラウンドでもあります。1924（大正 13）年に開場しました。グラウンド面積は約 1 万 3000 ㎡。収容人員は 4 万 7000 人以上。内野席と外野席の間の観客席はアルプススタンドと呼ばれています。

## 今日は何の日?

**高校野球記念日**

高校野球の前身である全国中等学校優勝野球大会が1915（大正4）年の今日、初めて大阪府豊中市の豊中球場で開催されました。出場校は10校、6日間にわたる試合が行われ、京都府立第二中学校が優勝しました。その後、第3回大会からは兵庫県西宮市の鳴尾球場になり、1924（大正13）年からは甲子園球場が使われるようになりました。現在、豊中球場はありませんが、跡地が高校野球発祥の地記念公園として整備され、歴代優勝校・準優勝校の校名を入れたプレートが壁に貼り付けられています。甲子園に出場する球児たちも、出場記念にこの公園をよく訪ねて来るそうです。

8月19日

●葉月（はづき）
●二十四節気：立秋（りっしゅう）
●七十二候：蒙霧升降（ふかききりまとう）

元日から230日／大晦日まで134日

# 花輪ばやし
はなわばやし

花輪地区の産土神である幸稲荷神社の祭礼で奉納される祭囃子。19日、20日の両日、市内10町から引き出された屋台が鹿角花輪駅前に集合。屋台から「本屋台ばやし」「二本滝」「霧ばやし」など10曲ほどのお囃子が流れ、町中に響き渡ります。屋台といっても床がなく、演奏者は屋台とともに歩き、笛、鉦、太鼓、三味線を奏でているのです。その屋台は精緻な彫刻が施され、実に豪華絢爛。ユネスコ無形文化遺産に登録されています。

**花輪ばやし**
はなわばやし

●秋田県鹿角市（駅前、舟場元町、舟場町、新田町、六日町、谷地田町、大町など）▶JR花輪線鹿角花輪駅●屋台は金箔が施され、獅子頭や唐獅子、神話の神々などの彫刻が施され、どれも贅を尽くした造りです。夜には灯をともし、駅前に集合します。円陣を組んでお囃子の共演が行われます。

今日は何の日？

**バイクの日**
政府総務庁（現・内閣府）交通安全対策本部が1989（平成元）年に交通事故撲滅を目的に制定しました。全国自治体の交通安全対策室や地元警察はこの日を中心にバイクの安全運転講習会などを行っています。関連企業でもバイク好きのタレントによるトークショーをはじめ、バイクの魅力を広く伝える多彩なイベントを開催しています。

**俳句の日**
は（8）い（1）く（9）の語呂合わせで誕生した記念日です。1992（平成4）年、京都教育大学名誉教授の坪内稔典らが提唱しました。夏休み中の子供たちに俳句に親しんでもらいたいとの願いが込められています。

# 8月20日

●葉月（はづき）
●二十四節気：立秋（りっしゅう）
●七十二候：蒙霧升降（ふかきりまとう）

# 女郎花

おみなえし

元日から231日／大晦日まで133日

秋の七草のひとつで、粟花《あわばな》とも呼ばれます。オミナエシ科オミナエシ属の多年草です。北海道から九州まで全国に分布し、日当たりのよい山地や土手によく見られます。草丈は60cmから1m50cmほど、夏の終わりから秋にかけて枝の先端に多数の黄色い小花を咲かせます。根は漢方の利尿剤としても使われます。花名ですが、「おみな」は女性を指し、「えし」は古語の「へし（圧）」で「女性を圧倒する美しさ」という意味で名づけられたという説があります。

**真性寺の女郎花**

しんしょうじのおみなえし

●埼玉県秩父郡長瀞町本野上436▶秩父鉄道野上駅から徒歩10分●長瀞町では町内の7つのお寺に秋の七草が一種類ずつ植えられ、秋の七草めぐりが楽しめます。真性寺は真言宗智山派の寺院です。境内や周辺では女郎花の花が7月中旬頃から咲き始め、9月下旬まで楽しめます。

## 今日は何の日？

**発毛の日**

毛髪施術サービスを事業内容とするリーブ21が、自社の創業日であるこの日を発毛の日としました。日本記念日協会から記念日として認定されています。自分の髪を生やす喜びを多くの人に知ってもらうのが目的です。この日、同社ではさまざまな記念日キャンペーンを行っています。

**蚊の日**

インドで医務官を務めていたイギリスの細菌学者ロナルド・ロスがハマダラカの胃からマラリア原虫を発見した日に由来します。1897（明治30）年のことでした。ロスは5年後、ノーベル生理学・医学賞を受賞しています。現在でもマラリアの撲滅は難しく、アフリカを中心に死者を出しているのが現状です。

# 8月21日

●葉月（はづき）
●二十四節気：立秋（りっしゅう）
●七十二候：蒙霧升降（ふかききりまとう）

元日から232日／大晦日まで132日

## 高円寺阿波踊り《こうえんじあわおどり》

毎年、2日間にわたり実施される高円寺阿波踊りは1957（昭和32）年、商店街の振興を目的に始まりました。とはいえ最初は阿波踊りがどのようなものかわからず、「佐渡おけさ」のリズムに乗って踊っていたそうです。4年後からは徳島新聞を通して、踊りの指導者を見つけ、踊りもお囃子も徐々に体裁が整っていきました。現在では期間中延べ観客数95万人、参加者1万人という、東京の夏を彩る一大イベントとなっています。

**高円寺阿波踊り**
**こうえんじあわおどり**

●東京都杉並区（駅周辺の商店街、高南通り）▶JR中央線高円寺駅、東京メトロ新高円寺駅●開催期間中延べ165連の踊り手が参加します。踊りは夕刻17時にスタートし、高円寺駅付近から新高円寺までの商店街を踊り歩きます。連それぞれに衣装や踊りに特徴があり、個性あふれる阿波踊りが見物できます。

### 今日は何の日?

**噴水の日**
日本で初めて西洋式の噴水が設置された日です。1877（明治10）年のこの日、東京の上野公園で第1回内国勧業博覧会が開かれました。その会場中央の人工池に設置されたのです。この博覧会は初代内務卿大久保利通が推進したものでした。

**献血記念日**
日本政府は1964（昭和39）年8月21日に「輸血用血液を献血によって確保する体制を確立する」ことを閣議決定しました。それまで輸血は売血によってまかなわれていました。売血とは自分の血を売る行為で、健康被害をはじめとするさまざまな問題が起きていたのです。そこで、輸血用血液は代価を要求しない献血を主体としてまかなうと閣議で決定しました。

# 8月22日

●葉月（はづき）
●二十四節気：立秋（りっしゅう）
●七十二候：蒙霧升降（ふかききりまとう）

## けん玉

けんだま

けん玉は世界中で遊ばれている玩具。起源は不明ですが、16世紀のフランス国王アンリ3世も遊んだという文献があります。日本では江戸時代後期の文書に「すくいたまけん」、「拳玉」として紹介されています。現在のような形は1918（大正7）年、広島県呉市の江草濱次が考案し、実用新案を出願したのが最初です。1975（昭和50）年、日本けん玉協会が設立され、遊び方の普及活動や技を競う競技会を開催、技の難易度による段位認定などを行っています。

### けん玉ワールドカップ

けんだまわーるどかっぷ

●広島県廿日市市串戸6-1-1 ▶広電宮島線廿日市市役所前駅から徒歩10分
●廿日市市は考案者の江草氏がけん玉の製造を依頼し、生産が始まった、けん玉発祥の地です。この地で毎年、世界各国から愛好家が集まり、技のパフォーマンスや難易度の高い技に挑戦するけん玉ワールドカップを行っています。

●元日から233日／大晦日まで131日

**今日は何の日？**

**チンチン電車の日**

チンチン電車とは路面電車の愛称です。愛称の由来は、路面を走る際、通行人や車に対して危険を知らせる警笛がチンチンと鳴るベルであった、車内の合図にチンチンと鳴るベルを使っていたなどの説があり、定説はありません。1903（明治36）年8月22日、東京電車鉄道が新橋―品川間で営業を開始、東京で初めて路面電車が走りました。この出来事を記念する日です。

**路面電車**

日本民営鉄道協会では路面電車を「道路上に敷設された線路を走る電車」と定義しています。鎌倉と藤沢を結ぶ江ノ島電鉄や都電荒川線をはじめ、札幌、函館、広島、熊本などで路面電車が運行されています。

# 8月／23日

●葉月（はづき）
●二十四節気：処暑（しょしょ）
●七十二候：綿柎開（わたのはなしべひらく）

# 千灯籠まつり

せんとうろうまつり

元日から234日／大晦日まで130日

**江迎町**
**千灯籠まつり**
えむかえちょうせんとうろうまつり

●長崎県佐世保市江迎町（江迎川沿い）▶松浦鉄道江迎鹿町駅から徒歩３分
●千灯籠まつり最大の見どころは灯籠タワー。高さ約25ｍ、約3500個の灯籠で作られたタワーで日本一の高さを誇ります。タワーの周辺には露店が立ち、郷土太鼓の競演、打ち上げ花火が行われるなど大勢の観光客でにぎわいます。

江迎町では地蔵盆に軒先に提灯を飾ったり、お寺の参道に奉納したりという風習がありました。時代を重ねるにつれ、提灯の数が増えていき、次第に千灯籠と呼ばれるようになったそうです。その地蔵盆のお祭りが戦国時代から続く「水かけ地蔵まつり」。子供たちが地蔵を乗せた神輿を担いで町内を練り歩き、沿道の人々は無病息災を願い子供たちに水をかけます。夜には1万個近い灯籠と灯籠タワーに火がともされ、幻想的な光の世界が出現します。

**今日は何の日?**
**白虎隊の日**
会津藩の若い藩士で組織された白虎隊が幕末、薩摩・長州・土佐藩を主体とする官軍との戦いに敗れ、会津若松郊外の飯盛山で自刃した日です。1868（慶應4）年のことでした。

**白虎隊**
白虎隊は16歳から17歳の会津藩士で組織された部隊です。会津藩は官軍からは旧幕府勢力の中心的な存在とみなされ、敵として攻撃を受けていました。白虎隊は当初は主に若松城の警護にあたり、実戦に出る予定はありませんでした。しかし、官軍が会津に迫ると、白虎隊も城外に出陣していきます。しかし、戦いは劣勢。飯盛山に敗走した隊士は敵に捕らえられるのを恥として自刃しました。

# 8月24日

●葉月（はづき）
●二十四節気：処暑（しょしょ）
●七十二候：綿柎開（わたのはなしべひらく）

# 新庄まつり

しんじょうまつり

元日から235日／大晦日まで129日

宵祭り、本祭りの両日は絢爛さを競う山車20台が市内を巡行し、華やかな祭絵巻を繰り広げます。起源は1756（宝暦6）年、時の藩主が、前年の大凶作で打ちひしがれた領民の活気を取り戻し、豊作を祈願するため、城内に鎮座する天満宮のお祭りを行ったのが最初と伝わります。その20年後には14台の山車が出されたようです。現在の山車は色鮮やかな衣装をまとった等身大の人形が据えられ、豪華そのもの。

**新庄まつり**
しんじょうまつり

●山形県新庄市（駅前アビエス広場、最上公園など市内全域）▶JR奥羽本線新庄駅●山車を市民は「やたい」と呼び、毎年町単位で作ります。歌舞伎、歴史上の英雄などから題材を取り、木で骨組みを作り、紙を貼り重ねて背景を作り、衣装を着せた人形を配します。夜間には照明を取り付けライトアップします。

今日は何の日?

**大噴火の日**

西暦79年8月24日はイタリアのヴェスヴィオ火山が大噴火をした日です。火山の南東10km近くに位置するポンペイは、この噴火で市民約2万人のうち2000人が犠牲となり、降り注いだ火山灰に町は埋もれ、一瞬にして消滅してしまいました。

**ポンペイ**

イタリア半島の南側、ナポリ湾の東岸にあった古代都市です。火山の噴火で消滅し、長くその存在が忘れ去られていましたが、1748年に発掘が行われ、城壁、神殿などが発見されました。現在、ポンペイの遺跡はユネスコの世界遺産に登録されています。遺跡では当時の街並みや日用品、犠牲者の姿を見学することができます。

8月25日

●葉月（はづき）
●二十四節気：処暑（しょしょ）
●七十二候：綿柎開（わたのはなしべひらく）

# 登別地獄まつり《のぼりべつじごくまつり》

元日から236日／大晦日まで128日

地獄の釜の蓋が開き、登別温泉の地獄谷からエンマ大王が赤鬼、青鬼を率いて温泉街にやって来るという伝説をもとにした祭りです。エンマ大王を載せた高さ6mもの「エンマ大王からくり山車」が引き出され、重さ1tという「鬼みこし」が100人の若者に担がれて、町を練り歩きます。鬼の面をつけ、地獄囃子に合わせて踊る「鬼踊り大群舞」では観光客も参加できます。3日間の祭は地獄谷から打ち上げられる迫力満点の花火で幕を下ろします。

**登別温泉**
のぼりべつおんせん

●北海道登別市登別温泉町（登別温泉極楽通り、泉源公園、地獄谷）▶JR 登別駅からバス15分、登別温泉下車●1964（昭和39）年、第1回登別地獄まつりが開催されました。エンマ大王からくり山車は大王が地獄の審判を下す表情の変化が見ものです。祭りの日以外は温泉町にある閻魔堂で見ることができます。

**今日は何の日?**
**即席ラーメン記念日**
世界初のインスタントラーメンである「チキンラーメン」が日清食品から発売された日です。1958（昭和33）年のことでした。チキンラーメンは日清食品の創業者安藤百福が発明しました。例年、この日に近い週末には「ラーメン記念日フェスタ」というイベントが、北海道の日清食品千歳工場で開かれてきました。

**安藤百福**
安藤百福は1910（明治43）年生まれ。独立心とチャレンジ精神が旺盛な人でした。妻が天ぷらを揚げているとき、小麦粉が油のなかで水分を飛ばしている様子を見て、瞬間油熱乾燥法という製法を思いつき、インスタントラーメンに応用したのでした。

# 8月26日

- 葉月（はづき）
- 二十四節気：処暑（しょしょ）
- 七十二候：綿柎開（わたのはなしべひらく）

# 吉田の火祭り
よしだのひまつり

元日から237日／大晦日まで127日

富士山の山じまいのお祭り。富士山をご神体とする富士浅間神社とその摂社である諏訪神社の祭礼です。神輿が氏子町内を巡行し、町内に設けられた御旅所に安置されると氏子が大松明を次々に立てていきます。大松明の高さは3m。金鳥居から浅間神社まで約2km続く本町通に70本から80本もの大松明が並びます。夕暮れ、この大松明に一斉に点火。家ごとに作った井桁状の松明にも火がつき、街中に炎がゆらめきます。

**吉田の火祭り**
よしだのひまつり

●山梨県富士吉田市上吉田地区▶富士急行線富士山駅から徒歩5分●別名を鎮火祭といいます。400年以上の歴史を持ち、日本三大奇祭に数えられる大祭です。松明は直径90cmほど。富士山の山小屋でも井桁に組んだ松明に火をつけます。消し炭は安産、無病息災の御利益があるとして拾って持ち帰る風習があります。

## 今日は何の日?

**マザーテレサの日**

1910年8月26日、マザーテレサは現在の北マケドニア共和国スコピエに生まれました。カトリック教会の修道女となり、インドで貧しい人々に教育を施し、ホスピスを建てるなど献身的に奉仕活動をしました。マザーテレサの偉業をたたえ、感謝をささげる日として制定されました。

**レインボーブリッジの日**

レインボーブリッジは東京都の芝浦地区と台場地区を結ぶ全長798mのつり橋。1993（平成5）年の今日開通しました。上下2層構造で上は高速道路、下は一般道路で路線バスが走り、歩いて渡れるよう歩道も設けられています。レインボーブリッジとは一般公募による愛称で正式名称は東京港連絡橋といいます。

# 8月27日

●葉月（はづき）
●二十四節気：処暑（しょしょ）
●七十二候：綿柎開（わたのはなしべひらく）

## 寅さん《とらさん》

寅さんといえば、山田洋次原作・監督の映画『男はつらいよ』シリーズの主人公のこと。寅さんのフルネームは車寅次郎。東京、葛飾柴又の帝釈天門前にある草団子屋「くるまや」の5代目主人と柴又芸者の間に生まれ、16歳のとき家出し、いつしかテキヤ稼業になったという設定です。寅さんは全国各地を旅し、ふらりと柴又に戻っては周囲の人を巻き込んで大騒動を起こし、旅先で出会った「マドンナ」に恋しては失恋するという内容でした。

元日から238日／大晦日まで126日

### 柴又駅
しばまたえき

●東京都葛飾区柴又4-8-14 ▶京成電鉄柴又駅●寅さんの故郷は柴又。映画では毎回必ず柴又駅が登場します。柴又駅は京成電鉄金町線の駅。1日の乗降客は9750人ほどです。近くには柴又帝釈天題経寺があり、江戸川土手まで徒歩圏内です。駅前には寅さんの銅像と見送る妹さくらの銅像が立っています。

**今日は何の日？**

**寅さんの日**

1969（昭和44）年の今日、映画『男はつらいよ』第1作が公開されました。寅さんが恋するマドンナは帝釈天題経寺のお嬢さん冬子でした。この日から、毎年『男はつらいよ』はシリーズ化され、渥美清が参加した48作のほか、渥美清没後の1997（平成9）年と2019（令和元）年に特別篇が制作されています。

**渥美清（あつみきよし）**

寅さんを演じた渥美清は1928（昭和3）年に東京で生まれました。20歳を過ぎてから、浅草六区でコメディアンとして活動を始めます。しかし、26歳のとき、肺結核を患い、右肺を切除。療養生活を送りました。1956（昭和31）年、テレビデビュー、コメディアンとして有名になりました。

## 8月28日

●葉月（はづき）
●二十四節気：処暑（しょしょ）
●七十二候：天地始粛（てんちはじめてさむし）

# 田んぼアート
たんぼあーと

●元日から239日／大晦日まで125日

田んぼアートは田んぼをキャンバスに見立て実の色が異なる稲を植え、巨大な絵を描くアートです。1993（平成5）年、青森県の田舎館村で村おこしの一環として始まりました。使用される稲は広く栽培されている食用米と古代米、もち米、観賞品種の稲です。これらの稲は黒、緑、黄緑色、紫、黄、白、赤色などの葉や穂をつけます。そこで品種の違う稲を田んぼに植えていくことで絵が生まれるのです。

**田舎館村田んぼアート**
いなかだてむらたんぼあーと

●青森県南津軽郡田舎館村田舎館（田舎館村役場前、弥生の里）▶弘南鉄道弘南線田んぼアート駅から徒歩すぐ●最初、使用された稲は黄色と紫の古代米と通常の稲の3色でしたが、2014（平成26）年には10種7色になり、緻密な作品を創り上げています。2019（令和元）年にはドラマ「おしん」の1場面が描かれました。

### 今日は何の日？

**バイオリンの日**
1880（明治13）年8月28日、東京深川の三味線職人松永定次郎が日本で初めてバイオリンを制作しました。定次郎は教会にあったバイオリンを見て制作したとされます。世界で最初にバイオリンを制作したのは北イタリアのアンドレア・アマティとガスパロ・ディ・ベルトロッティで1565年頃とされています。

**民放テレビスタートの日**
日本テレビ放送網（NTV）が1953（昭和28）年の今日、11時20分から民放として初めてテレビ放送をスタートしました。同時にテレビコマーシャル第1号が放送された日でもあります。それは服部時計店の正午の時報でした。翌日には巨人戦の中継を行います。

# 8月29日

●葉月（はづき）
●二十四節気：処暑（しょしょ）
●七十二候：天地始粛（てんちはじめてさむし）

## 全国花火競技大会《ぜんこくはなびきょうぎたいかい》

●元日から240日　大晦日まで124日

大曲の花火として全国的に有名な花火大会です。秋田県大仙市大曲地区の雄物川河川敷を会場にして、毎年行われます。その歴史は古く1910（明治43）年、諏訪神社の祭礼の余興として始まったのが最初です。競技大会というようにこの大会は花火師日本一を競うもの。色、形、芸術性などを総合的に判断し、最優秀と認められる花火には内閣総理大臣賞が贈られます。花火師が持てる技術のすべてを投入し、精魂込めて作った花火芸術が観賞できる競技大会です。

## 全国花火競技大会
ぜんこくはなびきょうぎたいかい

●秋田県大仙市大曲（雄物川河畔）▶JR 奥羽本線大曲駅から徒歩 30 分●競技大会では全国 28 社の花火師により、昼花火、10 号玉の部、創造花火の部が競われます。創造花火はさまざまな形状の打ち上げ花火を組み合わせ、音楽に合わせて打ち上げる花火。豊かな色彩、リズム感、立体感のある新しい花火です。

**今日は何の日?**

**焼肉の日**

やき（8）に（2）く（9）の語呂合わせから誕生した記念日です。焼肉を食べて夏バテを解消してもらおうと全国焼肉協会が1993（平成5）年に定めました。この日、協会加盟店では食事券が当たる抽選会、焼肉チェーン店、専門店では格安の食べ放題イベントなどお得なイベントが各種開催されています。

# 8月30日

●葉月（はづき）
●二十四節気：処暑（しょしょ）
●七十二候：天地始粛（てんちはじめてさむし）

元日から241日／大晦日まで123日

## サンバ

サンバはブラジル発祥の舞踊音楽で、リズムや踊りの起源はアフリカとされます。19世紀末にブラジル北東のサルバドルからリオデジャネイロに流入したアフリカ系黒人労働者たちが旋律を伝え、輪舞やカーニバルで行列になって踊る風習も持ち込み、現在のようなサンバに発展しました。リズムは4分の2拍子で軽いテンポが特色。本場はリオのカーニバルでのサンバで、日本でも浅草をはじめ、各地のイベントでサンバが踊られています。

**浅草サンバカーニバル**
あさくささんばかーにばる

●東京都台東区浅草（雷門通り、馬道通り）▶東京メトロ浅草駅から徒歩すぐ●浅草の夏をしめくくるサンバカーニバルです。1981（昭和56）年から始まりました。全国からサンバチームが出場して華やかな衣装とダンスパフォーマンスを競います。近年は毎年50万人以上の観客が押し寄せる一大イベントです。

**今日は何の日?**

**冒険家の日**

同志社大学の南米アンデス・アマゾン遠征隊が1965（昭和40）の今日、世界で初めてアマゾン川源流からゴムボートで130kmを下ることに成功しました。また、1962（昭和37）年、堀江謙一が世界最小のヨットでサンフランシスコ—西宮間の太平洋単独往復に成功したのもこの日です。ふたつの偉業を記念して冒険家の日としました。

**富士山測候所記念日**

1895（明治28）年、富士山頂剣ヶ峯に野中測候所が開設されました。大日本気象学会の野中至が私財で建設したもので、後の気象庁富士山測候所の前身となりました。現在の測候所は自動観測技術の進歩により、レーダー観測が廃止され無人施設となっています。

# 8月31日

●葉月（はづき）
●二十四節気：処暑（しょしょ）
●七十二候：天地始粛（てんちはじめてさむし）

# 三國湊帯のまち流し

みくにみなとおびのまちながし

●元日から242日／大晦日まで122日

三国港近辺に伝わる盆踊りの唄「みくに節」に合わせて、浴衣姿の踊り手たちが通りを踊り流します。「帯のまち」とは昔からの呼び名で、帯のように幅は狭いが細長いという町の姿から、この名がついたといいます。三国湊は九頭竜川の河口に位置し、江戸時代中期には北前船が出入りし、人と物資が集まる港町として栄えました。今も町には格子戸の家並みや歴史的建造物が残っています。

**三國湊帯のまち流し**
みくにみなとおびのまちながし
●福井県坂井市三国町北本（町内、三国駅前）▶えちぜん鉄道三国駅から徒歩5分●レトロな街並みに三味線、笛が奏でる、ゆったりとした盆踊り唄「みくに節」が流れ、力強い男踊りにしなやかな女踊りが通りを踊り流す様子は情緒たっぷり。毎年、約700人の踊り手が参加し、最後は駅前で総踊りが行われます。

今日は何の日?

**野菜の日**
全国青果物商業協同組合連合会など9団体が1983（昭和58）年、や（8）さ（3）い（1）の語呂合わせから制定しました。日本野菜ソムリエ協会やJAグループ、食品関連企業では全国各地の商業施設で野菜をふんだんに使用した料理教室や試食会などを開催しています。

**大正天皇誕生日**
大正天皇は名は嘉仁、称号は明宮。1879（明治12）年8月31日に明治天皇の第三皇子として誕生しました。1912（明治45）年7月30日、明治天皇の崩御を受けて皇位を継承し、元号は明治から大正に。1926（大正15）年、12月25日に崩御。皇太子であった裕仁親王が皇位を継承し、昭和が幕を開けました。

コラム8

# なぜ祭りは夏が多い？

日本全国でお祭りは一年中行われていますが、圧倒的に数が多いのは夏に行われるもの。お祭りの起源を考えると、その理由がわかってきます。

神社で行われている祭りの多くが、神様に感謝するための行事。災厄を取り除いてくれたことへのお礼として、歌や舞を奉納することから始まりました。日本の夏祭りの代表、京都の祇園祭も、その起源は平安時代に京都に広まった疫病の流行を鎮めるための祈願です。高温多湿の京都は、夏場に病気が広まることが多かったのでしょう。

同様に衛生状態のよくなかった昔の日本では、夏場に神社で祈願が盛んに行われたと考えられます。京都の祇園祭は八坂神社の祭礼ですが、全国には八坂神社から分社された神社が２６００社以上あるとされます。また八坂神社と同じ神様を祀る氷川神社、津島神社、八雲神社などの全国の祇園系神社で、7月の約1か月間行われる京都の祭りに合わせて、各地でたくさんの祇園祭が行われます。

「お盆」も夏に祭りが多い大きな理由です。先祖を祀るこの行事、カレンダーには8月15日と記されていますが、旧暦に合わせて新暦の7月15日に、お盆の行事を行う場所も少なくありません。それに関連した祭り（盆踊りなど）が、夏の間各所で行われることになるのです。現在は夏以外の季節に行われることも増えてきましたが、隅田川の花火大会も元をたどれば川施餓鬼《かわせがき》という、精霊供養の法会のひとつとしてお盆の頃に行われていたといわれています。

「よさこい祭り」や「阿波踊り」など、元は地方の夏祭りが全国各地に広まって、スケールアップしているものも、夏祭りの数を増やしています。

# 9月

## 長月《ながつき》

# 9月1日

長月（ながつき）
二十四節気：処暑（しょしょ）
七十二候：天地始粛（てんちはじめてさむし）

# 二百十日

にひゃくとおか

元日から243日／大晦日まで121日

立春から二百十日たった9月初旬は、稲の花が開花する大切な時期。一方で農作物に被害を与える台風も多くなり、農家はこの日を厄日として戒めるようになりました。

最大の被害は1959（昭和34）年の伊勢湾台風。潮岬に上陸した台風は、紀伊半島、東海3県を通過し、日本海に抜けて秋田沖へ。甚大な被害となり、気象庁の発する特別警報や災害対策基本法はこの台風を基準として成立しています。

**潮岬**
**しおのみさき**
●和歌山県東牟婁郡串本町潮岬2877▶JR紀伊本線「串本駅」から串本町コミュニティバス「潮岬線」で「潮岬灯台前」下車、徒歩すぐ●太平洋に面した本州最南端にあります。日本でも有数の台風銀座で、台風の位置を示す指標になっています。1873（明治6）年に灯台が設置され、2014（平成26）年に「潮風の休憩所」が作られました。「日本の夕陽百選」に選ばれた夕陽の名所でもあります。

9月2日

●長月（ながつき）
●二十四節気：処暑（しょしょ）
●七十二候：禾乃登（こくものすなわちみのる）

# リニアモーターカー

●元日から244日／大晦日まで120日

2027（令和9）年に東京・品川駅─愛知・名古屋駅で中央新幹線として運行予定のリニアモーターカー。1982（昭和57）年の今日、宮崎県にあった実験線で、世界初の有人走行に成功しました。開業後は、最速時速500kmで東京─名古屋間を約40分で結ぶ予定。磁気の誘導反発方式を使って浮上走行するので、振動や騒音も少なく、環境にも配慮した公共交通機関となります。運行管理はJR東海が行います。

## 山梨県立リニア見学センター

やまなしけんりつりにあけんがくせんたー

●山梨県都留市小形山2381 ▶JR中央本線「大月駅」から富士急山梨バス「県立リニア見学センター行」で約15分、終点「県立リニア見学センター」下車、徒歩すぐ●山梨リニア実験線の走行試験の開始時に開館しました。走行試験の様子を見学でき、超電導リニアやリニア中央新幹線の概要を模型や展示物などで紹介しています。

今日は何の日？

**宝くじの日**

く（9）じ（2）の語呂合わせから、1967（昭和42）年に制定。この日は過去1年間の抽選済みの宝くじの「はずれ券」を対象とした敗者復活戦、「宝くじの日 お楽しみ抽せん」が行われます。公式サイトに対象回数が掲載されるので、リベンジするチャンスですね。

**牛乳の日**

2017（平成29）年に、那須塩原市畜産振興会が申請して認定された記念日で、正式名を「那須塩原市牛乳の日」といいます。栃木県那須塩原市は全国でも有数の生乳の産地で、この日市内では那須塩原産の牛乳を飲むイベントなどを行っています。

9月
3日

●長月（ながつき）
●二十四節気：処暑（しょしょ）
●七十二候：禾乃登（こくものすなわちみのる）

元日から245日／大晦日まで119日

# おわら風の盆

おわらかぜのぼん

富山市南西部の八尾地区で300年余り踊り継がれてきた「おわら踊り」。昔ながらの面影が残った町内を、三味線、胡弓、太鼓の音に合わせ、編み笠をかぶった踊り手が流し歩きます。情緒豊かで気品高く、優雅な趣の踊りと唄は幻想的な世界に導きます。江戸時代、町外に流出していた八尾の建町許可証「町建御墨付」を町民が取り戻した祝いに、三日三晩踊り明かしたのが始まりとされています。

**おわら風の盆**
**おわらかぜのぼん**

●富山県富山市八尾町上新町2898-1（越中八尾観光協会）▶JR高山本線「越中八尾駅」から徒歩約20分（会場によって変わる）●二百十日前後に稲が風の被害に遭わないよう、豊作祈願として「風の盆」が行われてきました。「おわら」とは江戸時代に芸者たちが「おわらい（大笑い）」という言葉を挟んで町内を練り回ったのが「おわら」といわれるようになりました（諸説あり）。

**今日は何の日？**

**ベッド日**

ベッドで心地よく睡眠をとることを広くアピールするために、ベッドメーカーのフランスベッドが企画・制定し、日本ベッド工業会が再設定しました。ちなみにフランスベッドは家庭用ベッド、医療用ベッドを取り扱う日本の会社で、フランスとは関係ないようです。

**ホームラン記念日**

1977（昭和52）年の巨人・ヤクルト戦で、巨人の王貞治選手（当時）が通算756号のホームランを打ち、世界最高記録を更新しました。現役を引退した1980（昭和55）年までに残したシーズン公式戦通算本塁打868本となり、日本プロ野球記録に残っています。

# 9月 4日

●長月（ながつき）
●二十四節気：処暑（しょしょ）
●七十二候：禾乃登（こくものすなわちみのる）

# 関空《かんくう》

●元日から246日／大晦日まで118日

**関西国際空港**
かんさいこくさいくうこう
●大阪府泉佐野市泉州空港北1▶JR・南海鉄道「関西空港」駅直結●空港コード「KIX」から「キックス」とも呼ばれています。2018年の国際線における発着回数や旅客数は成田空港に次ぐ利用となっています。平成30年の台風21号で甚大な被害に遭い、翌日2日間は空港を閉鎖。この被害を受けて、災害対策の強化に努めています。



成田国際空港、東京国際空港（羽田空港）と並ぶ日本を代表する空の玄関口、関西国際空港（関空）。西日本で国際定期便が最も多く就航しています。大阪湾の海上人工島に造られた世界でも稀有な海上空港で、日本で初めて24時間稼働する空港となりました。1994（平成6）年の今日開港して以来、主に中国、韓国、タイ、シンガポールなどの東・東南アジア便が多く、観光客でにぎわっています。

# 9月5日

●長月（ながつき）
●二十四節気：処暑（しょしょ）
●七十二候：禾乃登（こくものすなわちみのる）

## 萩《はぎ》

ハギは秋の七草（オミナエシ、ススキ、キキョウ、ナデシコ、フジバカマ、クズ）のひとつです。日本では山野に自生する身近な植物で、古くから日本の秋の花として親しまれ、『万葉集』で最もよく詠まれてきました。中秋の名月には、ハギ、ススキと団子を月に供える風習が残っています。なお、ハギの種類のひとつ、「ミヤギノハギ」は宮城県の県花で、県旗もハギをモチーフにしたデザインが採用されています。

元日から247日／大晦日まで117日

### 水戸の萩まつり

みとのはぎまつり

●茨城県水戸市常磐町1-3-3 ▶JR常磐線「水戸駅」から茨城交通バス「歴史館・偕楽園方面行」で約20分、「好文亭表門入口」下車●水戸藩第9代藩主の徳川斉昭が仙台藩からハギの株を譲り受け、偕楽園の創設とともに園内に植えたものだそうです。ミヤギノハギ、マルバハギなど約750株が咲き誇ります。野点茶会が行われたり、ナイトウォークなど、1日中ハギを楽しめます。

今日は何の日?

**石炭の日**

1992（平成4）年に通商産業省（現・経済産業省）の呼びかけで、日本鉄鋼連盟・日本石炭協会など8団体が、エネルギー源としての石炭のイメージアップを図るために制定。2011（平成23）年の東日本大震災から原子力発電がほとんど稼働しておらず、現在日本の電力の約3分の1を、石炭を原料とする火力発電で賄っています。

**国民栄誉賞の日**

内閣総理大臣が表彰する賞のひとつで、国民から敬愛され、偉業を成し遂げたり、国民に夢と希望を与えた人に贈られます。1977（昭和52）年に通算ホームラン756本で世界新記録をつくった王貞治選手がこの日に初の国民栄誉賞を受賞しました。

# 9月/6日

●長月（ながつき）
●二十四節気：処暑（しょしょ）
●七十二候：禾乃登（こくものすなわちみのる）

# 黒豆《くろまめ》

今日は黒豆の日。黒豆はダイズの品種のひとつで、正月のお節料理には欠かせないものです。種皮にアントシアニン系の色素を含むため、黒色をしていますが、その皮に含まれる黒大豆ポリフェノールには老化防止、抗メタボ効果があるとされ、健康食品として注目を集めています。煮豆として味わうことが一般的ですが、黒豆をいった香ばしい黒豆茶や黒豆ジャム、豆腐などでも手軽に味わえます。

## 丹波《たんば》

●京都府船井郡京丹波町▶京都縦貫自動車道丹波 I.C. からすぐ●高級黒豆の産地として知られる丹波地方。夏でも１日の寒暖差が激しく、そこから発生する霧や夕立などの雨量が適度にあることから、良質な黒豆の産地とされてきました。粒が大きく、軟らかい食感に独特の甘みを持つ「丹波黒」が中心です。育成期間が長く、手間がかかるため、大量生産できません。

## 今日は何の日？

**黒伊佐錦の日**
鹿児島県伊佐市の酒造メーカー「大口酒造」が制定しました。白麹での焼酎造りが主流だった１９８７（昭和62）年に特有のコク・甘味を持つ黒麹を使用、ネーミングに「黒」を入れることで力強さと男らしさを表現し、黒文化の先駆けをつくりました。

**妹の日**
妹の可憐さを象徴する乙女座の中間日の前日で、占星学上、今日がふさわしいということで、１９９１（平成３）年に制定されました。提唱者は「兄弟型・姉妹型」研究の第一人者で漫画家の畑田国男氏。

●元日から248日／大晦日まで116日

9月
7日

●長月（ながつき）
●二十四節気：白露（はくろ）
●七十二候：草露白（くさのつゆしろし）

# 新作花火競技大会《しんさくはなびきょうぎたいかい》

●元日から249日／大晦日まで115日

諏訪湖は花火の打ち上げ場所・観覧場所として、全国的にも有名なロケーション。毎年この時期に、新人の煙火師が決めたテーマで、従来の枠にとらわれない斬新で独創的な芸術性の高い新作花火を競います。競技会の合間にはスターマインや連発花火なども用意。約1万8000発が打ち上げられ、湖面は花火一色に染まります。優勝者には経済産業大臣賞が、入賞者には長野県知事賞、諏訪市長賞などが贈られます。

# 諏訪湖

すわこ

●長野県諏訪市上諏訪温泉諏訪湖畔（観覧会場）▶JR中央本線「上諏訪駅」から徒歩8分●諏訪湖の花火大会の歴史は古く、1949（昭和24）年にさかのぼります。戦後の混乱の中、市民が希望をもって早く立ち直ることを願って開催されたことが始まりで、70回以上の歴史を誇ります。一方、新作花火競技大会は1983（昭和58）年から行われ、いまや諏訪湖の風物詩にもなっています。

# 9月8日

●長月（ながつき）
●二十四節気：白露（はくろ）
●七十二候：草露白（くさのつゆしろし）

# サンマ

日本の秋の味覚を代表する大衆魚で、塩をふって網焼きするサンマは食欲をそそります。根室沖、三陸沖、銚子沖はサンマ漁が盛んで、9～11月が漁期です。栄養価も高く、血液の流れをよくするエイコサペンタエン酸が含まれており、脳梗塞・心筋梗塞などの生活習慣病の予防や悪玉コレステロールを減らす作用もあるとして、一般的によく食べられてきました。しかし、現在乱獲により漁獲量が減っているそうです。

●元日から250日／大晦日まで114日

## 目黒のSUNま祭り

めぐろのさんままつり

●東京都目黒区目黒1-25-8（田道広場公園）▶JR・東急目黒線「目黒駅」から徒歩9分●落語「目黒のさんま」にちなんだ祭りで、噺に出てくる「茶屋坂」に近い田道広場公園やその近隣施設が会場になっています。サンマは宮城県気仙沼産。品川区上大崎、渋谷区恵比寿などでも行われるようになりました。

### 今日は何の日?

**ニューヨークの日**

1664年の今日、オランダ配下のマンハッタン島南端のニューアムステルダムがイギリス（イングランド）の支配下に移りました。ヨーク公（イングランド王ジェームズ2世）にちなみ、都市名を「ニューヨーク」と改めたのが、全米最大都市の始まりです。

**国際識字デー**

「識字」とは文字の読み書きができ、内容を理解することができることを意味します。1965（昭和40）年の今日、イランのテヘランで開かれた世界文相会議で軍事費の一部を識字教育に回すことが提案されました。2016年の時点で、15歳以上で基本的な読み書きができる人の割合は世界で86％に達しています。

# 9月9日

●長月（ながつき）
●二十四節気：白露（はくろ）
●七十二候：草露白（くさのつゆしろし）

# 温泉《おんせん》

日本は世界に冠たる温泉大国。温泉とは、地中から湯が湧き出している現象や場所、湯そのものを指します。歴史は古く、『日本書紀』には６３１年に有馬温泉（兵庫県神戸市北区有馬町）の記述が残されています。多くの成分が含まれている温泉は、傷の癒やしや、病後の保養など、医療用に用いられていました。２０１６年時点で約３０００の温泉地があり、主に観光を兼ねた行楽地として位置づけが広まっています。

**九重地熱発電所**
くじゅうちねつはつでんしょ

●大分県玖珠郡九重町田野230（九重観光ホテル）▶JR久大線豊後中村駅からタクシーで25分●町内の九重九湯（宝泉寺温泉、壁湯温泉、川底温泉、竜門温泉、湯坪温泉、筋湯温泉、筌ノ口温泉、長者原温泉、寒の地獄温泉）ほか、周辺には多くの温泉施設が湧いています。ここは自家発電用の発電所で、ホテルの電力を100%まかなっています。

●元日から251日／大晦日まで113日

今日は何の日？

**救急の日**
「9」「9」の語呂合わせから、救急医療関係者の意識を高め、救急医療や業務に対する正しい理解と認識を深めることを目的に、1982（昭和57）年に厚生省（現・厚生労働省）が制定。この日を含み1週間を「救急医療週間」として、救急に関するさまざまな行事が行われています。

**チョロQの日**
チョロQはミニカーの1種で、名称の「Q」にひっかけて、玩具メーカーの株式会社タカラ（現・株式会社タカラトミー）が制定。1980（昭和55）年に販売されると、小学生を中心に大ブームに。定番シリーズのほか、キャラクターとのコラボシリーズやご当地チョロQなども発売されました。

# 9月10日

●長月（ながつき）
●二十四節気：白露（はくろ）
●七十二候：草露白（くさのつゆしろし）

# ダリア

ダリアは初夏から秋に開花し、花がボタンに似ているため、和名でテンジクボタンとも呼ばれています。江戸時代の１８４２年にオランダから長崎へ持ち込まれました。花は大輪のものが多く、オレンジ、黄色、白、藤色など、花色がとてもバラエティーに富んでいます。山形県川西町にある「川西ダリヤ園」はダリア専門の植物園として知られ、最盛期には約６５０種10万本のダリアが咲き誇ります。

## ダリアまつり

●茨城県石岡市下青柳200▶JR常磐線「石岡駅」から関東グリーンバス「フラワーパーク経由柿岡車庫行」で約30分、「フラワーパーク前」下車●茨城県フラワーパークのダリア園で行われます。色鮮やかな大輪のダリアが咲き誇る9月上旬～11月初旬が見頃で、期間中にはコンサートや各種展示会などのイベントが開かれます。

●元日から252日／大晦日まで112日

### 今日は何の日?

**下水道の日**
１９６１（昭和36）年に建設省（現・国土交通省）が「全国下水道促進デー」として制定し、２００１（平成13）年に現在の名称に改称。旧下水道法が制定された１９００（明治33）年頃は、都市への人口移動や貿易拡大などでコレラなどの伝染病が多発し、死者が多く出ました。この法律は日本の近代下水道の基礎となり、公衆衛生改善に寄与しています。

**世界自殺予防デー**
２００３（平成15）年に世界保健機関が制定。自殺に対する注意・関心を呼び起こし、自殺防止の行動を促すことを目的としています。日本でも自殺は主な死因のひとつで、世界的に見ても高い割合になっています。

# 9月11日

●長月（ながつき）
●二十四節気：白露（はくろ）
●七十二候：草露白（くさのつゆしろし）

## 蛸島キリコ祭り

たこじまきりこまつり

●石川県珠洲市蛸島町▶能越自動車道のと里山空港I.C.から約50分●蛸島町の高倉彦神社の秋祭りです。顔を白塗りにして「ドテラ」と呼ばれる派手な衣装と長い前掛けを着けた担ぎ手が見事な彫り物で装飾され、金箔をふんだんに使った芸術品のようなキリコを引きながら街を練り歩きます。新成人男性3名が演じる、蛸島生まれの独特の狂言「早船狂言」も見どころ。

# キリコ

キリコとは巨大な灯籠のことです。代表的な形は背の高い直方体状で、前面中央部には漢字3文字で願いや祈りを込めた文字を配置し、背面には武者絵や風景画などを描きます。中には明かり（現在は電灯）がともされ、上部は屋根や飾りが施されています。この灯籠を使った祭りがキリコ祭りで、石川県能登地方で最も重要な祭りとされています。輪島市のキリコ会館では、祭りに使用する多数のキリコをいつでも見学できます。

●元日から253日／大晦日まで111日

今日は何の日?

**警察相談の日**

警察への電話相談番号が「#9110」であることから、警察庁が1999（平成11）年の今日制定しました。電話相談は1989（平成元）年から運用されていますが、この日に限らず、各種事件に関する相談などは年中受け付けています。

**公衆電話の日**

1900（明治33）年の今日、日本初の自動公衆電話が東京・新橋駅と上野駅の駅構内に設置されました。現在は携帯電話や電子メールなどの普及で公衆電話を利用する機会は激減しましたが、災害時には携帯電話などよりつながりやすいので、非常時での連絡手段としての役割を担っています。

# 9月12日

●長月（ながつき）
●二十四節気：白露（はくろ）
●七十二候：鶺鴒鳴（せきれいなく）

# 放生会《ほうじょうや》

春の博多どんたく、夏の博多祇園山笠と並ぶ博多三大祭りのひとつ。あらゆる生き物の霊を慰め、感謝の気持ちをささげるとともに、商売繁盛、家内安全を祈ります。1000年以上の歴史を持つ重要な行事で、七日七夜にわたって、さまざまな神事や神にぎわいの行事が行われます。祭りの日には参道に露店なども出店します。素朴な味わいが人気の社日餅（やきもち）はぜひ味わってみたいお菓子です。

●元日から254日／大晦日まで110日

**筥崎宮**
はこざきぐう

●福岡県福岡市東区箱崎1-22-1 ▶福岡市営地下鉄箱崎宮前駅から徒歩3分、またはJR鹿児島本線「箱崎駅」から徒歩8分●「筥崎八幡宮」とも称し、大分県の宇佐八幡宮、京都府の石清水八幡宮とともに日本三大八幡宮に数えられます。応神天皇を主祭神に、神功皇后、玉依姫命が祀られています。本殿と拝殿、楼門、一之鳥居、千利休奉納の石燈籠は国指定重要文化財に指定されています。

今日は何の日？

**宇宙の日**

1992（平成4）年の今日、毛利衛さんが日本人として初めてスペースシャトル・エンデバーで宇宙に飛び立ちました。それを記念して科学技術庁（現・文部科学省）と文部省・宇宙科学研究所（現・宇宙航空研究開発機構宇宙科学研究所）が制定しました。この日から約1ヵ月を『宇宙の日』ふれあい月間」として、各地でさまざまな宇宙関連のイベントが行われています。

**マラソンの日**

ギリシャ軍がペルシャの大軍を破った「マラトンの戦い」が起こったのが紀元前450年の今日。勝利の報をアテネに届けるために兵士が走った42・195kmがマラソンの距離となっています。

# 9月13日

●長月（ながつき）
●二十四節気：白露（はくろ）
●七十二候：鶺鴒鳴（せきれいなく）

## 裸祭り

はだかまつり

上総十二社祭りの俗称で、神輿を担ぐ姿が裸に近いことから「裸祭り」といわれています。上総国一宮である玉前《たまさき》神社の祭神、玉依《たまより》姫命《ひめのみこと》の一族が房総半島に上陸した釣ヶ崎で再会することに由来する、1200年以上も続くといわれる長い歴史をもった祭りです。また神輿を担いだまま長い距離を走る祭りとして知られており、房総の代表的な海の祭りとして、千葉県の県指定無形民俗文化財になっています。

### 上総十二社祭り

かずさじゅうにしゃまつり

●千葉県長生郡一宮町一宮3048（玉前神社）▶JR外房線「上総一ノ宮駅」から徒歩8分

●「上総の裸祭り」と称され、一説では807年に始まったといわれる房総最古の神事です。九十九里海岸の南端、釣ヶ崎海岸に約2500人の男衆が神輿を担ぎ出し、10基あまりの神輿が集結する光景は圧巻です。

●元日から255日／大晦日まで109日

今日は何の日？

**世界法の日**

1965（昭和40）年の今日から20日まで行われた「法による世界平和第2回会議」で、13日を「世界法の日」にすることが宣言されました。これは、国際間に法の支配を徹底させ、世界平和を確立しようという願いを込めて、1961（昭和36）年に東京で開催された「法による世界平和に関するアジア会議」で「世界法の日」の制定が提唱されたことを受けています。

**乃木大将の日**

日露戦争などで活躍、学習院の院長を務め昭和天皇の教育係にもなった乃木希典は、1912（大正元）年の今日、明治天皇の大喪の日に、夫人と共に自らの命を絶ちました。日本史上の偉人で、殉死した最後の人物と考えられています。

# 9月14日

●長月（ながつき）
●二十四節気：白露（はくろ）
●七十二候：鶺鴒鳴（せきれいなく）

## 芋煮会《いもにかい》

青森県を除く東北地方で行われている季節行事です。河川敷などでサトイモを使った鍋料理を味わいます。サトイモは江戸時代にコメの不作に備えて栽培されていました。「芋煮」自体は家庭料理として食べられていましたが、サトイモの収穫時期に合わせて行われていたのが原型とされています。特に山形県村山地方の芋煮会が有名で、サトイモや特産のコンニャクなどを入れた大量の芋煮が人気を集めています。

**芋煮会フェスティバル**
いもにかいふぇすてぃばる

●山形県山形市馬見ヶ崎川河川敷▶JR奥羽本線「山形駅」から山交バス「沼の辺行」「千歳公園行」で約15分、「山形消防署前」下車●「日本一の芋煮会」ともいわれ、山形の秋の一大イベントとして開催。直径6・5mの大鍋、大型重機を使った具材の混ぜ合わせ、大量の地元食材など、日本一尽くし!

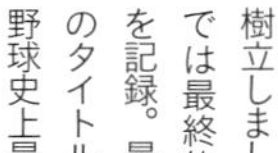


元日から256日／大晦日まで108日

今日は何の日?

**メンズバレンタインデー**
男性が女性に下着を贈り、愛を告白する日です。ちょうど3月14日の「ホワイトデー」の半年後に当たります。女性用インナーウエアなどのメーカー団体「日本ボディファッション協会」が1991（平成3）年に制定しました。

**年間最多安打記録樹立**
1994（平成6）年の今日、プロ野球のオリックス・ブルーウェーブ、入団3年目のイチロー選手が192本目の安打を放ち、年間安打数の日本新記録を樹立しました。同シーズンでは最終的に210安打を記録。最高打率など数々のタイトルを獲得し、プロ野球史上最年少のシーズンMVPを獲得しました。

# 9月15日

●長月（ながつき）
●二十四節気：白露（はくろ）
●七十二候：鶺鴒鳴（せきれいなく）

## 長寿《ちょうじゅ》

日本は世界でも長寿国のひとつに数えられています。2018（平成30）年の日本人の平均寿命は女性が87・32歳、男性が81・25歳で、女性は香港に次いで第2位、男性は香港、スイスに次いで第3位となっています。日本の代表的な長寿県に挙げられる沖縄県では、島野菜やバランスのとれた食生活が長寿の秘訣といわれています。そして、開放的な沖縄人気質も秘訣のひとつですね。

**沖縄県北中城村**
おきなわけんきたなかぐすくそん

●沖縄県中頭郡北中城村字喜舎場462番地2（北中城村役場）▶沖縄自動車道北中城I.C.からすぐ●沖縄本島中部の日本で1番人口密度の高い村です。2018（平成30）年の全国市区町村別平均寿命で、89歳と、女性長寿日本一に。高齢女性から選ばれる「美寿きたなかぐすく」は、PR役として活動しています。

今日は何の日？

**老人の日**
2001（平成13）年の「老人福祉法」の改正により制定。もともとこの日は「敬老の日」で国民の祝日でしたが、2003（平成15）年の祝日法改正で敬老の日が変更されました。老人福祉について関心と理解を深めるよい機会です。この日から1週間は「老人週間」になっています。

**ひじきの日**
昔から「ひじきを食べると長生きをする」といわれていることから、三重県ひじき協同組合が1984（昭和59）年に制定。三重のひじきの特徴として、長く、太く、風味がよいといわれ、他産地と比較して、高値で取引されているそうです。

元日から257日／大晦日まで107日

9月16日

●長月（ながつき）
●二十四節気：白露（はくろ）
●七十二候：鶺鴒鳴（せきれいなく）

# 流鏑馬《やぶさめ》

通

常2町（約218m）に間隔を置いて3つの的を立て、狩装束の射手が馬上から鏑矢を射る、日本の伝統的な騎射技術です。平安時代には神事的な意味合いが強かったのですが、鎌倉時代に入ると、武士の実戦的な稽古として行われました。流鏑馬は全国的に行われており、京都の葵祭、鎌倉の鶴岡八幡宮が有名です。凛とした空気のなかで馬が駆け、次々と的を射る風景は荘厳な雰囲気があります。

**鶴岡八幡宮**
**つるがおかはちまんぐう**

●神奈川県鎌倉市雪ノ下2-1-31 ▶JR、江ノ島電鉄鎌倉駅から徒歩10分●1063（康平6）年に源頼義が源氏の氏神として、奥州出陣の際にご加護を祈願した京都の石清水八幡宮を由比ヶ浜にお祀りしたのが始まりとされています。4月の鎌倉まつりと9月の例大祭には流鏑馬が行われています。花の名所としても知られ、段葛と呼ばれる参道のサクラ、ボタン、源平池のハスなどが有名です。

●元日から258日／大晦日まで106日

今日は何の日?
**競馬の日**
1954（昭和29）年の今日、日本中央競馬会（JRA）が設立されました。日本での近代競馬は、江戸末期に横浜外国人居留地に常設された根岸競馬場で開催されたレースが始まりです。軍馬の必要性を感じた明治政府が、質の高い馬を生産させるため、各都市に競馬開催許可を出し、競馬が見られるようになりました。戦後、GHQの指導で競馬法が改正され、JRAの発足に至りました。現在、競馬の趣旨は畜産振興へと変わり、売り上げ金の約75%を畜産振興に、残りを社会福祉の財源に充てています。また競馬場の雰囲気も、家族や女性も楽しめるような場所になりました。

# 9月17日

# 中秋の名月

ちゅうしゅうのめいげつ

●元日から259日／大晦日まで105日

旧暦（太陰暦）8月15日の夜に見える満月を指します。

中秋の名月を愛でる習慣は中国から伝わったといわれています。平安時代に、貴族の間で詩歌や管弦を楽しみつつ酒をたしなむ祭りが催されるようになりました。しかし、室町後期からは月を拝み、お供えをする風習に変わっていったそうです。

実は中秋の名月と満月は必ずしも同じ日になるとは限らず、日付がずれることもしばしば起こります。

●長月（ながつき）
●二十四節気：白露（はくろ）
●七十二候：玄鳥去（つばめさる）

## 旧嵯峨御所 大本山大覚寺

きゅうさがごしょ だいほんざんだいかくじ

●京都府京都市右京区嵯峨大沢町4▶JR山陰本線嵯峨嵐山駅下車、徒歩2分●嵯峨天皇の離宮として建立されました。敷地内の大沢池は奈良市の猿沢池、大津市の石山寺と並んで、三大名月観賞地として有名です。周囲約1Kmの日本最古の人工の林泉で、唐（中国）の洞庭湖を模して造られました。中秋の名月には、「観月の夕べ」というイベントが行われています。

### 月見団子ってなに？

月見はもともと収穫を祝う行事ともいわれ、実りの象徴である月にサトイモや豆類をお供えし、感謝をささげました。江戸時代になると、サトイモの代わりにコメを粉にして丸め、月に見立てたものをお供えするようになりました。これが月見団子です。関西では紡錘状の白玉をあんこで包んだものを供えます。

# 9月18日

●長月（ながつき）
●二十四節気：白露（はくろ）
●七十二候：玄鳥去（つばめさる）

## 島田髷まつり
しまだまげまつり

●静岡県島田市中央町 1-1（島田市役所）▶JR 東海道線島田駅下車●島田出身の遊女「虎御前」が考案したとされ、1933（昭和 8）年に虎御前感謝祭が行われ、以降「島田髷まつり」として開催しています。さまざまな型の日本髪や島田髷を結ってそろいの浴衣を着た髷娘が島田市役所から髷供養祭が行われる鵜田寺までを手踊りしながら練り歩く「島田髷道中」が 1 番の見どころです。

# 島田髷
しまだまげ

未婚女性や花柳界の女性が多く結っていた女髷の結い方です。ひとつにまとめた髪を折り返して、元結で止めるだけのシンプルさが人気で、いろいろなアレンジが考案されました。「島田」という名前は、東海道の島田宿の遊女が考案したというのが一般的です。戦前までは女性によく見られた髪型でしたが、現在では神前結婚式を行うときに見られる文金高島田に名残を見ることができます。



今日は何の日？

**かいわれ大根の日**
無農薬で健康野菜のカイワレダイコンに親しんでほしいと、1986（昭和61）年に日本かいわれ協会（現・日本スプラウト協会）の会合で決められました。栄養的に酵素、ビタミンやミネラルなどを多く含みます。歴史は古く、平安時代には食用されていたようです。

**しまくとぅばの日**
沖縄県が2006（平成18）年に制定した「しまくとぅば（島言葉）」を奨励する日で、島言葉に親しむイベントや今後を考えるシンポジウムなどが開かれます。沖縄県では、戦後から強力な標準語励行運動が実施され、伝統的な言葉が衰退していきました。島言葉の現状を危惧し、各地の島言葉を次世代に継承していく目的も込められています。

# 9月19日

●長月（ながつき）
●二十四節気：白露（はくろ）
●七十二候：玄鳥去（つばめさる）

# だんじり

祭礼に奉納される山車（だし）を、西日本では「だんじり」といいます。最も有名なだんじり祭りが、岸和田のだんじり祭りです。

最大の見どころは豪快な「やりまわし」。疾走する山車を、曲がり角でスピードを落とさず直角に方向転換させる瞬間はまさにこの祭りの醍醐味で、けが人が出るときもあるほどの危険が伴うもの。しかし、そのダイナミックな瞬間を見に、世界中から観光客が集まってきます。

## 岸和田だんじり祭り

きしわだだんじりまつり

●大阪府岸和田市本町 11-23（岸和田だんじり会館）▶南海電鉄南海線岸和田駅下車、徒歩約13分●約300年の歴史と伝統を誇り、五穀豊穣を祈願して行った稲荷祭が始まりとされています。だんじりの曳行は大通りの往復がメインでしたが、昭和中期から周回型に変更され、現在のようなスタイルになったそうです。

**やりまわしって？**

山車、屋台を華にする祭りの大きな見どころは、山車や屋台を曲がり角で方向転換させる「まわし」です。岸和田のだんじり祭りでは、重さ4t以上の山車が疾走しながら、直角に角を曲がらなければなりません。そのため、だんじりを引く全員がそれぞれの持ち場で息を合わせることが非常に重要で、早く、正確にやりまわしを行う、その迫力とスピードこそが祭りの醍醐味なのです。

**今日は何の日？**

**苗字の日**

1870（明治3）年に、戸籍整理のため、平民も苗字を名乗ることが許されました。しかし、当時は識字率も低く、苗字をつけたら税金が課せられると警戒心も強かったので、なかなか広がらなかったそうです。

●元日から261日／大晦日まで103日

# 9月20日

●長月（ながつき）
●二十四節気：白露（はくろ）
●七十二候：玄鳥去（つばめさる）

## 案山子《かかし》

人がいるように見せかけ、鳥や害獣などを追い払うために田畑に立てられたのが「案山子」です。民間習俗では、田の神の依代であるといわれ、神の依り所として呪術的な要素も含んでいました。

一説では、獣肉などを焼き焦がして串に刺し、地に立てていた「嗅がし」が語源で、本来の形であったといわれています。収穫が終わると、案山子を田から家に迎え入れて、供え物をして祀る祭りが行われます。

**かみのやま温泉
全国かかし祭**
かみのやまおんせん
ぜんこくかかしまつり

●山形県上山市河崎 1-1-10（上山市民公園）▶東北中央自動車道かみのやま温泉 I.C. より約 10 分●約 50 年続くかかし祭は、当時の上山農業高等学校（現・上山明新館高等学校）の生徒が田んぼに手作りのかかしを飾り、クラスで競いあったことが始まりです。自由な発想で作られたかかしが市内外から集まります。

元日から262日／大晦日まで102日

### 今日は何の日？

**空の日**

1940（昭和15）年に「航空日」として制定されましたが、1992（平成4）年に「空の日」と改称。1911（明治44）年のこの日、山田猪三郎が開発した山田式飛行船が東京上空一周飛行に成功したのを記念したものです。毎年、全国の空港等の1ヵ所で大規模なイベントや、空港施設見学、航空教室などが行われています。

**バスの日**

日本バス協会が1987（昭和62）年に制定。1903（明治36）年の今日、京都市内の堀川中立売―七条―祇園間を二井商会の6人乗りの自動車が走りました。これが日本初の営業バスとされています。同年11月21日に正式な営業許可が下り、事業が始まりました。

9月21日

●長月（ながつき）
●二十四節気：白露（はくろ）
●七十二候：玄鳥去（つばめさる）

# イーハトーブ

元日から263日／大晦日まで101日

今日は岩手県を代表する詩人、童話作家宮沢賢治の命日です。『銀河鉄道の夜』『注文の多い料理店』などは、小学校の国語の教科書で、作品を読んだ方も多いでしょう。

1896（明治29）年に岩手県花巻市に生まれた賢治は仏教と農業に根差した創作を行いました。作品に出てくる「イーハトーブ」は岩手県をモチーフにした理想郷とされています。賢治は農業にも造詣が深く、農業技師としても活躍しました。

**宮沢賢治童話村**
みやざわけんじどうわむら

●岩手県花巻市高松26-19▶東北新幹線新花巻駅下車、タクシーで約3分●宮沢賢治の童話の世界を楽しめる「楽習」施設です。「賢治の教室」では賢治の童話の世界に出てくる「動物」「星」「石」などを学んだり、「賢治の学校」では巨大万華鏡でできた「宇宙の部屋」など変わった世界を垣間見ることができます。

**イーハトーブって？**

宮沢賢治が作り出した理想郷を指す造語です。賢治の作品が日本で広く知られるようになると、岩手県を舞台にしたり、モチーフとした作品にこの言葉が用いられることも多くなりました。2005（平成17）年には、岩手県の風土を表す七つ森、狼森（雫石町）や釜淵の滝（花巻市）など、6カ所の自然の風景地が「イーハトーブの風景地」として国の名勝に指定されました。

今日は何の日？
**ファッションショーの日**

日本では、1927（昭和2）年の今日、東京・銀座の三越呉服店で初めてファッションショーが開催されました。当時は着物のファッションショーで、初代・水谷八重子ら、女優3名がモデルを務めました。

9月22日

- 長月（ながつき）
- 二十四節気：白露（はくろ）
- 七十二候：玄鳥去（つばめさる）

# 綱引き《つなひき》

運動会のメイン競技のひとつが「綱引き」。2チームが1本の綱を自分の陣地に向けて引き合い、優劣を競います。団体戦で、単純明快なルール、力量の配分が公正化しやすく、世界的にも親しまれています。1920年のアントワープ・オリンピックまで正式種目でしたが、現在はワールドゲームズで競技種目になっています。力以外に、テクニック、チームワークなども求められる、難易度の高いスポーツです。

**川内大綱引**
せんだいおおつなひき

●鹿児島県薩摩川内市大平橋周辺▶九州新幹線、肥薩おれんじ鉄道川内駅下車、徒歩約20分●約420年の伝統を誇る鹿児島県の無形民俗文化財です。約1500人が長さ365m、重さ7tの綱を練り上げます。競技には約3000人の男たちが参加。「引き隊」と「押し隊」の激しいぶつかり合いに圧倒されます。

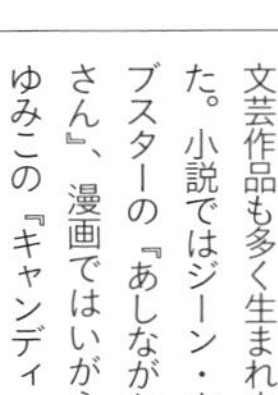


元日から264日／大晦日まで100日

今日は何の日?

**孤児院の日**

児童養護施設のことで、1887（明治20）年に、岡山県の医師、石井十次が日本初の孤児院「孤児教育会（のちの岡山孤児院）」を創設した日がこの日です。医学生としての研修中に一人の孤児を引き取ったことをきっかけに、キリスト教信仰に根差した孤児院を設立、生涯孤児救済に携わりました。現在もその流れを組む石井記念友愛社（宮崎県）、石井記念愛染園（大阪府）などが遺志を継いで、各種福祉活動を続けています。孤児院をテーマにした文芸作品も多く生まれました。小説ではジーン・ウェブスターの『あしながおじさん』、漫画ではいがらしゆみこの『キャンディ・キャンディ』、ちばてつやの『あしたのジョー』などが有名です。

# 9月23日

●長月（ながつき）
●二十四節気：秋分（しゅうぶん）
●七十二候：雷乃収声（かみなりすなわちこえをおさむ）

# 筆祭り《ふでまつり》

●元日から265日／大晦日まで99日

## 広島県熊野町
ひろしまけんくまのちょう

●広島県安芸郡熊野町中溝5丁目1-13（榊山神社）▶JR呉線矢野駅下車、広島電鉄バス「熊野営業所行」で約15分●筆の国内シェアの約8割を占める。江戸時代末期から筆づくりが始まったといわれ、明治以降から戦前まで飛躍的に発展しました。現在、筆づくりの職人は町内に約1500名、そのうち19名が伝統工芸士として認定されています。

日本一の筆生産を誇る、広島県熊野町で行われる筆の供養祭です。1935（昭和10）年から始まり、日本三筆（空海、嵯峨天皇、橘逸勢）のひとりとされる嵯峨天皇をしのび、熊野町製筆の元祖の功労を感謝する意が込められています。祭りの見どころは大作席書。約20畳もの特別な布に巨大な筆で文字を一気に書き上げます。また、役目が終わった筆を供養する筆供養や、熊野町を代表するメーカーがそろう筆の市も楽しみなイベントです。

今日は何の日？

**不動産の日**

1984（昭和59）年に、全国宅地建物取引業協会連合会（全宅連）が制定しました。ふ（2）どう（10）さん（3）の語呂合わせと、9月は不動産取引が活発な時期になることで設けた記念日です。

**万年筆の日**

1809年、イギリスのフレデリック・バーソロミュー・フォルシュが万年筆を考案し、特許を取得した日です。原型はエジプト・ファーティマ朝のカリフ、ムイッズが衣類と手を汚さないペンを欲したことから開発されました。日本でも前身らしきものは発明されていましたが、本格的に使用され始めたのは明治に入ってから。輸入された万年筆は東京・日本橋の丸善などで販売されたそうです。

# 9月24日

●長月（ながつき）
●二十四節気：秋分（しゅうぶん）
●七十二候：雷乃収声（かみなりすなわちこえをおさむ）

## 彼岸花《ひがんばな》

元日から266日／大晦日まで98日

秋の彼岸の頃に花茎を伸ばして鮮やかな紅色の花を咲かせることから「ヒガンバナ」と呼ばれています。また、サンスクリット語で「赤い花」「葉より先に赤い花を咲かせる」という意味から「マンジュシャゲ」とも。日本では、堤防や水田のあぜ道など、人手の入っていないところに多く自生しています。有毒植物として知られており、経口摂取すると、最悪の場合は死に至るともいわれている怖い植物でもあります。

## 巾着田

きんちゃくだ

●埼玉県日高市高麗本郷125-2（管理事務所）▶西武池袋線高麗駅下車、徒歩約15分●高麗川に囲まれた、巾着のような形をした平地です。昭和50～60年代にヒガンバナの群生が見つかり、真っ赤なじゅうたんを敷いたように咲き誇る光景を一目見ようと、多くの観光客が集まります。一説では約500万本が群生するといわれ、その本数は日本1を誇ります。

今日は何の日？

**清掃の日**

２０００（平成12）年まで厚生省が実施し、その後環境省に移管された記念日です。１９７１（昭和46）年の今日、「廃棄物の処理及び清掃に関する法律」が施行されました。この日から10月1日の「浄化槽の日」まで環境衛生週間になっていて、廃棄物の減量化・リサイクル、ゴミの散乱防止、公共施設の清潔・保持などの啓発活動が行われています。

25日

●長月（ながつき）
●二十四節気：秋分（しゅうぶん）
●七十二候：雷乃収声（かみなりすなわちこえをおさむ）

# こきりこ祭り

こきりこまつり

元日から267日／大晦日まで97日

五箇山にある白山宮の秋の祭礼で、神楽や獅子舞、こきりこの舞などが奉納されます。「こきりこ」とは田楽の替名で、大化の改新の頃に田舞として発祥したといわれています。ゆったりしながらも、キレのある舞は見る人を魅了する優雅さです。踊りに欠かせない楽器が「ささら」。「シャッ」という音が踊り全体を引き締めます。「こきりこ総踊り」では観光客も踊りに飛び入り参加できます。

## 五箇山

ごかやま

●富山県南砺市上梨654（上梨白山宮）▶東海北陸自動車道五箇山I.C.から約20分●富山県南砺市にある世界的な豪雪地帯で、1995（平成7）年に岐阜県白川村の白川郷とともに世界遺産に登録されました。また、民謡の宝庫ともいわれ、「こきりこ節」「麦屋節」など、口頭で伝承され発展してきました。これらの文化遺産は「五箇山の歌と踊」として、国の選択無形民俗文化財に選択されています。

**ささらって？**

竹や細い木などを束ねて作ります。こきりこ祭りで使われるものは、人間の煩悩と同じ108枚の桧板をひもで結わえて作られています。編み方で音のよしあしが決まるので、熟練した職人も神経を使います。

**今日は何の日？**
**10円カレーの日**

東京・日比谷公園の開園と同時に園内にオープンした老舗洋食店「松本楼」。1971（昭和46）年に焼失し、1973（昭和48）年の今日、再オープンできたことに感謝し「10円カレー」が提供されました。それ以来、今日は皿数限定で「10円カレーチャリティー」が行われています。金額は育英基金や被災地募金などに寄付されています。

# 9月/26日

●長月（ながつき）
●二十四節気：秋分（しゅうぶん）
●七十二候：雷乃収声（かみなりすなわちこえをおさむ）

## 麻生原のキンモクセイ

あそうはらのきんもくせい

●熊本県上益城郡甲佐町麻生原▶九州自動車道松橋I.C.から約20分●麻生原居屋敷観音の境内ある「麻生原のキンモクセイ」。大きさは日本一とされ、1934（昭和9）年に国の天然記念物に指定されました。高さ約18m、目通りの周り約3m、地上4mのところで枝が3つに分かれ、北側に伸びる枝は11mに達します。このキンモクセイのある甲佐町はキンモクセイを町の木にしています。

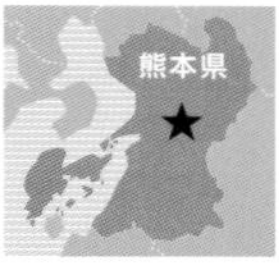


# 金木犀《きんもくせい》

オレンジの小さな花を枝に密生させて咲き、甘く芳しい香りをはなつ「金木犀」。庭木や街路樹として、観賞用に植えられている風景を見かけます。

イチョウと同じく株に雌雄がありますが、日本で見られるのはほとんどが雄株。丈夫で挿し木で増やして育てることができます。花の花冠部分は白ワインに漬けて桂花陳酒にしたり、お茶に混ぜて桂花茶と呼ばれる花茶にして味わったりすることができます。

●元日から268日／大晦日まで96日

今日は何の日?

### ワープロの日

東芝が世界初の日本語ワープロを発表したのが、1978（昭和53）年の今日です。商品名は「JW-10」。日本の記者は欧米の記者に比べ、記事を書くのに時間がかかるという新聞記者との雑談をヒントに、森健一氏が日本語ワードプロセッサを開発。この開発によって「かな漢字変換」の技術が、日本語入力システムの基礎となりました。当時のワープロは幅115センチ、奥行き96センチ、重さ220キロもあり、キーボード、ブラウン管、ハードディスク（10MB）、フロッピーディスクドライブ（8インチ）、プリンターがひとつのデスクに収められたようなものでした。当時の価格で630万円したそうです。

# 9月27日

●長月（ながつき）
●二十四節気：秋分（しゅうぶん）
●七十二候：雷乃収声（かみなりすなわちこえをおさむ）

# 横浜ベイブリッジ

よこはまべいぶりっじ

元日から269日／大晦日まで95日

1989（平成元）年の今日、本牧ふ頭と大黒ふ頭を結ぶ吊り橋がオープンしました。上層部に首都高速湾岸線、下層部に国道357号線が走る2層構造になっています。クルーズ客船の航行も考え、海面から橋げたまで約55ｍあります。横浜市のシンボルとして、ドラマや映画、アニメなどの舞台に何度もなりました。また、264の投光器が橋をライトアップし、夜景のメッカとしても有名です。

## 横浜市

よこはまし

●神奈川県横浜市中区本牧ふ頭ー鶴見区大黒ふ頭（横浜ベイブリッジ）▶首都高速湾岸線大黒ふ頭出入口からすぐ●1859（安政6）年に開港した横浜港は日本三大貿易港のひとつ。本牧ふ頭と大黒ふ頭は有数のコンテナふ頭として外国船籍の利用も多く、関東、日本の物流の拠点です。横浜ベイブリッジが開通した1989年は、横浜市制100周年、開港130周年に当たる年でした。

## 今日は何の日？

**世界観光の日**

世界観光機関が1979（昭和54）年に制定。スペインのトレモリノスで開催された世界観光機関第3回総会で、「世界観光の日」を1980年から制定することが決議されました。この日を中心に、各加盟国は観光推進の活動を行っています。なお、世界観光機関は2003（平成15）年に国連の専門機関となりました。

**女性ドライバーの日**

1917（大正6）年の今日、栃木県在住の23歳の女性が自動車運転免許の試験に合格。日本で初めての女性ドライバーが誕生しました。

# 9月28日

●長月（ながつき）
●二十四節気：秋分（しゅうぶん）
●七十二候：蟄虫坏戸（むしかくれてとをふさぐ）

# 品川宿
しながわしゅく

江戸五街道で最も重要だった東海道の1番目の宿で、中山道の板橋宿、甲州街道の内藤新宿、日光・奥州街道の千住宿と並び、江戸四宿と呼ばれていました。大名通過数や旅籠屋数も多く、家屋約1600軒、住人約7000人と活気もあり、西に通じる陸海両路の江戸の玄関口としてにぎわいました。また、「北の吉原、南の品川」といわれるほど、キレイどころがそろった遊郭も有名でした。

## しながわ宿場まつり
しながわしゅくばまつり

●東京都品川区北品川2-4-17（北品川商店街事務所）▶京浜急行本線新馬場駅下車、徒歩約4分●品川宿跡（旧東海道）を、江戸時代の衣装を身に着けた人々が練り歩いたり、街道沿いの商店街などでさまざまなイベントが催されています。1番の見どころはきらびやかな衣装を身にまとった女性たち5人が品川宿を練り歩くおいらん道中で、華やかだった当時の風情が楽しめます。

今日は何の日？

**パソコン記念日**

ワープロが生まれた翌年の1979（昭和54）年の今日、日本電気（NEC）がパーソナルコンピューターを初めて発売しました。商品は「PC-8001」。本体はキーボードと一体化しており、430（W）×260（D）×80（H）ミリ、重さ4キロで、当時の価格で16万8000円でした。このPC-8000シリーズによってパソコンブームに火がつき、現在では仕事になくてはならない必需品になっています。

**靴屋の日**

く（9）つ（2）や（8）の語呂合わせから。靴の適切な選び方を広めるために、大阪に本社がある靴屋、株式会社サロンドグレーが制定しました。

●元日から270日／大晦日まで94日

●長月（ながつき）
●二十四節気：秋分（しゅうぶん）
●七十二候：蟄虫坏戸（むしかくれてとをふさぐ）

# 招き猫《まねきねこ》

商売繁盛の縁起物として知られる「招き猫」。猫は農作物や蚕を食べるネズミを駆除するので、古くは養蚕業においての縁起ものでした。右前脚を上げている猫は金運を、左前脚の猫は人を招くといわれています。一般的に三毛猫がモチーフですが、近年は学業、恋愛など用途によってカラフルなものも登場。

海外でも人気で、小判が現地通貨だったり、手の甲にあたる部分が日本と逆の招き猫も見られます。

## おかげ横丁《おかげよこちょう》

●三重県伊勢市宇治中之切町52▶近畿日本鉄道鳥羽線宇治山田駅、またはJR参宮線伊勢市駅から三重交通バス「内宮前」、「神宮会館前」下車●伊勢神宮内宮の鳥居前にあった「おはらい町」の一部を再現した街並み。おかげ横丁の入口には大きな招き猫が置かれています。「招き猫の日」は、招き猫にちなんだ催しや福のおすそ分けがされます。

元日から271日／大晦日まで93日

### 今日は何の日?

**招き猫の日**
来る(9)福(2)(9)の語呂合わせから、今日が選ばれました。日本招猫倶楽部が1995（平成7）年に制定しました。

**クリーニングの日**
全国クリーニング環境衛生同業組合連合会（現・全国クリーニング生活衛生同業組合連合会）が1982(昭和57)年に制定。コインランドリーが普及して洗濯が多様化する中、もっとクリーニングを利用してもらうこと、自らのクリーニング技術の向上を目指すことが目的とされました。ちょうど、夏物から秋冬物に衣替えをする時期で、イベントやキャンペーンなども実施されています。

9月30日

●長月（ながつき）
●二十四節気：秋分（しゅうぶん）
●七十二候：蟄虫坏戸（むしかくれてとをふさぐ）

# クルミ

## 東御市
とうみし

●長野県東御市県281-2（東御市役所）▶しなの鉄道線田中駅下車●クルミの国内生産量の約30%を占めます。水はけと南向きの傾斜面が多い、1日の寒暖差が大きいなどの気象条件も重なり、生産量、品質ともに日本一を誇ります。9月30日を「クルミの日」としたのはここの生産者。ただ日本産は現在市場で出回るなかの1%程度です。東御産のクルミを買うなら、地元の道の駅や直売店に行くのが確実でしょう。

スーパーフードのひとつに挙げられる「クルミ」。生活習慣病のリスクを下げるなどの働きがあるオメガ3脂肪酸、加齢に悪影響を与えるとされる抗酸化物質の予防作用やダイエットにも最適といわれ、人気が急上昇。今や、パンやスイーツのほか、サラダや白和えなどの料理にもたくさん取り入れられています。日本で食べられるクルミの大部分は海外からの輸入ですが、日本産のくるみも味わえます。

**クルミ割り人形**

クルミの硬い殻を割るための道具が「クルミ割り」。一般的にはペンチのような形をしたもので、ジョイント部分が最末端部にあり、その手前のくぼみにクルミを挟み、テコの原理を利用して割ります。これを装飾品のひとつとして木製の人形型にしたのが、クルミ割り人形です。ドイツの伝統的な工芸品で、人形のあごを開閉させて殻を割る仕組みになっています。

**今日は何の日？**
**クレーンの日**

1972（昭和47）年に現行の「クレーン等安全規則」が公布されたことにちなみます。クレーンの操作や製作などに携わる関係者が労災意識を高め、安全作業の周知徹底を図る日になっています。

●元日から272日／大晦日まで92日

## コラム 9 雑節とは？

「ざっせつ」と読みます。二十四節気や七十二候、節句のように中国から伝わったものではなく、日本の風土、生活習慣から生まれた暦で、おもに農業のための季節の目安です。日本独自とはいえ暦というものの性質上、二十四節気との関係で説明されます。以下の9つが一般に雑節といわれるもので、今の生活に大いに根付いているものが◎、そこそこ根付いている○、名前は聞いたことはあるがあまり根付いていない△、名前もよく知らない×に分けて説明します。

**◆節分（せつぶん）**◎
季節が移り替わる時。二十四節気の立春、立夏、立秋、立冬の前日で、1年に4回あります。ただし江戸時代以降は立春の前日、毎年2月3日頃を指し、豆まきなどの行事が行われます。

**◆彼岸（ひがん）**◎
毎年2回、春分・秋分を中日としてその前後各3日を加えた7日間。先祖の墓参りに出かける人も多いでしょう。「暑さ寒さも彼岸まで」という言葉も。

**◆社日（しゃじつ）**×
春と秋にありますが、日常生活にはほぼ関係なし。

**◆八十八夜（はちじゅうはちや）**○
立春から数えて88日目。遅霜への注意喚起として作られたもので、農業従事者には意味があります。

**◆入梅（にゅうばい）**△
例年6月11日ごろ。「梅雨入り」の意味ですが、実際の梅雨入り時期は毎年異なるので意味なし。

**◆半夏生（はんげしょう）**△
七十二候にある暦。畑仕事や田植えをこの日までに終わらせる目安の日。

**◆土用（どよう）**○
立春、立夏、立秋、立冬の直前各約18日間。年4回ありますが、実際に聞かれるのは夏の土用。夏バテしないようにウナギを食べる習慣があります。

**◆二百十日（にひゃくとおか）**△
立春から210日目。9月1日ごろで、台風が多いとされていますが、特にそんな記録はありません。

**◆二百二十日（にひゃくはつか）**△
立春から220日目。統計的にはこの日のほうが台風が来ることが多く、警戒したほうがいいようです。

# 10月

## 神無月《かんなづき》

# 10月 1日

●神無月（かんなづき）
●二十四節気：秋分（しゅうぶん）
●七十二候：蟄虫坏戸（むしかくれてとをふさぐ）

## 神無月《かんなづき》

元日から273日／大晦日まで91日

旧暦10月の異称で「神が不在の月」という意味になります。日本中の神々が会議のために出雲に集まるので、出雲以外に神がいなくなるという話が語られますが、実は「神無月」の語源は不明。「無」が連体助詞「の」に当たるので、「神の月」になるという説もあります。一方、神の集まる出雲では、この時期は「神在月」と呼ばれ、旧暦10月11日から17日まで出雲大社で会議が行われるとされています。

### 出雲大社の神在祭

いずもたいしゃのかみありさい

●島根県出雲市大社町杵築東195（出雲大社社務所）▶JR山陰本線出雲市駅から一畑バス「出雲大社・日御碕・宇竜行」で約25分、「正門前」下車●旧暦10月11日からの7日間、神議り（かみはかり）を行い、人の人生諸般を決めるとされています。本殿の両側にある十九社や大社の摂社「上の宮」などで縁結びや収穫などの諸事について祭事が行われます。

### 今日は何の日？

**法の日**

法の役割や重要性について考えるきっかけになるように、裁判所、検察庁、弁護士会が提唱し、1960（昭和35）年に政府によって定められました。10月1日から1週間を「法の日」週間として、各種行事を行っています。

**コーヒーの日**

コーヒーの新年度は国際協定によって10月から始まるとされています。日本では寒くなる秋冬期にはコーヒーの需要が多くなることから、1983（昭和58）年に全日本コーヒー協会がこの日を「コーヒーの日」と定めました。近年は、コーヒーが健康や美容、アンチエイジングに良いといわれるようになり、1年を通して消費量も増えています。

10月
2日

●神無月（かんなづき）
●二十四節気：秋分（しゅうぶん）
●七十二候：蟄虫坏戸（むしかくれてとをふさぐ）

# みあれ祭

みあれさい

元日から274日／大晦日まで90日

世界遺産の宗像大社の秋季大祭「田島放生会」の最初に行う、航海安全や大漁などを願った祭礼。大社本社の辺津宮に祀られている市《いち》杵島姫《きしまひめ》神が姉に当たる田心姫《たごりひめ》神と湍津姫《たぎつひめ》神を迎える儀式で、それぞれの女神を乗せた御座船が数百隻による漁船に囲まれて海上を巡行します。

この地を治めていた古族の宗像氏は、海洋豪族として、玄界灘全域に至る広大な海域を支配していたといわれています。

## 宗像大社秋季大祭

むなかたたいしゃしゅうきたいさい

●福岡県宗像市田島 2331（宗像大社辺津宮）▶九州自動車若宮 I.C. から約 20 分●宗像大社は辺津宮（本土）、中津宮（大島）、沖津宮（沖ノ島）の三宮の総称です。田島放生会といわれる秋季大祭は10月1日から3日間行われ、みあれ祭で幕を開け、「高宮神奈備祭」という神事で幕を閉じます。

今日は何の日？

**豆腐の日**
10（とお）2（ふ）の語呂合わせで、1993（平成5）年に日本豆腐協会が制定しました。栄養価の高い豆腐はいろいろなアレンジも楽しめます。毎月12日も豆腐の日となっています。

**望遠鏡の日**
オランダの眼鏡職人ハンス・リッペルハイが1608年の今日、望遠鏡の特許をオランダ国会に申請しました。しかし、「凹凸のレンズを組み合わせると遠くのものが見える」という原理が簡単すぎると却下されてしまいましたが、のちにガリレオの天体望遠鏡に影響を与えたともいわれています。

# 10月3日

●神無月（かんなづき）
●二十四節気：秋分（しゅうぶん）
●七十二候：水始涸（みずはじめてかる）

# コスモス

元日から275日／大晦日まで89日

景観植物として道端や河川敷などで一般的に見られ、やせた土地でも育つ一年草です。花の名前はギリシャ語で「宇宙の秩序」を意味し、花びらが整然とバランスよく並んでいることから名付けられました。「秋桜」とも書かれ秋の花と思われますが、開花時期は6～11月と長く、夏も楽しめる花です。花もピンク系以外に、黄色・オレンジ系のキバナコスモス、黒紫系のチョコレートコスモスなどがあります。

## 吹上コスモス畑　ふきあげこすもすばたけ

●埼玉県鴻巣市明用636-1（コスモスアリーナふきあげ）▶JR高崎線吹上駅からコミュニティバスフラワー号「吹上南コース」で「コスモスアリーナふきあげ」下車●コスモスアリーナ周辺の荒川河川敷に約1200万本のコスモスが咲き誇ります。約8万8000㎡の広さは首都圏最大級。「コスモスフェスティバル」も行われます。

# 10月 4日

●神無月（かんなづき）
●二十四節気：秋分（しゅうぶん）
●七十二候：水始涸（みずはじめてかる）

# 提灯祭り

ちょうちんまつり

元日から276日／大晦日まで88日

秋

田の「竿燈」、愛知の「尾張津島天王祭」と並ぶ日本三大提灯祭りのひとつが「二本松提灯祭り」。約300年の伝統を持つ、二本松神社の例大祭で、祭礼囃子、祭礼自体とも福島県重要無形民俗文化財に指定されています。1番の見どころは、鈴なりの提灯をつけた7台の太鼓台が威勢のいいお囃子を奏でながら市内を練り歩く宵祭り。提灯の数は約3000になり、夜空を赤く染めるほどの迫力です。

**二本松提灯祭り**
にほんまつちょうちんまつり

●福島県二本松市本町1-61（二本松神社）▶JR東北本線二本松駅下車、徒歩7分●1643（寛永20）年に二本松城主として丹羽光重が入府した際に二本松神社をまつり、領民が自由に参拝できるようにしたのが始まりです。お囃子は昔から口伝されてきたもので、福島県の重要無形民俗文化財になっています。

## 今日は何の日？

**いわしの日**

1（い）0（わ）4（し）の語呂合わせから、1985（昭和60）年に大阪府多獲性魚有効利用検討会（現・大阪おさかな健康食品協議会）が制定。イワシに含まれる栄養素は良質なたんぱく質と脂質に富み、EPA、DHAの働きで血液をサラサラにするといわれています。乱獲や環境の影響から、近年は高級魚になりつつあります。

**陶器の日**

古代日本では陶器が「陶瓷（とうし）」と呼ばれていたことから、日本陶磁器卸商業協同組合連合会が今日を「陶器の日」としました。陶器の歴史は約1万年前の縄文土器にさかのぼりますが、現在の陶磁器は5～12世紀の須恵器という陶質の土器が源流とされています。

# 10月 5日

●神無月（かんなづき）
●二十四節気：秋分（しゅうぶん）
●七十二候：水始涸（みずはじめてかる）

# ほうらい祭り《ほうらいまつり》

元日から277日／大晦日まで87日

白山市鶴来地区の金劔宮で行われる秋季例大祭が「ほうらい祭り」。祭りの名前は、神輿や造り物（つくりもの）を担ぐ若衆の掛け声「ヨーホーライ」からきているそうです。

何といっても、身の丈が5mにもなる巨大な人形を載せた「造り物」は迫力満点。夜には明かりで照らされるため、昼間とはまた違った迫力になります。邪気を払う棒振りの役割を果たす獅子方の演舞も見どころのひとつです。

**白山事件って？**

加賀の国司（官吏）・近藤師高と白山衆徒（衆徒とは大寺院に居住していた僧、僧兵）の対立が激化、師高の暴挙に対する処罰を求め、僧徒が神輿を担いで京へ強訴しました。金劔宮の神輿も加わったといわれています。都を警護する武士との衝突で矢が神輿に当たるなどしましたが、最終的に強訴は聞き入れられ騒動は収束。その事件に関与した神輿で、唯一帰還したとされる神輿の凱旋を祝ったのが祭りの起源だそうです。

**今日は何の日？**

**時刻表記念日**

1894（明治27）年、日本初の時刻表『汽車汽船旅行案内』（庚寅新誌社刊）が初めて発行された日です。イギリスの時刻表を基に実業家の手塚猛昌が考案しました。

## 金劔宮《きんけんぐう》

●石川県白山市鶴来日詰町巳118-5 ▶北陸鉄道石川線鶴来駅下車、徒歩12分●紀元前95年に創祀されたと伝えられ、古くは「劔宮（つるぎのみや）」と呼ばれていました。祭りの由来は800年以上前の白山事件に端を発しているともいわれています。行列の目玉となる造り物は、毎年各町会の青年団が製作。武将や歌舞伎を題材に、趣向を凝らしたものが造られています。

# 10月6日

●神無月（かんなづき）
●二十四節気：秋分（しゅうぶん）
●七十二候：水始涸（みずはじめてかる）

# 梯子獅子《はしごじし》

元日から278日／大晦日まで86日

牟山神社で行われる奉納舞で、31段の梯子と約9mのやぐらの上で、雄獅子の面をかぶった2人がお囃子に合わせて舞い踊ります。運勢の舞、櫓上の舞、感謝の舞の3部構成で、二人羽織状態の獅子が前転や屈伸など、アクロバティックな動きを見せてくれます。6日の本楽には、奉納舞が午前、午後、夜と3回行われます。夜にはやぐらがライトアップされ、とても幻想的な舞が見られます。

**牟山神社**
むさんじんじゃ

●愛知県知多市新知字東屋敷2▶名古屋鉄道常滑線朝倉駅下車、徒歩3分●創建は1266（文永3）年といわれ、海上鎮護、豊年豊作を祈る神として尊ばれてきました。境内で行われる梯子獅子は愛知県無形民俗文化財に登録されています。また20年に1度、伊勢神宮の遷都の祭に、伊勢で奉納舞を行います。

今日は何の日？

**国際協力の日**

1954（昭和29）年の今日、日本は「コロンボ・プラン」への加盟を決定し、開発途上国への政府開発援助（ODA）を開始しました。1987（昭和62）年の閣議了解でこの日を「国際協力の日」とし、国際協力への理解と参加を呼びかけています。独立行政法人国際協力機構（JICA）では、1965（昭和40）年から青年海外協力隊の派遣を始め、2018（平成30）年6月末までに91カ国約4万4000人を派遣しました。また、アジア諸国を中心にODA援助も積極的に行い、道路、橋、鉄道などのハード面でのインフラ整備などの支援をすることで、援助国の自立的精神を促すようにしています。

10月7日

●神無月（かんなづき）
●二十四節気：秋分（しゅうぶん）
●七十二候：水始涸（みずはじめてかる）

# 長崎くんち

ながさきくんち

元日から279日／大晦日まで85日

長崎市の氏神、諏訪神社の秋季大祭で、1634（寛永11）年にふたりの遊女が諏訪神社前で「小舞」を奉納したことが始まりとされています。長崎奉行の援助もあり年々盛んになり、江戸時代から豪華絢爛な祭礼として評判でした。奉納の踊り、曳物、担ぎ物、通り物の4つの出し物があります。なかでも玉を追いかけた龍が踊っているように見える龍踊り（じゃおどり）はくんちの代表的な奉納舞です。

**長崎市**

ながさきし

●長崎県長崎市上西山町18-15（諏訪神社）▶JR長崎本線長崎駅から長崎電気軌道3号系統「諏訪神社前」下車、徒歩6分
●国指定重要無形民俗文化財に指定されている長崎くんち。迫力のある奉納舞は諏訪神社境内、お旅所、八坂神社、中央公園の桟敷で見られます（それぞれ有料）。無料で見るなら、市内の官公庁、事業所、各家などで行われる「庭先回り」がおすすめです。

**今日は何の日？**

**ミステリー記念日**

ミステリー小説（推理小説）の先駆者、アメリカのエドガー・アラン・ポーが1849年の今日、亡くなりました。ポーの短編小説『モルグ街の殺人』は世界初の推理小説（1841年発表）とされ、パリ・モルグ街のアパートメントで起こった密室殺人を解決する内容。小説に出てくる探偵像はその後のシャーロック・ホームズなどに受け継がれています。一言で「ミステリー」といっても幅広く、「ハードボイルド」「警察小説」「時代ミステリー」などの細かいサブジャンルに分かれています。

10月
8日

●神無月（かんなづき）
●二十四節気：寒露（かんろ）
●七十二候：鴻雁来（こうがんきたる）

# まりも

水中の藻が場所や水流など複数の条件がそろうことで球状になるまりも。絶妙な自然のバランスが生み出したレアな存在です。北海道・阿寒湖に生息するものが有名で、特別天然記念物に指定されています。軟らかそうに見えますが、実際は硬く、触るとチクチクします。青森県の小川原湖、山梨県の富士五湖、滋賀県の琵琶湖などにも生息しています。

**まりも祭り**
まりもまつり

●北海道釧路市阿寒町阿寒湖温泉▶釧路空港からバスで約60分●アイヌ民族の火の神・アペカムイと北の大地に感謝のたいまつをささげる「千本タイマツ」の祭りの間に行われます。絶滅危惧のまりもを保護する目的で1950（昭和25）年から始まりました。阿寒湖に丸木舟を浮かべて行う「まりもを迎える儀式」、護る儀式、湖水にまりもを返す「まりもを送る儀式」などの神聖な儀式が斎行されます。

元日から280日／大晦日まで84日

今日は何の日？

**木の日**
林野庁と木材利用推進中央協議会などが業界の発展、木材の利用促進を図るために、1977（昭和52）年に定めました。東京・江東区の都立木場公園では、東京都と都木連が主催してイベントを行っています。

**入れ歯の日**
1（い）0（れ）8（ば）の語呂合わせで、全国保健医団体連合会が1992（平成4）年に制定しました。入れ歯の歴史は5000年近くあるといわれています。現存する日本最古の入れ歯は室町時代のもので、木製の床を使っていました。1850年代にゴム床の製法が開発されると、日本にも1870年代に紹介され、現在ではアクリルやレンジ、金属やセラミックなどが使われています。

# 10月9日

●神無月（かんなづき）
●二十四節気：寒露（かんろ）
●七十二候：鴻雁来（こうがんきたる）

# 高山祭り《たかやままつり》

元日から281日／大晦日まで83日

高山祭とは春の「山王祭」と秋の「八幡祭」のふたつの祭りの総称です。16世紀後半から17世紀の発祥とされ、江戸時代の面影を残す伝統行事として、2016（平成28）年にユネスコ無形文化遺産に登録されました。

屋台の美しさ、からくり人形の演技、そして宵祭が祭りの魅力です。100の提灯をともした屋台が町を巡り、各屋台蔵に帰っていく様子は、ゆらゆらと揺れる明かりが闇夜に映え、とても幻想的になります。

## 高山市

たかやまし

●岐阜県高山市桜町178（櫻山八幡宮）▶JR高山線高山駅下車、徒歩約20分●岐阜県飛騨地方の中心都市。市内中心部には江戸時代以来の城下町や商家町の姿が残されており、「飛騨の小京都」と呼ばれています。特に高山祭りの時期にはたくさんの観光客が訪れます。秋の祭りは櫻山八幡宮の例祭で、秋のみ行われる屋台引き回しは、祭りの大きな見みどころのひとつです。

今日は何の日？

**世界郵便デー**

全世界をひとつの郵便地域にすることを目的に、万国郵便連合が発足。1874（明治7）年にスイスで結成され、本部はスイスの首都、ベルンに置かれています。近代郵便制度は1840年にイギリスで始められ、日本は1871（明治4）年に導入。当初は東京―大阪間でしたが、翌年には全国に展開されるようになりました。

# 10月10日

●神無月（かんなづき）
●二十四節気：寒露（かんろ）
●七十二候：鴻雁来（こうがんきたる）

元日から282日／大晦日まで82日

## スポーツの日《すぽーつのひ》

当初、1961（昭和36）年公布のスポーツ振興法で10月第一土曜を「スポーツの日」と定めました。東京オリンピック開催を記念し、1966（昭和41）年から10日を国民の祝日として、名称も「体育の日」に。しかし2000年の祝日改正法で日程が10月第2月曜に変更。2020年からは名称が「スポーツの日」に再改正。「スポーツ」は「体育」より広い意味を持ち、自発的に楽しむ意味も含まれるのだそうです。

### 国立代々木競技場

こくりつよよぎきょうぎじょう

●東京都渋谷区神南 2-1-1 ▶JR 山手線原宿駅、徒歩 5 分●1964 年開催の東京オリンピックのために建てられました。バレーボールの国際試合などが行われる第一体育館、バスケットボール、バドミントンなどが行われる第二体育館があります。美しい吊り屋根構造が特徴で、日本を代表する建築家、故丹下健三氏が設計しました。

### 今日は何の日?

**目の愛護デー**

始まりは1931（昭和6）年の失明予防運動「視力保存デー」。1947（昭和22）年に中央盲人福祉協会によって定められ、現在は厚生労働省が主体となって、目の大切さを呼びかける各種イベントが行われています。

**まぐろの日**

万葉の歌人、山部赤人が726（神亀3）年の今日、聖武天皇のお供で兵庫県明石地方を訪れた際に、まぐろ業で栄えているこの地方をたたえて詠んだとされる歌が残っています。その歌を詠んだとされる日にちなみ、1986（昭和61）年に日本鰹鮪漁業協同組合連合会が「まぐろの日」と制定しました。

# 10月11日

●神無月（かんなづき）
●二十四節気：寒露（かんろ）
●七十二候：鴻雁来（こうがんきたる）

## アメ横《あめよこ》

元日から283日／大晦日まで81日

もともとは民家や長屋がひしめく下町の住宅街でした。東京大空襲で周辺が焦土化し、戦後、近辺にバラック建ての屋台や露天商が並び始めたのが始まりといわれています。1946（昭和21）年の今日、実業家の近藤広吉が現在のアメ横センタービル付近に「近藤マーケット」を開き、それが現在のアメ横のルーツといわれています。正月用の生鮮食品の買い物でごった返す様子は、年末の風物詩にもなっています。

**アメ横** あめよこ

●東京台東区上野6-10-7（アメ横商店街連合会）▶JRほか上野駅下車、徒歩すぐ●東京・上野駅から御徒町駅のJR線の高架下付近500～600mにある商店街。戦後砂糖が手に入りくい時代に、中国からの引き揚げ者が飴を販売して大好評を博したという説や、アメリカ進駐軍の放出物質を売る店が多かったなど諸説あります。食品、衣類、雑貨、化粧品などを扱う小さな店が約400集まっています。

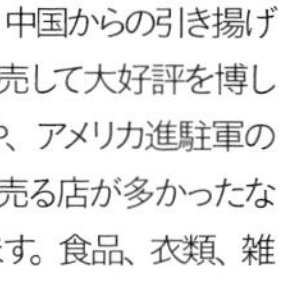


### 今日は何の日?

**鉄道安全確認の日**

日本の鉄道は世界一安全で正確とされています。しかし、1874（明治7）年の今日、日本で初めての鉄道事故が起こりました。横浜駅を出発した列車がポイント故障によって新橋駅到着直前に脱線した事故で、貨車、客車が横転。幸いけが人はなかったということです。

**ウィンクの日**

「10」「11」を横に倒すと、ウィンクをしているように見えることから、制定されました。この日にウィンクをすると、思いを寄せている人に気持ちが伝わるといわれています。

10月12日

●神無月（かんなづき）
●二十四節気：寒露（かんろ）
●七十二候：鴻雁来（こうがんきたる）

# サントリーホール

元日から284日／大晦日まで80日

日本初のクラシック専用ホール「サントリーホール」が開館したのが1986（昭和61）年の今日。「世界一美しい響き」をコンセプトに、日本初のヴィンヤード（ブドウ畑）形式を採用、臨場感のある音にこだわりました。開演前や休憩時間のドリンクサービスをはじめ、コンサート文化の普及にも努めています。オリジナル企画の主催公演を中心に、国内外の演奏はもちろん、音楽に親しめる場を提供しています。

## サントリーホール

●東京都港区赤坂1-13-1▶東京メトロ南北線六本木一丁目駅下車、徒歩5分●アークヒルズの一角、アークカラヤン広場にあります。大小ふたつのホールがあり、大ホールは客席全体が舞台を囲む形式にし、すべての客席が同じような音色を聞くことができるように設計されました。また、大ホールにあるオーストリア・リーガー社製のパイプオルガンは世界最大級を誇ります。

## 今日は何の日?

**石油機器点検の日**

石油機器の点検整備、安全装置付きの機器の使用など、石油機器の事故の未然防止を図る日です。

**豆乳の日**

10（とう）2（にゅう）の語呂合わせで、日本豆乳協会が制定。豆乳市場の活性化と体のなかから美しさを引き出してほしいという期待も込められています。豆乳にはイソフラボン、サポニン、レシチン、ダイズタンパクなどが含まれ、生活習慣病予防の作用が期待されています。現在、ダイズを搾っただけの無調整豆乳、砂糖などで飲みやすくした調製豆乳、調製豆乳にさらに果汁やフレーバーをつけた豆乳飲料が販売されています。

# 10月13日

●神無月（かんなづき）
●二十四節気：寒露（かんろ）
●七十二候：菊花開（きくのはなひらく）

# 笑い祭（丹生祭）

わらいまつり（にうまつり）

元日から285日／大晦日まで79日

江戸時代から伝承されているといわれる丹生祭。神代の頃、出雲の神様の集まりに寝坊をしてしまいふさぎ込んだ丹生都姫命《にうつひめのみこと》を心配した村人たちが、「笑え、笑え」と勇気づけたことに始まっているとされています。

奇祭「笑い祭」としても有名で、白化粧に赤字で「笑」の文字を顔に書いた「笑い男」が「笑え、笑え」と言いながら、丹生神社まで神輿を誘導し、町を練り歩きます。

**丹生神社**
にうじんじゃ

●和歌山県日高郡日高川町江川1956 ▶阪和自動車道御坊I.C.、御坊南I.C.から約10分●1906（明治39）年の「神社合祀令」で1909（明治42）年に当時の丹生村になった神社が統合されてできました。「笑い祭」は丹生神社の例祭で、「笑い男」が誘導する神輿の宮入り後に、境内では四つ太鼓や幟上げ、やっこ踊りなどが行われます。

**今日は何の日?**

**サツマイモの日**

埼玉県川越市のサツマイモ愛好者「川越いも友の会」が制定。10月はサツマイモの旬であり、13日は江戸・川越間が約13里あり、サツマイモが「栗（九里）より（四里）うまい十三里」といわれていたことに由来しています。鹿児島・茨城・千葉・宮崎が産地トップ4で、全国の約8割を生産しています。

**引っ越しの日**

1868（明治元）年の今日、明治天皇が京都御所から江戸城（現在の皇居）に入城されました。今日を近代引っ越しの始まりとして、1989（平成元）年に、全国引越専門協同組合連合会の関東ブロック会が制定しました。

10月14日

●神無月（かんなづき）
●二十四節気：寒露（かんろ）
●七十二候：菊花開（きくのはなひらく）

# コキア

元日から286日　大晦日まで78日

## 大石公園

おおいしこうえん

山梨県南都留郡富士河口湖町大石2585（河口湖自然生活館）　富士急行河口湖線河口湖駅から河口湖周遊レトロバスで約25分、「河口湖自然生活館」下車●河口湖北岸の大石地区にある公園で、湖と富士山を一度に眺められるロケーションで有名です。春は菜の花、夏はラベンダー、秋はコキアが湖畔沿いの歩道を彩ります。コキアの紅葉は10月中〜下旬が見ごろです。


こんもり、もこもこした草姿がかわいらしいコキア。枝を束ねて箒に利用していたことから、和名を「ホウキギ」ともいいます。

夏には美しいグリーンの茎にビッシリと小花をつけます。秋になると真っ赤に紅葉する姿が美しいですね。また、秋に実った果実は食用、薬用にします。秋田特産の「トンブリ」はこの果実を加工したもので、プチプチした食感と色合いから「畑のキャビア」と形容されています。

# 10月15日

●神無月（かんなづき）
●二十四節気：寒露（かんろ）
●七十二候：菊花開（きくのはなひらく）

## お十夜《おじゅうや》

元日から287日／大晦日まで77日

室町時代から続く重要な仏教行事で、阿弥陀如来に感謝を込めて念仏を唱えるもの。元は陰暦の10月5日の夜から10日間続く法会でしたが、現在は場所や寺によって期間が異なっており、短いところでは1日という寺もあります。また期間中に祭りが開かれたり、お十夜粥が配られたりするところもあるようです。檀家さんだけでなく、一般の人も参加できる寺もあるので、伝統的な仏教の世界に浸る経験ができます。

**光明寺《こうみょうじ》**

●神奈川県鎌倉市材木座6-17-19▶JR横須賀線鎌倉駅からバスで10分光明寺前バス停下車、徒歩1分●浄土宗の大本山のひとつで、お十夜は例年10月12～15日に行われます。お茶会が開かれたり、雅楽の奉奏があったり、たくさんの屋台が出店したりと、とてもにぎやかな3日間となります。

### 今日は何の日？

**助けあいの日**
全国社会福祉協議会（全社協）が1965（昭和40）年に制定しました。日常の助けあい以外に、地域社会でのボランティア活動を呼びかける日です。全社協は各地社協と協力し、福祉サービスの利用者や社会福祉関係者との連絡調整や活動支援、制度改善に取り組んでいます。

**キノコの日**
10月はキノコの需要が高まる月で、その真ん中の日にキノコの良さをアピールしようと、日本特用林産振興会が1995（平成7）年に制定しました。10月は天然キノコも多く取れるため、キノコ狩りなど、山の幸を身近に感じられる月です。

# 10月16日

●神無月（かんなづき）
●二十四節気：寒露（かんろ）
●七十二候：菊花開（きくのはなひらく）

# 太鼓祭り
たいこまつり

元日から288日／大晦日まで76日

太鼓台とは山車の一種で、内部に積まれた太鼓に合わせて音頭を取って担ぎます。なかでも、新居浜の太鼓台は豪華な金糸刺繍の飾り幕が施され、絢爛さを誇ります。1台に約150人の男衆がついて太鼓台を担ぎ出す姿は圧巻の一言。複数の太鼓台が1カ所に集まり、男衆の力だけで台を動かしたり持ち上げたりする「かきくらべ」は祭りの最大の見どころ。まさに祭りが最高潮に達する瞬間です。

**新居浜太鼓祭り**
**にいはまたいこまつり**

●愛媛県新居浜市若水町2-9-17（一宮の杜ミュージアム）▶松山自動車道新居浜I.C.から約20分●喧嘩祭りとしても有名で四国三大祭りのひとつに数えられます。10月16日から3日間行われ、起源は平安、鎌倉時代にさかのぼるといわれています。最大の見どころである「かきくらべ」は祭り期間中には市内各所で見られます。

## 今日は何の日？

**ボスの日**

英語で「Boss」とは、上司、社長、監督、主任、実力者などの意味。アメリカ人女性のパトリシア・ベイ・ハロキスが、会社経営者であった父のために1958（昭和33）年に提案。この日は彼女の父親の誕生日でした。上司と部下の関係を円滑にする日、職場の上司をたたえ、感謝する日とされています。

**世界食料デー**

国際連合食糧農業機関（FAO）が1981（昭和56）年に制定した国際デーで、1945（昭和20）年の今日FAOが設立されました。日本では、2008（平成20）年から10月を「世界食料デー月間」とし、飢餓や食糧問題の解決に向けた情報発信などを行っています。

# 10月17日

●神無月（かんなづき）
●二十四節気：寒露（かんろ）
●七十二候：菊花開（きくのはなひらく）

# 神嘗祭

かんなめさい

元日から289日／大晦日まで75日

その年に収穫した新穀を天照大御神にささげ、恵みに感謝する祭りで、伊勢神宮で行われる恒例の祭事で最も重要な祭りです。伊勢神宮の祭事は通常、豊受大神宮（外宮）、皇大神宮（内宮）の順で行う習わしがあります。新米などの食事をお供えする「由貴夕大御饌《ゆきのゆうべのおおみけ》」「由貴朝《ゆきのあした》大御饌《のおおみけ》」、天皇陛下が遣わされた勅使が5色の絹の反物をお供えする「奉《ほう》幣《へい》」、御祭神を和めるための「御神楽《みかぐら》」が、それぞれの宮で行われます。

## 伊勢神宮

いせじんぐう

●三重県伊勢市宇治館町1（神宮司庁）▶JR、近畿日本鉄道伊勢市駅から三重交通バス「51系統」「55系統」で約15分、「内宮前」下車●皇祖神の天照大御神を祀る内宮、衣食住と産業の守り神、豊受大御神を祀る外宮、別宮、摂社など125社の総称で、正式には「神宮」といいます。皇室関連をはじめ、年に1500回に及ぶ祭事が行われ、神嘗祭は祭事のなかでも最も古い由緒を持つといわれています。

今日は何の日？

**貯蓄の日**

日本銀行が1952（昭和27）年に定めた記念日で「お金を無駄遣いせず、大切にする」という思いを込めています。日程は、「神嘗祭」に由来するそうです。

**上水道の日**

1887（明治20）年に、横浜市で日本初となる近代的上水道から給水が始まったのがこの日でした。イギリス陸軍工兵少将、ヘンリー・スペンサー・パーマーが相模川から野毛山貯水池に引水し、市街地へ給水。これにより、一寒村だった横浜は飛躍的に人口が増え、市街が急激に発展していきました。横浜に寄港する外国船にも給水され、「おいしい」「赤道を越えても傷まない」水として称賛されたそうです。

# 10月18日

●神無月（かんなづき）
●二十四節気：寒露（かんろ）
●七十二候：蟋蟀在戸（きりぎりすとにあり）

# どぶろく

日本の伝統的なお酒で、米、米麹、水で発酵させただけのシンプルなもの。米の味がしっかりし、甘みと酸味が感じられるリキュールで、農作業の栄養補給として一般的に飲まれていました。語源ははっきりしませんが、「濁醪（だくろう）」が変じて「どぶろく」になったという説があります。古来来季の豊穣を祈願し、どぶろくをお供えする風習があります。現在もどぶろく祭りが全国各地で行われています。

元日から290日／大晦日まで74日

**どぶろく祭り**
どぶろくまつり

●岐阜県大野郡白川村荻町559（白川八幡神社）▶東海北陸自動車道白川郷I.C.から約10分
●五穀豊穣、家内安全、里の平和を山の神に祈願し、白川村の各神社で御神幸、獅子舞、歴史と民話にまつわる民謡や舞踊などの神事が奉納されます。祭事のお神酒にはどぶろくが用いられ、人々にも振る舞われるのが特徴です。

## 今日は何の日?

**統計の日**
日本で最初の近代的生産統計「府県物産表」に関する布告が公布された1870（明治3）年9月24日（旧暦）を太陽暦に換算して定めました。統計の重要性に対する関心と理解を深め、統計調査への協力を求めることを目的としています。

**冷凍食品の日**
1986（昭和61）年に制定。「10（とう）」が冷凍（レイトウ）の「トウ」につながること、世界共通の冷凍食品の管理温度が零下18℃以下であることから、今日を「冷凍食品の日」としました。冷凍技術が飛躍的に向上し、味や栄養価の劣化も格段に少なくなりました。時短料理やお弁当などのおかずにとても便利で、利用する人も増えています。

# 10月19日

●神無月（かんなづき）
●二十四節気：寒露（かんろ）
●七十二候：蟋蟀在戸（きりぎりすとにあり）

# 赤ちゃん土俵入り《あかちゃんどひょういり》

元日から291日／大晦日まで73日

かわいい赤ちゃんがまわしをつけて土俵入りするこの儀式は徳島県海陽町の湊柱神社に古くから伝わる祭礼。勇ましい虎や鷹などの鮮やかな化粧まわしに名前をもじったしこ名を刺繍し、紅白の鉢巻きを頭に巻きます。この1年間に生まれた男の子が対象で、まだ歩けない子も多いので、行司に抱かれて土俵入り。行司が勝ち名のりをあげるとともに高くかざされ、力士のようにたくましく育つことを願います。

**湊柱神社**
みなとはしらじんじゃ

●徳島県海部郡海陽町鞆浦（山下広場）▶JR阿佐東線海部駅下車、徒歩15分●「赤ちゃんの土俵入り」は湊柱神社の神事として、数百年の歴史を持つ奇祭として知られています。「赤ちゃんの土俵入り」と保育園児の奉納相撲が行われ、終わり次第、大漁を祈った大漁餅投げが行われます。

**今日は何の日？**

**バーゲンの日**

1895（明治28）年の今日、東京の大丸呉服店が冬物の大売り出しを行い、これが日本で初めての本格的なバーゲンセールといわれています。現在は夏、冬のセールのほか、改装、閉店、在庫一掃など、さまざまな形のバーゲンセールが行われています。

**海外旅行の日**

10（とおく）19（行く）の語呂合わせから、旅行会社や海外旅行愛好者が制定。日本で初めての海外渡航者は幕末のジョン万次郎といわれています。今では旅券（パスポート）があれば誰もが海外に行けますが、一般化したのは1970年代から。日本人に人気の旅行先はアメリカ・ハワイ州で、2018年には約160万人が訪れています。

# 10月20日

- 神無月（かんなづき）
- 二十四節気：寒露（かんろ）
- 七十二候：蟋蟀在戸（きりぎりすとにあり）

## べったら市《べったらいち》

元日から292日／大晦日まで72日

大根を砂糖と麹で漬けた「べったら漬け」。べとべとした甘酒の麹が名前の由来とか。

べったら市は江戸中期の日本橋・宝田恵比寿神社祭礼の市にさかのぼるといわれています。神社を中心とした近郊でべったら市が開かれたのが始まりで、今ではべったら市のほか、数多くの屋台が並びます。普段のビジネス街とはまた違った日本橋の一面をのぞいた気分になります。

### 宝田恵比寿神社

たからだえびすじんじゃ

●東京都中央区日本橋本町3-10-11▶JR総武線新日本橋駅または東京メトロ日比谷線小伝馬町駅下車、徒歩4分●江戸時代以前は当時の宝田村の鎮守社で、江戸城拡張のために村の移転を命ぜられ、現在の場所に移動したそうです。御神体は恵比須神。毎年えびす講の前夜にはこの神社周辺でべったら市が開かれます。

### 今日は何の日?

**頭髪の日**

とお（10）はつ（20）の語呂合わせから日本毛髪科学協会が制定。毛髪と皮膚について正しい知識を理解してもらう日としています。

**季節を楽しむ 秋の土用**

夏の「土用の丑の日」は有名ですが、土用は年に4回あります。立冬の直前、約18日間であるこの時期は「秋の土用」といわれます。土用は日本独自のこよみ「雑節」のひとつで、季節の変わり目を指します。昔から、この時期に土に関すること（ガーデニングなど）や新しいこと、方角に関することは避けられてきました。しかし、期間中ずっとそれらができないのは困ります。土用の期間でも、「間日」には土いじりなどをしてもいいといわれています。

# 10月21日

●神無月（かんなづき）
●二十四節気：寒露（かんろ）
●七十二候：蟋蟀在戸（きりぎりすとにあり）

# 関ケ原の戦い

せきがはらのたたかい

元日から293日／大晦日まで71日

1600（慶長5）年10月21日（旧暦9月15日）、日本史で最も有名な天下分け目の戦いが行われました。徳川家康率いる東軍と石田三成を中心とする西軍は各地で衝突し、最後で、最大の戦いがここで行われました。豊臣秀吉亡き後の天下の趨勢を決した戦は、合戦前の予想とは異なり、たった1日で決着がつきました。主戦場であった関ケ原古戦場は、現在国指定の史跡で、散策コースが設けられています。

## 関ケ原合戦祭り

せきがはらかっせんまつり

●岐阜県不破郡関ケ原町大字関ケ原894-29（関ケ原ふれあいセンター）▶JR東海道本線関ケ原駅下車、徒歩5分●全国の関ケ原ファンが一堂に会するイベント。見どころは関ケ原合戦を描く「関ケ原合戦絵巻」で、甲冑を身に着けた武者が布陣パフォーマンスや全軍武者行列などを行います。鉄砲隊演武やのろしパフォーマンスなど、合戦時の様子をうかがい知る内容が盛り込まれています。

**なぜ、関ケ原?**

関ケ原は南北を山地に囲まれた盆地で、古代の壬申の乱などの戦場でもありました。徳川勢を「東軍」、石田勢を「西軍」と呼ぶのは合戦後です。古代三関のひとつ不破関が置かれ、東西の交通の要所でもあった関ケ原は現在でも東西の境界の地です。現在の「関東」「関西」も、関の東か西かが基準になっているそうです。

**今日は何の日?**

**国際反戦デー**

1966（昭和41）年の今日、日本労働組合総評議会（現・連合）が「ベトナム反戦統一スト」を行い、全世界にベトナム戦争反対を訴えました。翌年の同日、アメリカ・ワシントンD.C.でも反戦デモが行われました。「国際」とついていますが、実は日本だけの記念日です。

# 10月22日

●神無月（かんなづき）
●二十四節気：寒露（かんろ）
●七十二候：蟋蟀在戸（きりぎりすとにあり）

## 流星《りゅうせい》

流れ星とも呼ばれ、夜空のある点で生じた光が移動して消える現象。宇宙を漂う大小の塵が地球の大気圏に突入した際、空気中の分子と衝突して発光するもので、普通は空中で燃え尽きてしまいますが、まれに地表に落ちてくるものもあります。これが隕石です。流星がある1点から放射状に飛び出してくるように見えるものを流星群といいますが、毎年この日前後にはオリオン座の方向から飛び出すような流星群が見られます。

元日から294日／大晦日まで70日

**オリオン座流星群**

冬の星座の代表オリオン座には、毎年10月下旬に活発になる流星群があります。有名なハレー彗星が残した宇宙の塵が流星の素。1時間に数十個しか見られませんが、明るい流星が多く、見ごたえは十分。放射線状に四方八方に飛び出すように流れますが、だいたいは1秒に満たない時間で消えてしまいます。ほんの一瞬ですが、その瞬間が見られればとてもラッキーですね。

**野辺山高原《のべやまこうげん》**

●長野県南佐久郡南牧村野辺山693-161（野辺山観光案内所）▶JR小海線野辺山駅下車、徒歩5分●JRで最も標高の高い野辺山駅周辺の地域で、標高は1400m弱あります。国立天文台宇宙電波観測所が建設されたことから、天体観測に適した場所として知られています。地面に寝転んで夜空を眺めるのが一番ですが、スターウォッチングを行っている施設もあるので、宿泊がてら参加するのもおすすめです。

10月 23日

●神無月（かんなづき）
●二十四節気：霜降（そうこう）
●七十二候：霜始降（しもはじめてふる）

# 時代祭《じだいまつり》

元日から295日／大晦日まで69日

京都三大祭りのひとつで、平安神宮の創建と遷都1100年紀念を祝う行事として、1895（明治28）年から始まりました。見どころは、きらびやかな衣装をまとった「平安講社」の行列。時代ごとの衣装を身に着け、約2000名の京都市民が参加します。1万2000点に及ぶ調度、祭具、衣装は綿密な時代考証が重ねられ、京の伝統工芸技術の粋を集めた本物ばかりで、生きた時代絵巻を間近に見られます。

## 平安神宮
へいあんじんぐう

●京都府京都市左京区岡崎西天王町97 ▶JRほか京都駅から京都市営バス「5系統」で約30分、「岡崎公園 美術館・平安神宮前」下車、徒歩5分●第50代桓武天皇を御祭神とし、当時の京の衰退を救うための町おこし事業として1895（明治28）年に創建。社殿は桓武天皇が開いた平安京の正庁を縮小して再現したもので、1100年の歴史を誇る雅な京の風情を彷彿とさせています。

### 京都三大祭り

5月の葵祭、7月の祇園祭、10月の時代祭が京都三大祭りといわれますが、成立時期、事情、祭事の内容が大きく異なります。葵祭は下鴨神社と上賀茂神社の祭りで朝廷や貴族を中心とした国家的な行事でした。一方、祇園祭は八坂神社の祭礼で、山鉾の市内巡行がハイライトの庶民の祭りです。時代祭は歴史も浅く、京都市民が主体となった市民祭りです。

### 今日は何の日?
**電信電話記念日**

1869（明治2）年の今日（旧暦9月19日）、横浜裁判所構内に電信機役所が設けられ、横浜—東京間で電信線架設工事が始まりました。日本の電信電話事業は長らく官営事業でしたが、1985（昭和60）年に民営化されました。

**鳴子峡**《なるこきょう》
●宮城県大崎市鳴子温泉 ▶東北自動車道古川I.C.から約１時間●宮城県を代表する紅葉の名所で、鳴子峡を含む周辺は鳴子温泉郷として県下でも有数の観光地になっています。休憩所の「鳴子峡レストハウス」を起点に遊歩道が開設されており、パノラマの景色はもちろん、紅葉狩りも楽しめます。

# 10月24日

●神無月（かんなづき）
●二十四節気：霜降（そうこう）
●七十二候：霜始降（しもはじめてふる）

# 紅葉前線《こうようぜんせん》

元日から296日／大晦日まで68日

桜前線と同じで、紅葉する時期と場所を線で結んだものです。日本で最もよく見られるイロハカエデの紅葉時期を基準にしているそうです。桜前線とは逆で、10月に北海道を出発し、約1ヵ月かけて南下し鹿児島県に到着します。その年の気象条件によって変化し、寒ければ寒いほど、紅葉時期も早くなり、色も鮮やかになるといわれています。近年は温暖化の影響で、12月でも紅葉が楽しめるようになってきました。

# 10月25日

●神無月（かんなづき）
●二十四節気：霜降（そうこう）
●七十二候：霜始降（しもはじめてふる）

# だんじり喧嘩

だんじりけんか

元日から297日／大晦日まで67日

山車や神輿などをぶつけ合う様子を「喧嘩」といいます。喧嘩祭りは全国各地で行われていますが、岡山県真庭市の久世祭りでは、だんじり（山車）が間近でぶつかり合う激しいもので、岡山三大だんじり祭のひとつといわれています。「だんじり喧嘩」が行われるのは夜。船をかたどっただんじりの先に鉄板を張り付け、ギリギリまで近づけた2台を勢いよく激突させる様子はかなりの迫力。

## 久世祭り

くせまつり

●岡山県真庭市久世（久世商店街周辺）▶JR姫新線久世駅下車、徒歩6分●久世地区内の5つの神社の神輿、10台の舟形のだんじりが参加する祭りです。宵祭、本祭、後祭があり、本祭では神輿とだんじりが商店街を巡行する御祭礼が行われます。だんじり喧嘩は本祭、後祭の夜に開催。後祭のだんじり喧嘩の後には、喧嘩囃子をかき鳴らしながら、餅投げが行われます。

## 今日は何の日？

### リクエストの日

1936（昭和11）年の今日、ベルリンのドイツ放送でラジオのリスナーから電話で求められた曲を再生するリクエスト番組が始まりました。日本では1952（昭和27）年12月24日に、ラジオ神戸（現・ラジオ関西）がクリスマス特別番組として行ったのが最初とされています。

### 民間航空記念日

戦後初の国内民間航空会社として設立された日本航空が、1951（昭和26）年の同日、東京―大阪―福岡間の運航を開始しました。敗戦国の日本は戦後、連合軍から軍民問わず航空機の運用を禁止されていましたが、ようやくこの日に民間旅客機の定期路線就航が解禁になりました。

# 10月26日

●神無月（かんなづき）
●二十四節気：霜降（そうこう）
●七十二候：霜始降（しもはじめてふる）

## 柿《かき》

秋の味覚のひとつ、柿。歴史は古く、奈良時代には食用とされていた記録が残っています。大きく分けて、甘柿と渋柿があり、渋み成分であるタンニンが口の中で溶けやすい渋柿は干し柿にして食されます。通常出回るのは甘柿で、やわらかくジューシーな「富有」、種なしの「平核無」、歯ざわりがしゃっきりした「次郎」など種類も豊富です。温暖な地方が主な産地で、奈良県五條市は生産量日本一を誇ります。

### 法隆寺《ほうりゅうじ》

●奈良県生駒郡斑鳩町法隆寺山内1-1▶JR大和路線法隆寺駅下車、徒歩20分●正岡子規の最も有名な句「柿くへば鐘が鳴るなり法隆寺」は子規が法隆寺に立ち寄った後に茶店に寄って柿を食べたとたんに法隆寺の鐘が鳴り、その響きに秋を感じたという気持ちを詠んだものと解釈されています。

元日から298日／大晦日まで66日

### 今日は何の日?

**原子力の日**
1956（昭和31）年の今日、日本が国際原子力機関（IAEA）への参加を決め、1963（昭和38）年の今日、日本原子力研究所の動力試験炉で、日本で初めて原子力発電に成功しました。この日は原子力関係の機関や企業等で原子力平和利用促進のための記念行事などが行われています。

**サーカスの日**
1871（明治4）年に、東京・九段の招魂社（現・靖国神社）で、フランスの「スリエサーカス」が日本で初めての洋風サーカスの興行を行いました。ちなみに、日本が世界に誇るサーカス団は岡山市を拠点とする「木下大サーカス」で、1902（明治35）年に中国・大連で旗揚げされました。

# 10月27日

●神無月（かんなづき）
●二十四節気：霜降（そうこう）
●七十二候：霜始降（しもはじめてふる）

# 読書の日
どくしょのひ

元日から299日／大晦日まで65日

10月27日から11月9日までの2週間は「読書週間」として、読書を推進する行事が行われます。1924（大正13）年、図書館利用のPRを目的に日本図書館協会が制定した「図書館週間」が母体です。もともとは1週間でしたが、「1週間では短かいのでは？」という声があり、1948（昭和23）年から2週間に延ばされました。この日をきっかけに「紙の本」の良さを見直してみては。

## 神田古本まつり
かんだふるほんまつり

●東京都千代田区神田神保町▶東京メトロ半蔵門線または都営地下鉄神保町駅下車●世界一の本の町、神保町界隈の書店約100店が参加する東京名物のイベントです。靖国通りの歩道では100万冊の本が並ぶ青空古本市や古書の即売、古書のチャリティーオークションなど本に触れ合うイベントを多数開催しています。

今日は何の日？

**世界新記録の日**

1931（昭和6）年の第6回明治神宮体育大会で、日本で初めて世界新記録が出ました。記録は走幅跳の7m98（南部忠平）と三段跳の15m58（織田幹雄）。現在の世界記録は走幅跳が8m95（アメリカのマイク・パウエル、1991年8月）、三段跳が18m29（イギリスのジョナサン・エドワーズ、1995年8月）です。

**テディベアズ・デー**

「心の支えを必要としている人たちにテディベアを贈る運動」が世界中で行われています。テディベアはこの日が誕生日であるアメリカ第26代大統領セオドア・ルーズベルトの愛称「テディ」に由来。瀕死の子熊を撃たなかったエピソードにちなんだものです。

# 10月28日

●神無月（かんなづき）
●二十四節気：霜降（そうこう）
●七十二候：霎時施（こさめときどきふる）

# 鰹節
かつおぶし

カツオの肉を加熱し乾燥させた日本の保存食品。料理のだしには欠かせないもので、奈良時代には朝廷への献上品だった記録も残っています。伝統的製法で1～数カ月はかかり、本枯節は2年以上熟成させるものもあります。生産量日本一を誇る鹿児島・枕崎の鰹節は最高級品といわれ、京都の高級料亭でも使われています。現在はパック入りが主流ですが、削りたての鰹節は、風味も香りも一段上を行きます。

## 枕崎市
まくらざきし

●鹿児島県枕崎市千代田町27番地（枕崎市役所）▶JR指宿枕崎線枕崎駅下車●全国有数のカツオの水揚げ規模を誇る枕崎漁港。鰹節の生産量は枕崎市だけで全国生産の約半分を占め、日本一の産地となっています。古来鰹節製造の伝統が受け継がれてきましたが、現在の製法が伝わったのは江戸時代中期といわれています。

元日から300日／大晦日まで64日

### 今日は何の日？

**おだしの日**

現在でも使われている鰹節の「燻乾カビ付け製法」を考案した、紀州（和歌山）の漁師、角屋甚太郎の命日の今日、大阪に本社を持ち飲食チェーンを展開する（株）太鼓亭が、和食の基本である出汁の魅力を知ってもらうために制定しました。

**速記記念日**

速記とは速記文字、速記号と呼ばれる特殊な記号を使って、人の発言などを書き記す方法で、議会や法廷の発言を記録する分野やジャーナリズムで利用されています。1882（明治15）年のこの日に、田鎖綱紀《たくさりこうき》が東京・日本橋で初めての速記講習会を開催しました。田鎖自らが考案した速記法の講習会だったそうです。

# 11月

霜月《しもつき》

# 11月 1日

●霜月（しもつき）
●二十四節気：霜降（そうこう）
●七十二候：霎時施（こさめときどきふる）

# 灯台《とうだい》

元日から304日／大晦日まで60日

**観音埼灯台**
かんのんざきとうだい
●神奈川県横須賀市鴨居4-1187 観音崎公園内▶京浜急行浦賀駅からバスで約15分、観音崎下車。徒歩約10分●開館時間は毎日9:00～16:30（10～4月は～16:00）。現在の灯台は3代目で、建物の高さは19m。灯台の光は最大35km離れた場所からも見えるそうです。

海に囲まれた日本では、日常的に海を移動している人が大勢おり、輸送路としての海の重要性は言うまでもありません。そんな海上交通の安全を保つ大切な役割を担う灯台。２０１９年４月１日現在、全国には３１５１基の灯台があります（海上保安庁ＨＰより）。

１８６８（明治元）年、日本最初の西洋式灯台の起工日である11月1日が「灯台記念日」と定められました。東京湾の入り口、現在の横須賀市の観音埼灯台がそれです。１日約５００の船舶が行き来する過密航路を今日も見守っています。

# 11月 2日

●霜月（しもつき）
●二十四節気：霜降（そうこう）
●七十二候：楓蔦黄（もみじつたきばむ）

# 唐津くんち《からつくんち》

元日から305日／大晦日まで59日

九州北部では秋祭りのことを「くんち」と呼びます。秋の収穫に感謝する祭りで、10月に行われる「長崎くんち」も有名です。唐津くんちの特徴は、なんといってもインパクトのある曳山。初日の宵山に始まり、獅子や武将の兜、大きな目の鯛など14台の巨大な曳山が市内を練り歩きます。祭りの期間中、唐津の家庭では巨大魚「アラの姿煮」をはじめ、数百人分の「くんち料理」を作って来客をもてなします。

**唐津**
からつ

●佐賀県唐津市南城内3-13（唐津神社）▶唐津駅から徒歩約10分●唐津市は日本海に面した佐賀県北部にあり、唐津駅は福岡空港からJR筑肥線で約1時間30分。唐津くんちは毎年11月2~4の3日間行われ、延べ50万人もの人が訪れる、九州屈指の祭り。2016（平成28）年にはユネスコ無形文化遺産にも登録されました。

**今日は何の日?**

**キッチン・バスの日（家庭文化の日）**

明日の11月3日が文化の日なので、その前日に「家庭文化のあり方を考える日」としてキッチン・バス工業会により制定されました。「文化」という幅広い概念の前に、身近な「家庭の文化」を考えましょう、ということなのでしょう。

**死者の日**

メキシコではこの日の前後、日本のお盆のように死者の魂が帰ってくる日として、国を挙げて盛大なお祭りが行われます。町中にガイコツと派手な飾りつけがあふれる祭りとして世界的に知られています。

11月3日

●霜月（しもつき）
●二十四節気：霜降（そうこう）
●七十二候：楓蔦黄（もみじつたきばむ）

# 文化の日《ぶんかのひ》

元日から306日／大晦日まで58日

国民の祝日である文化の日。1946（昭和21）年に日本国憲法が公布された日ですが、実は明治天皇の誕生日でもあり、明治時代より祝日になっていました。この日はさまざまな行事が盛りだくさん。皇居での文化勲章の親授式や文化庁主催の芸術祭が各地で行われます。海上自衛隊の艦艇が色とりどりの旗で飾られる「満艦飾」が行われるのもこの日。最も人気なのが、航空自衛隊入間基地で行われる航空祭です。

## 入間基地

いるまきち

●埼玉県狭山市稲荷山2-3▶西武池袋線稲荷山公園駅下車徒歩5分●文化の日に行われる航空祭は、毎年10万人以上の来場者があるビッグイベント。楽隊や太鼓などの演奏をはじめ、空挺部隊の降下、ヘリコプターや戦闘機の離着陸の様子が見学できます。ハイライトはブルーインパルスによる曲芸飛行。

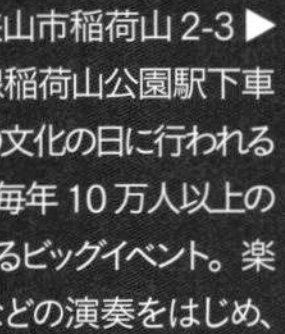

# 11月4日

●霜月（しもつき）
●二十四節気：霜降（そうこう）
●七十二候：楓蔦黄（もみじつたきばむ）

# ユネスコ憲章《ゆねすこけんしょう》

元日から307日／大晦日まで57日

2020年1月現在、日本には19の文化遺産と4つの自然遺産、合計23の世界遺産があり、選定するのがユネスコで、1946（昭和21）年の今日発効した「国際連合教育科学文化機関憲章（ユネスコ憲章）」の元に発足しました。日本の世界遺産第一号は1993（平成5）年登録の法隆寺、姫路城、屋久島、白神山地の4件。これらの場所は人気の観光地ですが、人類の遺産としても大切に保護する必要があります。

**法隆寺《ほうりゅうじ》**

●奈良県生駒郡斑鳩町法隆寺山内1-1-1 ▶JR関西本線法隆寺駅下車徒歩約20分●日本書紀によれば、7世紀初めに厩戸皇子（聖徳太子）が、建立したとされる世界最古の木造建築。世界遺産に登録されたのは法隆寺だけでなく、法起寺など周辺の仏教建築群が含まれています。

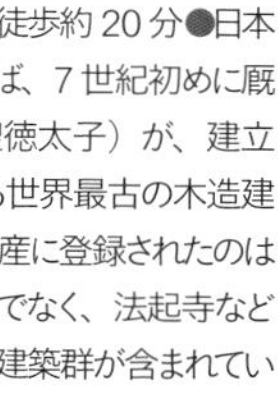


**近年の日本の世界遺産**

2019（令和元）年に世界文化遺産に登録された百舌鳥・古市古墳群（もず・ふるいちこふんぐん）。大阪府の3つの市にまたがる49基もの古墳群の総称です。仁徳天皇陵（大仙陵）古墳は日本最大の古墳です。

**今日は何の日?**

**消費者センター開設記念日**

商品やサービスについての苦情や問題について相談できる独立行政法人国民生活センターが開設された日。専門のスタッフが電話で相談に乗ってくれます。番号は局番なしの188。

# 11月5日

●霜月（しもつき）
●二十四節気：霜降（そうこう）
●七十二候：楓蔦黄（もみじつたきばむ）

**仙石原**
せんごくばら
●神奈川県足柄下郡箱根町仙石原▶箱根登山電車箱根湯本駅から、箱根登山バスT路線で約30分、仙石案内所前下車すぐ●台ヶ岳の斜面一面にすすきが群生する草原がすすき草原。「かながわの景勝50選」「かながわの花100選」のひとつで、草原からは金時山、丸岳、乙女峠などと湿原が調和した見事な風景が見られます。自然体系を守るため、毎年3月中～下旬に山焼きが行われています。

# すすき

すすきは道端、空き地、草原、高原など、日当たりの良い場所に群生する多年生の植物です。高さは1～2mになり、初夏から秋にかけて茎の先端に赤っぽい花穂をつけます。白く見えるのは、種子に白い毛が生えてくるから。日本文化のなかでも秋を象徴する重要な植物として、十五夜の飾り、花鳥画、秋草模様、郷土玩具などで親しまれてきました。かつては屋根をふく材料としても利用されていました。

元日から308日／大晦日まで56日

11月6日

●霜月（しもつき）
●二十四節気：霜降（そうこう）
●七十二候：楓蔦黄（もみじつたきばむ）

# リンゴ

11月に入り、リンゴがおいしい季節になりました。リンゴの歴史は古く、平安時代の文献にそれと思われる記述があります。ただ現在食べられているようなものが本格的に栽培されるようになるのは明治時代から。品種改良などを重ねて現在日本には2000種類ものリンゴがあるそうです。全国のリンゴ収穫量の約60%は青森県産。「つがる」「陸奥」「ふじ」などおなじみの品種40種ほどが出荷されています。

## りんご史料館
りんごしりょうかん

●青森県黒石市牡丹平字福民24 ▶弘南鉄道黒石駅からバスで10分。東北自動車道黒石ICから約8分●「つがる」や「陸奥」などを育成した日本唯一のりんご専門試験場「りんご研究所」内にある史料館。1931（昭和6）年にイギリスの研究所を模して建てられた建物（現在のものは当時のものを復元）は趣があります。

### 今日は何の日?

**アパートの日**

1910（明治43）年に「上野倶楽部」という日本初のアパートが完成しました。平屋がおもだった当時にあって、木造5階建て、全70室という画期的な建物だったそうです。

**お見合い記念日**

多摩川の河原に集まった20代から50代の男女が、1947（昭和22）年の今日、集団お見合いをしました。公式の参加者は386人とされていますが、実はその数倍いたという記述もあります。終戦直後のことで、戦争で配偶者を亡くした人、戦争のために婚期を逃してしまった人などが集まったそうです。

元日から309日／大晦日まで55日

●霜月（しもつき）
●二十四節気：立冬（りっとう）
●七十二候：山茶始開（つばきはじめてひらく）



# 霜月神楽
しもつきかぐら

神に奉納する歌や舞を神楽といいますが、日本中にさまざまな祭りがあるように、神楽も場所によってさまざまな神楽があります。波宇志別神社で例年11月7日に行われるのは「湯立神楽」といわれるもので、祭壇の近くに置いたふたつの釜で湯を沸かし、夜を徹してさまざまな舞が奉納されます。地域の神楽保存会により、伝統的な形式と地域の特色が1200年以上保存されていることから、国の重要無形民俗文化財に登録されています。

**保呂羽山**
**波宇志別神社**
**里宮神殿**
ほろわさん
はうしわけじんじゃ
さとみやしんでん

●秋田県横手市大森町八沢木字木ノ根坂200▶秋田自動車道横手ICより車で約50分、大曲ICより車で約40分。JR横手駅より車で約50分●霜月神楽が行われる里宮神殿は保呂羽山の山中にある本殿や国指定の重要文化財である神楽殿とは別の建物です。

**今日は何の日？**

**ソースの日**
ソースの製造業者が「日本ソース工業会」を設立した日にちなみ、また日本に最初に伝来したウスターソースのカロリーが、100gあたり117キロカロリーであったことから、今日がソースの日に制定されました。

**いい女の日**
**いいおなかの日**
いずれも語呂合わせから。いい（11）おんな（7）と読んで記念日に制定したのは、美容関連事業を展開するたかの友梨ビューティクリニック。いい（11）お（0）な（7）かと読んで記念日に制定したのは、乳製品の製造販売を展開するタカナシ乳業株式会社。

11月
8日

●霜月（しもつき）
●二十四節気：立冬（りっとう）
●七十二候：山茶始開（つばきはじめてひらく）

# 歯《は》

## 綱敷天神社 末社 歯神社

つなしきてんじんしゃ まっしゃ はじんじゃ

●大阪府大阪市北区角田町2-8▶阪急線大阪梅田駅から徒歩3分●平安時代に創建されたとされる古社、綱敷天神社の境外末社である歯神社は、日本で唯一歯の神様を祀る神社。元は淀川の氾濫を止めた「歯止め」の神様が祀られていましたが、いつしかそれが「歯痛止め」となり、歯の健康を願う人が参拝するようになりました。

日本歯科医師会が1993（平成5）年に制定した記念日。小学生の頃、虫歯予防のポスターを描いた記憶がある人は多いと思いますが、歯と口の健康週間（2012年までは「歯の衛生週間」）は6（む）月4（し）日から6月10日まで。こちらがおもに子供への啓蒙を目的としているのに対して、いい歯の日は大人向けだそうです。虫歯はなってから治療するのではなく、ならないように予防することが大切。そんなことを意識する日でもあります。

元日から311日／大晦日まで53日

## 今日は何の日?

**レントゲンの日**

ドイツの物理学者ヴィルヘルム・レントゲン博士がエックス線を発見したのが1895年の今日。医学史上最大級の発見であり、この功績により、レントゲン博士は第1回のノーベル物理学賞を受賞しています。

**東京競馬場開場**

1933（昭和8）年の今日、東京の府中に目黒にあった競馬場が移転する形で東京競馬場がオープンしました。毎年春に行われるレース「目黒記念」は目黒競馬場に由来しています。

**いいお肌の日**

いい（11）お（0）は（8）だの語呂合わせから、スキンケア製品の製造を行っているユニリーバ・ジャパンにより制定されました。

# 11月9日

●霜月（しもつき）
●二十四節気：立冬（りっとう）
●七十二候：山茶始開（つばきはじめてひらく）

# 天領《てんりょう》

江戸時代、日本は各地の殿様が治める「藩」が土地支配の基本になっていましたが、重要な港や鉱山などは江戸幕府が直接治めており、これらの土地が天領と呼ばれました。天領は全国各地にありましたが、飛騨の高山や岡山の倉敷など、当時の街並みが今も残る趣のある観光地がいくつかあります。大分県の日田もそのひとつで、市の豆田地区は江戸の風情を残す国選定重要伝統的建造物群保存地区となっています。

**日田天領まつり**
ひたてんりょうまつり

●大分県日田市豆田町▶JR 日田駅から天領日田資料館まで徒歩約 15 分●日田天領まつりは 40 年以上行われている歴史祭り。当時の代官着任の風景を再現した「西国筋郡代着任行列」などが見どころ。旅行者も武士や町娘等の時代衣装を着て祭りを楽しむことができます。

元日から312日／大晦日まで52日

**今日は何の日?**

**太陽暦採用記念日**

1872（明治5）年の今日、西欧諸国に合わせるように、明治政府は太陰暦（天保暦）から太陽暦へ変更しました。太陰暦の1872年12月2日は太陽暦の1872年12月31日にあたるため、翌日（太陰暦の1872年12月3日）が、1873年1月1日となりました。つまり1872年は12月3日～12月31日が存在していないのです。

**ベルリンの壁崩壊**

1989（平成元）年の今日は、東西ドイツを隔てていた「ベルリンの壁」が崩壊した日。第二次世界大戦後、ソ連を盟主とする社会主義陣営（東）とアメリカを盟主とする自由主義陣営（西）の対立が、終焉となった象徴的な出来事でした。

11月10日

●霜月（しもつき）
●二十四節気：立冬（りっとう）
●七十二候：山茶始開（つばきはじめてひらく）

# 尻つみ祭り

しりつみまつり

その昔伊豆に流された源頼朝は監視役である豪族の娘八重姫と恋仲となりました。彼らが無言で密会したとされるのが音無神社。この神社の例祭の祭儀は、社殿の明かりをすべて消して一切口を開かず、お神酒を隣人に回すときにはお尻をつねって合図をします。「尻つみ」の名はこのお尻をつねる合図から。1975（昭和50）年から祭儀、太鼓の奉納の後に尻相撲が始まり、今ではこちらがメインイベントです。

**音無神社**
おとなしじんじゃ

●静岡県伊東市音無町 1-12 ▶ JR・伊豆急行線伊東駅から徒歩約 15 分●音無神社の例祭が「尻つみ祭り」。無言で執り行う祭儀が「奇祭」といわれる理由ですが、今では尻相撲で有名に。お囃子と太鼓の合図でお尻を突き合わせて、たらいの土俵から落ちた方が負け。商品が出るのでやる方は真剣、観客は爆笑です。

元日から313日／大晦日まで51日

**今日は何の日?**

**いいトイレの日**

いい（11）ト（10）イレの語呂合わせから、日本トイレ協会が制定しました。日本トイレ協会は、建築家やデザイナー、環境問題の研究者や医師、トイレ関連の事業に携わる企業などにより設立されたボランティア組織。トイレ環境の改善やトイレ文化の創造を目的に活動しています。

**エレベーターの日**

日本初の電動式のエレベーターが1890（明治23）年の今日初めて公開されました。場所は東京・浅草に建設された日本最初の高層ビル「凌雲閣」。「浅草十二階」とも呼ばれたれんが造りの12階建てのビルで、展望ビルとして人気でした。関東大震災で8階より上が崩壊。その後再建されることなく解体されました。

# 11月11日

●霜月（しもつき）
●二十四節気：立冬（りっとう）
●七十二候：山茶始開（つばきはじめてひらく）

## 折り紙《おりがみ》

①が4つ並ぶ今日は折り紙の日。1を四角の一辺と見立てて、正方形の折り紙を表す日として、1980（昭和55）年に制定されました。アニメなど世界に広まった日本発の文化はいくつもありますが、折り紙もそのひとつ。折り紙が身近なものになったのは、明治以降教育現場で教材に利用されたのが理由だとか。折り紙をただの遊びと思ったら大間違い。現在は数学や工学の分野でさまざまな研究がされています。

### 日本折紙博物館
にほんおりがみはくぶつかん

●石川県加賀市加茂町ハ90番地1（御菓子城加賀藩2階）▶JR北陸本線加賀温泉駅からバスで加茂バス停下車、徒歩10分。駅からタクシーで7分●5000種10万点もの折り紙作品を所蔵する世界最大の折り紙の博物館。11月11日の折り紙の日には、折り紙への感謝と上達を願って、折り紙供養を行っています。

元日から314日／大晦日まで50日

---

**今日は何の日?**
1年で10月10日に次いで記念日が多いのが11月11日だそうです。いくつか挙げてみましょう。

**世界平和記念日**
**宝石の日**
**ピーナッツの日**
**麺の日**
**電池の日**
**くつしたの日**
**サッカーの日**
**配線器具の日**
**下駄の日**
**チーズの日**
**煙突の日**
**もやしの日**
**ポッキー&プリッツの日**
などなど

11月 12日

●霜月（しもつき）
●二十四節気：立冬（りっとう）
●七十二候：地始凍（ちはじめてこおる）

# 酉の市

とりのいち

11月の「酉の日」に関東にある、鷲神社や大鳥神社など酉の名前の付いた神社で行われる市。来年の商売繁盛を願って熊手などの縁起物が売られます。干支は「年」だけでなく「日」にもあり、子《ね》・丑《うし》・寅《とら》・卯《う》……と12日のサイクルで毎日変わります。11月の酉の日は、年によって異なり、「酉の日」が2回の時は「二の酉」、3回の時は「三の酉」まで市が立つことも。大鷲《おおとり》神社の収穫祭が発祥とされています。

**花園神社**
**はなぞのじんじゃ**

●東京都新宿区新宿 5-17-3 ▶JR 新宿駅から徒歩 8 分、都営新宿線新宿三丁目駅から徒歩すぐ● 11 月の風物詩としてニュースによくここの酉の市が登場します。酉の市の人出、熊手の売れ方で世の景気を占うことも。始まりは明治時代で、現在は合祀されている大鳥神社の日本武尊の 11 月の祭りが元になっています。

元日から315日／大晦日まで49日

**今日は何の日？**

**洋服記念日**

1872（明治5）年の今日、太政官より「礼服ニハ洋服ヲ採用ス」との布告が出されました。明治となって5年経ちましたが、一般の人々はまだまだ和装が普通。西欧に追いつくことを目指した明治政府の政策のひとつで、公の場では和服ではなく洋服を着ることが決められました。

**いい皮膚の日**

いい（11）ひ（1）ふ（2）の語呂合わせから。日本臨床皮膚科医会が記念日に制定しました。皮膚についての正しい知識の普及と皮膚科専門医療に対する理解を深めることを目的としています。

# 11月13日

●霜月（しもつき）
●二十四節気：立冬（りっとう）
●七十二候：地始凍（ちはじめてこおる）

## 漆《うるし》

植物の樹液で、アジア各地で古くからおもに塗料として利用されてきました。日本では1万年以上前の縄文時代から使われており、今では日本が世界に誇る、代表的な伝統工芸品として知られています。

漆製品は熱、湿気、酸やアルカリに強く、防腐、防虫の効果もあるので、食器や家具として利用するのがおすすめ。実用品だけでなく、楽器などの塗装に利用されたり、顔料や染料などを混ぜて、あるいは金粉や貝殻と組み合わせて美しい工芸品となったりします。

### 今日は何の日？

**うるしの日**
日本漆工芸協会が記念日に制定。平安時代の今日、文徳天皇の皇子、惟喬親王が京都の法輪寺を参拝した際に虚空蔵菩薩から漆器の製法を伝授されたという伝承から。

**いいひざの日**
いい(11)ひ(1)ざ(3)の語呂合わせから、関節痛の薬などを開発するゼリア新薬工業株式会社が制定しました。ひざの痛みの予防や治療を呼びかけています。

**ヤンバルクイナ発見**
1981（昭和56）年、沖縄本島の与那覇岳で、日本では約100年ぶりの新種の鳥が発見されました。本島北部の土地を指す言葉「山原（やんばる）」から名前をとってヤンバルクイナの名がつけられました。

### 輪島漆芸美術館

わじましつげいびじゅつかん

●石川県輪島市水守町四十苅11 ▶金沢駅から北鉄奥能登バス「輪島特急」で2時間20分の道の駅・輪島ふらっと訪夢「輪島駅前」下車、徒歩約15分。車の場合、金沢市内からのと里山海道を利用して1時間40分●漆芸品のみを展示する世界で唯一の美術館。漆文化を世界に発信するため1991（平成3）年にオープン。奈良東大寺の正倉院をイメージした建物に4つの展示室があります。

元日から316日／大晦日まで48日

# 11月14日

●霜月（しもつき）
●二十四節気：立冬（りっとう）
●七十二候：地始凍（ちはじめてこおる）

**大神神社**
おおみわじんじゃ
●奈良県桜井市三輪1422 ▶JR桜井線三輪駅から徒歩5分●ご祭神である大物《おおもの》主 大神《ぬしのおおかみ》が三輪山に鎮まることから本殿がなく、山そのものを拝する日本最古の神社。酒造りの神様が祀られていることから、毎年11月に新酒醸造の安全を祈る祭りが行われ、全国から酒造家や杜氏などが参列します。直径約1.5m、重さ約200kgにもなる巨大な杉玉が拝殿に吊り下げられます。

# 杉玉

すぎだま

日本酒の蔵元や造り酒屋の軒下に吊り下げられた緑の玉を見たことがあるでしょうか。これは杉の葉を丸めて作った「杉玉」といわれるもので、新酒ができたことを知らせる「サイン」です。昔は9月に収穫した米で仕込みを始めて、新酒が出来上がるのが11月の半ばだったので、この時期から飾り始めました。現在は仕込みを真冬に行う蔵元が多いので新酒ができるのは春先。なので杉玉は飾りの場合も多いですが、いいお酒が造れますようにと願をかけているようです。

## 今日は何の日?

**関門橋開通**

1973（昭和48）年の今日、関門海峡を挟んだ本州と九州を結ぶ全長約1㎞の関門橋が開通しました。1942（昭和17）年に関門トンネルが開通しているので、本州と九州はすでに陸続きになっていましたが、関門トンネルは鉄道専用のトンネル。この橋の開通により車で本州と九州の行き来ができるように。

**埼玉県民の日**

廃藩置県により1871（明治4）年の今日、埼玉県が誕生しました。県が定める記念日なので、県内の公立小・中・高校が休校になるほか、公立の博物館や美術館が無料となったりします。大分県も今日が誕生日ですが、県が定める記念日ではないため普段の日と変わりのない1日です。

# 11月15日

●霜月（しもつき）
●二十四節気：立冬（りっとう）
●七十二候：地始凍（ちはじめてこおる）

## 竹楽《ちくらく》

大分県竹田《たけた》市で観光振興政策の一環として始まった竹灯籠による街並みのライトアップが、2001（平成13）年から「たけた竹灯籠　竹楽」という名前のイベントとして毎年開催されるようになりました。2万本もの竹灯籠が作り出す幻想的な光景を求めて、3日間で10万を超える観光客が訪れます。このイベントは観光の活性化と同時に、広大な竹林を有する竹田市の環境保全や里山の再生も大きな目的となっています。

**たけた竹灯籠竹楽**
たけたたけとうろうちくらく

●大分県竹田市殿町（武家屋敷通り）▶JR 豊後竹田駅から徒歩 15 分●イベントの中心会場になるのが、江戸時代に岡藩 7 万石の城下町風情が残る武家屋敷通り。竹灯籠によるライトアップは各地で行われていますが、ここでは電飾やほかの素材は一切使わず、竹とろうそくだけで素朴で幽玄な光の世界を作り上げます。

11月16日

●霜月（しもつき）
●二十四節気：立冬（りっとう）
●七十二候：地始凍（ちはじめてこおる）

# 松葉ガニ《まつばがに》

元日から319日／大晦日まで45日

日本海の冬の味覚といえばカニ。今日は富山県より西の日本海側でズワイガニ漁が解禁になる日です。このカニ、水揚げされる場所で名前が異なることで知られており、山陰地方では「松葉ガニ」、福井県では「越前ガニ」、石川県では「加能ガニ」などと呼ばれます。これらはすべてオスのカニで、メスはまた別の名前。おいしいズワイガニですが、近年水揚げが減っており、貴重な味覚になりつつあります。

## 鳥取かにフェスタ《とっとりかにふぇすた》

●鳥取県鳥取市賀露町西4-1806（マリンピア賀露）▶JR山陰本線鳥取駅からタクシーで約15分（イベント期間中は無料シャトルバスが運行）●カニの本場らしいにぎやかなイベント。松葉ガニをはじめとする、各種魚介類がお得な値段で購入できるほか、無料のかに汁の提供やバンドの演奏が行われ、ご当地グルメの屋台などがイベントを盛り上げます。

## 今日は何の日？

**幼稚園記念日**
1876（明治9）年の今日、日本初の幼稚園が東京・湯島に開園しました。東京女子師範学校（現・お茶の水女子大学）付属の幼稚園で、良家の子息50人ほどが入園しました。

**いいいろ塗装の日**
いい（11）いろ（16）の語呂合わせから。1998（平成10）年に創立50周年を迎えた日本塗装工業会が制定しました。

**ワールドカップ初出場決定**
1997（平成9）年の今日、マレーシアの都市ジョホールバルで、サッカー日本代表がアジア第3代表決定戦でイラン代表に勝利し、初のワールドカップ出場を決めました。

11月17日

●霜月（しもつき）
●二十四節気：立冬（りっとう）
●七十二候：金盞香（きんせんかさく）

# 鮟鱇《あんこう》

日本近海の深海に生息し、寒くなってくる晩秋から冬が旬。グロテスクな見た目とは反対に身は淡泊で、皮や内臓、エラまで骨以外捨てるところがないありがたい魚です。ビタミン豊富なあん肝（肝臓）は「海のフォアグラ」と呼ばれ珍重されます。体がヌルヌルで、かなり大きい（体長1mを超えるものも）ので、まな板の上ではなく、魚を吊るした状態でさばく「吊るし切り」という独特の方法で解体します。

## 大洗あんこう祭り
おおあらいあんこうまつり

●茨城県東茨城郡大洗町港中央10番地▶鹿島臨海鉄道大洗駅から徒歩15分●毎年11月中旬、あんこう鍋が地元グルメの代表である茨城県大洗町で開かれる祭り。メイン会場は大洗のシンボル、マリンタワー前の広場。あんこう汁が振る舞われたり、「吊るし切り」の実演や、郷土芸能が披露されたりと、にぎやかなイベントです。

元日から320日／大晦日まで44日

### 今日は何の日?

**将棋の日**

徳川8代将軍吉宗が、それまで将軍の御前で行われていた将棋を、1716（享保元）年の今日「御城将棋の日」として制度化しました。それを記念して日本将棋連盟が将棋普及、発展のために制定しました。

**ドラフト記念日**

毎年11月の中旬、プロ野球ファンには気になるドラフト会議が開かれます。第1回が行われたのは1965（昭和40）年11月17日。そのため今日がドラフト記念日に制定されました。以来、毎年開かれてきた会議では悲喜こもごものドラマが生まれてきました。

11月
18日

●霜月（しもつき）
●二十四節気：立冬（りっとう）
●七十二候：金盞香（きんせんかさく）

# 土木の日《どぼくのひ》

## 東大阪ジャンクション《ひがしおおさかじゃんくしょん》

●大阪府東大阪市荒本北1-1-1（東大阪市役所）▶近鉄けいはんな線荒本駅から徒歩5分●市役所の22階にある展望ロビーから、阪神高速13号東大阪線と近畿自動車道の交差分岐である東大阪ジャンクションがよく見えます。高速道路の直線と曲線が作り出す造形は美しい「土木」の好例で、夜景スポットとして知られています。

土木のことを英語で「Civil Engineering」といいます。直訳すると「市民の工学」。市民生活を支える工事や技術が「土木」であることを考えるとなるほど、と思えます。1879（明治12）年の今日、現在の土木学会の前身である工学会が設立されました。土木学会は歴史的な土木構造物を「土木遺産」として保存する活動をしています。ダムや橋などの巨大な構造物を見て回るマニアもおり、新しい観光スポットとして注目されています。

元日から321日／大晦日まで43日

### 今日は何の日?

**ミッキーマウス誕生日**

世界の人気者ミッキーマウスが、1928（昭和3）年の今日、ディズニーのアニメーション映画『蒸気船ウィリー』に初めて登場しました。

**第1回東京国際女子マラソン**

国際陸上競技連盟（IAAF）が公認する世界初の女性限定のマラソンとして1979（昭和54）年に開催されました。2008（平成20）年まで30回行われ、日本人選手の優勝は11回ありました。シドニーオリンピックの金メダリスト高橋尚子、アテネオリンピックの金メダリスト野口みずきも優勝者です。

# 11月19日

●霜月（しもつき）
●二十四節気：立冬（りっとう）
●七十二候：金盞香（きんせんかさく）

## 紅葉《もみじ》

「こうよう」と音読みする場合は、落葉樹の葉の色が変わる現象を指すことが一般的ですが、「もみじ」と読む場合、カエデ属の特定の植物を指すこともあれば、秋の景色を愛でる「もみじ狩り」のように、「こうよう」と同じ意味で使うこともあり、少々ややこしい言葉です。桜咲く明るい春もいいですが、「もみじ」が色づく秋の愁いを感じる空気は独特のものが。四季折々の景色が楽しめるのは日本の大きな魅力です。

### 養父神社
やぶじんじゃ

●兵庫県養父市養父市場▶JR山陰本線養父駅から徒歩30分。北近畿豊岡自動車道養父ICより10分●兵庫県有数の名所で11月の紅葉祭りには多くの観光客が訪れます。但馬で1番古い神社で、ブランド牛として知られる但馬牛を取引する市場の発祥地といわれています。

元日から322日／大晦日まで42日

### 今日は何の日?

**鉄道電化の日**

1956（昭和31）年の今日、東海道本線の米原と京都の間が電化され、東海道本線全線の電化が完了しました。全線電車が走れるようになり、特急「つばめ」が所要7時間30分で東京と大阪を走りました。

**緑のおばさんの日**

通学する児童を見守り、交通安全を図るための学童擁護員、通称「緑のおばさん」の制度が東京で始まったのが1959（昭和34）年の今日。緑色の制服や帽子を身に着けていたことからこう呼ばれました。その後東京から各地に広がりましたが、現在は学校の保護者が持ち回りで交差点に立ったり、地域のボランティアがその役割を担ったりしていることが多いようです。

# 11月20日

●霜月（しもつき）
●二十四節気：立冬（りっとう）
●七十二候：金盞香（きんせんかさく）

# せんべい焼き
せんべいやき

菅原道真を祭神とする福井県敦賀市にある天満神社の境内社、恵比須神社の祭りで、350年前から続く伝統行事です。文字通り自分で焼いたせんべいを食べて、健康を祈願します。午後5時過ぎに境内に置かれた木材や古いお札に火が放たれます。参列者は長い青竹の先に生せんべいを挟み、大きく燃え上がった「御神火」にかざして焼いていきます。悪病払い、無病息災の御利益があると伝えられています。

**天満神社**
てんまんじんじゃ

●福井県敦賀市栄新町1-6▶JR北陸本線敦賀駅から徒歩25分●創建は980（天元3）年と伝えられる古社。細かな装飾で飾られた拝殿は一見の価値があります。境内に滑り台やブランコが置かれていて、近所の子供たちの遊び場という雰囲気。近くには敦賀赤レンガ倉庫、旧敦賀港駅舎などの観光スポットがあります。

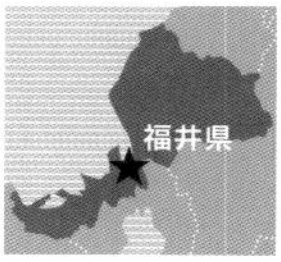


**今日は何の日？**

**世界子供の日**
国連の記念日のひとつで、1959（昭和34）年の今日、「児童の権利に関する宣言」が、1989（平成元）年に「児童の権利に関する条約」が採択されたことにより制定されました。

**ピザの日**
定番のピザ、「マルゲリータ」の由来である、イタリア王妃マルゲリータの誕生日。王妃がナポリを訪れた際、イタリア国旗を模した、赤（トマト）、緑（バジル）、白（モッツァレラチーズ）のピザを供され、たいへんに喜び、自分の名前をつけることを許したそう。なぜか印刷会社の凸版印刷とピザ協議会により制定されました。この記念日はイタリアでは知られていないそうです。

元日から323日／大晦日まで41日

11月21日

●霜月（しもつき）
●二十四節気：立冬（りっとう）
●七十二候：金盞香（きんせんかさく）

# 牡蠣《かき》

日本で1番多く養殖されている真牡蠣はこれからが旬。生でよし、焼いてよし、鍋でもフライでもおいしい牡蠣。ビタミン類、亜鉛・鉄などのミネラル、アミノ酸、エネルギーとなるグリコーゲン、疲労回復効果があるタウリンなどを多く含む牡蠣は「海のミルク」というより「高級栄養ドリンク」。生食の習慣があまりない欧米でも、牡蠣だけは昔から生で食べられてきたのは、多くの人がその栄養効果を知っていたからでしょう。

## 石巻かき祭り

いしのまきかきまつり

●宮城県石巻市魚町2-12-3（石巻市水産総合振興センター）▶JR千石線石巻駅からタクシーで15分●日本有数の牡蠣の産地である石巻で行われるイベント。牡蠣尽くしの料理が食べられるほか、郷土芸能の披露も。石巻には「かき小屋」や牡蠣料理を出す食堂、居酒屋などが多数あり、牡蠣好きにはたまらない街です。

### 今日は何の日?

**世界テレビ・デー**
国連が制定する国際デーのひとつで、1996（平成8）年の今日、第1回世界テレビフォーラムが開かれたことを記念に制定されました。目的は平和、安全、社会開発、文化交流に関するテレビ番組を世界で交流すること。

**インターネット記念日**
今や情報を得る手段としてなくてはならないインターネット。1969（昭和44）年の今日、アメリカで現在のインターネットの原型といわれるシステムが、4つの大学を結んで公開実験が行われました。ちなみにこの公開実験に先立つ同年の10月29日、初めて通信が行われた日が「インターネット誕生日」となっています。

# 11月22日

●霜月（しもつき）
●二十四節気：小雪（しょうせつ）
●七十二候：虹蔵不見（にじかくれてみえず）

# 高千穂夜神楽まつり《たかちほよかぐらまつり》

宮崎と鹿児島の県境近くの高千穂峰は、日本神話に天孫降臨（神様が地上に降りてきた）地として描かれている山。宮崎の高千穂神社の神楽殿では、この神話が神楽で毎日奉納されており、誰でも鑑賞することができます。神楽は33番まであり、毎日夜8時より奉じられるのは代表的な4つの舞だけですが、毎年11月22、23日に開催されるこの祭りでは、2日間かけて1番から33番まですべての神楽が奉じられます。

**高千穂神社**
たかちほじんじゃ

●宮崎県西臼杵郡高千穂町三田井1037▶JR日豊本線延岡駅からバスで1時間15分の高千穂バスセンターから、徒歩15分●約1900年前に創建されたという九州を代表する古社。高千穂郷八十八社の総社で、本殿と所蔵品の鉄造狛犬1対は国の重要文化財に指定されています。樹齢800年といわれる夫婦杉がご神木。

元日から325日／大晦日まで39日

## 今日は何の日？

**いい夫婦の日**

いい（11）夫婦（22）の語呂合わせから。余暇開発センター（現・（財）日本生産性本部）が1988（昭和63）年に制定しました。1985（昭和60）年に政府は11月を「ゆとりの創造月間」にすると提唱。それに合わせて夫婦で余暇を楽しみましょう、という思いから記念日となりました。

**ボタンの日**

1871（明治3）年の今日、日本政府は海軍の制服を制定。その制服に金地に桜と錨の模様の国産ボタンが採用されたことから、全国ボタン工業連合会などにより記念日に制定されました。

# 11月23日

●霜月（しもつき）
●二十四節気：小雪（しょうせつ）
●七十二候：虹蔵不見（にじかくれてみえず）

# 新嘗祭《にいなめさい》

日本書紀によると、秋の収穫を神々に感謝する風習が宮中の行事として始まったのは仁徳天皇時代。現在でも宮中の重要な祭祀で、天皇が新しく収穫された五穀を神に供え、また自らそれを食し、収穫に感謝します。新嘗祭は神社の年間行事の中でも特に大切なもので、全国各地の神社で盛大に行われます。東京の明治神宮では、東京近郊で収穫されたたくさんの野菜が積まれた宝船が奉納展示されます。

**明治神宮**
めいじじんぐう

●東京都渋谷区代々木神園町1-1（社務所）▶JR山手線原宿駅から徒歩2分●明治天皇と昭憲皇太后をお祀りするために1920（大正9）年に創建されました。正月三が日に300万人以上の参拝者が訪れることで知られています。境内にあるパワースポットとして知られる清正井（きよまさのいど）なども人気のスポットです。

元日から326日／大晦日まで38日

**今日は何の日?**

**勤労感謝の日**
戦前は「新嘗祭」の名前の祭日でしたが、戦後GHQの占領政策の方針として宮中行事と国民生活を切り離すことが進められていたため、新たな名前の休日となりました。農産物の収穫に感謝する新嘗祭から、農業に限らず勤労の結果得られた生産を祝い、国民がお互いに感謝しあう日とされています。

**いいふみの日**
いい(11)ふみ(23)の語呂合わせから。郵政省（現・日本郵政）が1979（昭和54）年に制定。メールやSNSのメッセージでやりとりすることが当たり前になっている現代ですが、手紙のよさを見直すのもいいかもしれません。

11月24日

●霜月（しもつき）
●二十四節気：小雪（しょうせつ）
●七十二候：虹蔵不見（にじかくれてみえず）

# おんな神輿《おんなみこし》

神輿といえば、威勢のいい掛け声とともに男たちが力強く担ぐイメージがありますが、「おんな神輿」が名物になっている祭りも。山口県の防府天満宮の秋の祭りもそのひとつ。11月の第4土曜日の夜に行われる御神幸祭「裸坊祭」は男だけの祭りで、その翌日の昼に、女だけの「天神おんな神輿」が街を練り歩きます。2基のおんな神輿に地元の子供たちのお囃子隊が加わり、華やかでほほ笑ましい祭りになります。

**防府天満宮**
**ほうふてんまんぐう**

●山口県防府市松崎町14-1 ▶JR山陽本線防府駅から徒歩15分●全国各地にある天満宮（天神様）のなかで最も古く、御祭神である菅原道真公が亡くなった翌年の904（延喜4）年に創建されました。京都の北野天満宮、福岡の太宰府天満宮と並び日本三大天神といわれています。おんな神輿前日の御神幸祭は、防府天満宮の最も大きな祭りで、2日間で15万人の参拝者が集まります。

元日から327日／大晦日まで37日

**今日は何の日?**

**オペラ記念日**

日本で初めてオペラが上演されたのが1894（明治27）年の今日。この年勃発した日清戦争の傷病兵の慰問のために、東京音楽学校奏楽堂（現・東京芸術大学）で上演されました。ただし江戸時代、長崎の出島でオランダ人によるオペラのような舞台が上演されたとの記録などもあるので、「本格的な」オペラの初上演ということになります。

**東京天文台設置**

1921（大正10）年の今日、現在の東京都港区麻布台に東京大学が管理する天文台が設置されました。当時は東京の中心に近い麻布でも星が観測できるほど、夜空が暗かったわけです。ただ周辺の開発がどんどん進んだため、3年後には三鷹に移転されました。

11月25日

●霜月（しもつき）
●二十四節気：小雪（しょうせつ）
●七十二候：虹蔵不見（にじかくれてみえず）

# 銀杏並木《いちょうなみき》

元日から328日／大晦日まで36日

日本で1番多い街路樹は何でしょうか。3位はケヤキ、2位はサクラ、1位はイチョウです。「豊かな景観を作る」「日陰で路面の温度上昇を抑える」「車の排ガスを吸収する」など街路樹にはいろいろな役割がありますが、大気汚染に強く、秋に美しく黄葉するイチョウは街路樹に最適。また都会を中心にイチョウが多く植えられている最大の理由は燃えにくいこと。都会では火災の延焼を食い止める役割もあるのです。

**神宮外苑**
じんぐうがいえん
●東京都港区北青山１丁目▶東京メトロ外苑前駅または青山一丁目駅から徒歩3分●青山通りから北に延びる約400 mの通り沿いにイチョウ並木があります。例年11月中旬から12月初旬が黄葉の最盛期。美しく色づいた通りは東京の秋を代表する風景です。この時期、神宮外苑いちょう祭りが行われ、多くの人が訪れます。

# 11月26日

●霜月（しもつき）
●二十四節気：小雪（しょうせつ）
●七十二候：虹蔵不見（にじかくれてみえず）

# ペンの日《ぺんのひ》

1935（昭和10）年の今日、日本ペンクラブが誕生。文学を通じて諸国の相互理解を深め、表現の自由を擁護するための国際組織「国際ペンクラブ」の日本支所でした。当時の日本は満洲事変後に国際連盟を脱退して、国際的に孤立した時期。それを愁い、平和を願う心ある人たちによって作られました。初代の会長は小説家、島崎藤村。しかしペンクラブの思いとは裏腹に、その後日本は戦争に突き進んでいきました。

**馬籠宿《まごめじゅく》**

●岐阜県中津川市馬籠▶中央自動車道中津川ICから20分●旧中山道の43番目の宿場で石畳が敷かれた坂道の両側に古い町並みが復元され、江戸時代の宿場町の風情を今に伝えます。宿場のほぼ中間に島崎藤村の生家跡に建てられた藤村記念館があります。代表作『夜明け前』の原稿のほか、6千点に及ぶゆかりの品を所蔵。

元日から329日／大晦日まで35日

**今日は何の日？**

**いい風呂の日**

いい（11）風呂（26）の語呂合わせから。浴用剤に関係する業者が作る日本浴用剤工業会が制定しました。寒くなってきて温かいお風呂がうれしい季節、この日に合わせて全国の温泉や銭湯で無料入浴などのイベントが行われます。

**はやぶさがイトカワに着地**

2005（平成17）年の今日、小惑星探査機「はやぶさ」が直径500mほどの小惑星「イトカワ」に着陸し、その後表面岩石試料を採取して、サンプルを地球に持ち帰ることに成功しました。ちなみに「イトカワ」の名前は日本のロケット開発の父、糸川英夫博士に由来します。

# 11月27日

●霜月（しもつき）
●二十四節気：小雪（しょうせつ）
●七十二候：朔風払葉（きたかぜこのはをはらう）

## 赤城おろし

あかぎおろし

北風の冷たさが身に染みるようになる季節。日本各地には「○○おろし」といわれる、山や丘から吹き下ろしてくる風があります。阪神タイガースの応援歌で有名な「六甲おろし」もそのひとつ。北関東、特に群馬県は日本海から山を越えて吹き下ろす「上州からっ風」で知られ、「赤城おろし」はその代表です。冷たい北風は山で空気中の水分を雪として降らせてしまうので、その後は乾燥した「からっ風」になるのです。

**赤城山**
あかぎやま

●群馬県前橋市富士見町赤城山1-14（赤城山総合観光案内所）▶関越自動車道赤城ICより約50分●カルデラ湖である大沼を囲んで1800～1200mのいくつもの峰が取り囲んでいて、その全体を指して赤城山と呼びます。1番高い峰が1828mの黒檜山。赤城山として日本百名山に数えられ、夏は登山者でにぎわいます。

**今日は何の日？**
**ノーベル賞制定記念日**

ダイナマイトの発明で巨万の富を得た化学者のアルフレッド・ノーベル博士が、その富を拠出して財団を設立。博士の死後、その遺言に従って、人類の平和や発展に寄与した個人や団体の功績をたたえるため始まったのがノーベル賞です。1895（明治28）年の今日は、ノーベルがその遺言状を書いた日とされています。第1回の生理学・医学賞は、ジフテリアの血清療法の研究者ベーリングが受賞しましたが、当時「共同受賞」という考えがあれば、北里柴三郎も受賞していたと考えられています。

# 11月28日

●霜月（しもつき）
●二十四節気：小雪（しょうせつ）
●七十二候：朔風払葉（きたかぜこのはをはらう）

## 渡り鳥《わたりどり》

渡り鳥は2種類あって、夏前に主に繁殖のために南から日本に移動する鳥を「夏鳥」、冬前に主に越冬のために北から日本に移動する鳥を「冬鳥」といいます。冬鳥の代表がハクチョウで、日本各地に飛来地があります。都心に近い飛来地として知られる千葉県印西市にある「白鳥の郷」には、毎年1000羽以上のハクチョウがやってきます。手軽に観察や撮影ができるスポットとして野鳥ファンに人気があります。

### 白鳥の郷
はくちょうのさと

●千葉県印西市笠神▶JR成田線小林駅または京成成田空港線印旛日本医大駅から車で15分
●ここは自然の川や湖ではなく、休耕田に水を張って人工の湿地を作っています。地元の愛好家が何年もかけて餌付けをしてきたことで、毎年多くのハクチョウが集まってくるようになりました。観察できる時期はだいたい11月から3月です。

元日から331日／大晦日まで33日

**今日は何の日?**

**太平洋記念日**

船で世界一周をして地球が丸いことを証明したポルトガルの探検家マゼランが、南米大陸の南端を通過して太平洋に到達しました。1520年の今日、太平洋と名付けられました。南米大陸最南端にある大西洋と太平洋を結ぶ水路はマゼラン海峡と呼ばれています。ちなみにマゼラン自身は航海の途中に命を落とし世界一周はしておらず、部下が世界一周を成し遂げました。

**鹿鳴館開館**

明治政府の欧化政策を象徴する鹿鳴館が1883（明治16）年の今日オープン。設計を担当したのはイギリス人建築家ジョサイア・コンドル。鹿鳴館は今日はありませんが、彼が手掛けたニコライ堂、旧岩崎邸、旧古河邸などは、現存しています。

# 11月29日

●霜月（しもつき）
●二十四節気：小雪（しょうせつ）
●七十二候：朔風払葉（きたかぜこのはをはらう）

# 国会議事堂

こっかいぎじどう

元日から332日／大晦日まで32日

日本で初めての議会（帝国議会）が1890（明治23）年の今日、明治天皇臨席の下開かれました。記念すべき最初の議会が開かれたのは実は仮の議事堂で、その仮の議事堂も会期中の2カ月後に漏電による火事で焼失。すぐに次の議事堂建設作業が始まりましたが、これも仮の建物。現在の場所に国会議事堂が建ったのは、国会開設の詔が発せられた1881（明治14）年の実に55年後の1936（昭和11）年でした。

**国会議事堂**
こっかいぎじどう

●東京都千代田区永田町1-7-1 ▶東京メトロ国会議事堂前駅から徒歩3分●建設が始まったのは1920（大正9）年。工事開始後に関東大震災などもあり、17年もの歳月がかかりました。中央に建つ塔の高さは65.45mで、竣工時には日本で1番高い建物でした。国会会期中、年末年始などを除き内部の見学ができます。

**今日は何の日？**

**いい肉の日**
毎月29日は肉（29）の日ですが、今日は1年に1度のいい（11）肉（29）の日。「より良き宮崎牛づくり対策協議会」によって制定されました。全国の精肉店、スーパーで特売などのイベントが行われます。

語呂合わせで次のような記念日も制定されています。

**いい服の日**
**いい文具の日**
**イーブックの日**
**いいフグの日**

**パレスチナ人民連帯国際デー**
1947（昭和22）年、国連総会でパレスチナ分割決議が採択され、翌年にユダヤ人の国家、イスラエルが誕生。決議にはアラブの国の多くが反対し、中東戦争の火種となりました。

# 11月30日

●霜月（しもつき）
●二十四節気：小雪（しょうせつ）
●七十二候：朔風払葉（きたかぜこのはをはらう）

# 江ノ電《えのでん》

例年この時期、「江ノ電タンコロまつり」が行われます。「タンコロ」とは、戦前に使用され、現在も保存されている古い車両の愛称で、祭りでは車両の展示のほか、車掌体験やグッズの販売など、沿線住民に親しんでもらうためのイベントです。江ノ電は営業距離10kmの短い路線ですが、ドラマや映画、アニメの舞台になったこともあり、日本だけでなく世界中から観光客が押し寄せる人気の鉄道です。

**江ノ島電鉄**
**極楽寺駅**
えのしまでんてつ
ごくらくじえき

●神奈川県鎌倉市極楽寺7-4 ▶鎌倉駅から4番目の駅で所要7分●この駅のすぐ近くに江ノ電の車両基地があり、ここに「タンコロ」が展示されます。鎌倉高校前駅の踏切は、世界的に人気のあるアニメ『スラムダンク』に登場するため、世界中（特に台湾）からの観光客が押し寄せています。

元日から333日／大晦日まで31日

**今日は何の日?**

**カメラの日**

1977（昭和52）年の今日、コニカが世界初のオートフォーカスカメラを発売しました。今のカメラでは当たり前ですが、自動的にピントを合わせてくれる機能をもった画期的なカメラとして100万台以上販売した大ヒット商品となり、女性や中高年世代の市場を開拓していきました。

**台風上陸**

1990（平成2）の今日、台風（28号）が和歌山県白浜に上陸しました。これは観測史上1年で最も遅い台風の上陸でした。この年の夏は記録的な高温で、秋になっても高気圧の勢力がなかなか衰えず、そのため普段は日本上空を吹く偏西風が北へ追いやられてしまったのが原因です。

## コラム11 記念日の作り方

ほぼ毎日のように記念日があります。誰もが知っているような記念日や誰もが納得するような記念日があれば、「へー、そんな記念日があったんだ」というような、あまりなじみのない記念日もあります。「建国記念の日」や「憲法記念日」のように法律で決められた記念日とは異なり、一般的な記念日には公的な効力は何もありません。とはいえなぜこんなにたくさんの記念日があるのでしょう。それは、マーケティング的な効力があるからです。

記念日は誰でも作ることができます。一般社団法人日本記念日協会に申請し、審査を通ればOK。個人でも団体でも申請は自由にできます。申請書には、「○月○日をこういう理由で××記念日にしたい」ということを書きます。それに加えて何のための記念日で、記念日にすることでどんな活動をしていくかという目的も必要です。そのほかの項目を埋めてようやく審査の対象となり、1週間ほどの審査で認定の合否が申請者に通知されます。認定合格の通知を受けただけでは、まだ記念日になりません。登録料（15万円／1件）を納入し、登録証が発行されて晴れて記念日となります。

先に記したようにこの記念日には公的な効力はありませんが、広告やイベントなどで記念日を標記する際に「日本記念日協会登録済」と謳うことができます。プロモーションがうまくいけば「今日は○○記念日」ということを一般に浸透させることができるでしょう。そうなれば広告の効果は絶大。15万円という金額も安いものになるかもしれません。

# 12月

## 師走《しわす》

# 12月 1日

●師走（しわす）
●二十四節気：小雪（しょうせつ）
●七十二候：朔風払葉（きたかぜこのはをはらう）

## 霜月祭り《しもつきまつり》

飯田市上村と南信濃地区の9神社で行われる遠山の霜月祭りは、伝統的な湯立て神楽を今も伝承しています。神社の中央に備えた釜戸で湯をたぎらせて神々にささげ、祭りのクライマックスには天狗などの面をした神職が登場して、煮え切った湯を素手ではねかけて1年の邪悪を払い、新たな年を迎えます。地域や神社によって釜の数、祭りの内容、面の構成が異なり、同じ祭りでも違った趣が見られます。

元日から334日／大晦日まで30日

### 遠山郷《とおやまごう》

●長野県飯田市南信濃和田548-1（遠山郷観光協会）▶中央自動車道飯田I.C.または松川I.C.から約1時間10分●元信州遠山氏の領地で、長野県の南端にあります。天竜川の支流、遠山川に沿った山深い谷あいの地域で、日本の秘境100選のひとつ。約800年の伝統をもつ国重要無形民俗文化財の霜月祭りが有名です。

### 湯立て神楽

日本の伝統的な神楽の形式のひとつで、釜で湯を煮えたぎらせ、その湯を使って神事を行います。旧暦の11月に行うので「霜月神楽」とも呼ばれます。全国的に行われていますが、神社や地域によって違いがあります。遠山郷や愛知県奥三河などでは、神事の間に猿楽風の仮面の舞が行われます。一方、秋田県横手市では巫女が湯立てをして舞を舞い、託宣を行います。

### 今日は何の日？
**映画の日**

1896（明治29）年に日本で初めて映画が一般公開されたことを記念した日。当時はひとりずつのぞき込んで見る「キネトスコープ」と呼ばれるものでした。毎年、この日は入場料割引などのサービスも行われています。

# 12月2日

●師走（しわす）
●二十四節気：小雪（しょうせつ）
●七十二候：橘始黄（たちばなはじめてきばむ）

# 夜祭《よまつり》

京都祇園祭、飛騨高山祭とともに日本の三大曳山祭りのひとつといわれる秩父の夜祭。勇壮な屋台囃子を打ち鳴らしながら、豪華絢爛な笠鉾・屋台が街中を巡り、屋台両袖に特設した舞台では、秩父歌舞伎も催されます。夜空を染める花火、提灯の明かりが揺れる笠鉾・屋台の共演が多くの人を魅了します。

**秩父市**
**ちちぶし**

●埼玉県秩父市番場町2-8（秩父まつり会館）▶西武鉄道西武秩父駅下車●秩父神社に立った絹織物の市「絹大市（きぬのたかまち）」の経済的な発展とともに盛大に行われるようになったのが秩父夜祭です。

元日から335日／大晦日まで29日

12月3日

●師走（しわす）
●二十四節気：小雪（しょうせつ）
●七十二候：橘始黄（たちばなはじめてきばむ）

# 諸手船神事《もろたぶねしんじ》

元日から336日／大晦日まで28日

出雲の「国譲り神話」にちなんだ神事です。美保関港から2艘の古代船（諸手船）に白装束の氏子たちが乗り込み、厳寒の海へ繰り出します。対岸の客人社（まろうどしゃ）の下を折り返し、到着後に櫂で激しく海水を掛け合います。国譲りの際に大国主命（大黒様）が意向を確認するために、2艘の船に神々が乗り込み、美保関に住む事代主命（恵比須様）の下へ意見を聞きに来る様子を表現しています。

**美保神社**
みほじんじゃ

●島根県松江市美保関町美保関608▶JR山陰本線松江駅から一畑バス「万原線・美保関ターミナル行」で「万原停留所」下車、美保関コミュニティバス「美保関線」に乗り換え、「美保神社入口」下車、徒歩1分●五穀豊穣の神、三穂津姫命と商売繁盛の神、事代主神（恵比須様）を祀ります。諸手船神事と一緒に4月に行われる青柴垣《あおふしがき》神事も国譲りの神話に由来する祭礼として有名です。

**今日は何の日?**

**国際障害者デー**

12月3日から9日までを「障害者週間」と定めています。1982（昭和57）年のこの日に国連総会で「障害者に関する世界行動計画」が採択されました。障がい者福祉について関心と理解を深め、障害者が社会、経済、文化その他のあらゆる分野で積極的に活躍する意欲を高めることを目的としています。

**カレンダーの日**

現在日本の暦は太陽暦を採用しています。1872（明治5）年の今日、明治政府は「来る12月3日を新暦（太陽暦）の明治6年1月1日とする」と発表。日本が文明国家に仲間入りしたことを海外にアピールするための政策でしたが、当時は23日後に暦が変わり、想像以上に混乱したようです。

12月4日

●師走（しわす）
●二十四節気：小雪（しょうせつ）
●七十二候：橘始黄（たちばなはじめてきばむ）

# ミカン

冬の代表的な果物ミカン。種類もたくさんありますが、一般的に冬場に出回るミカンといえば「温州みかん」を指します。日本原産といわれ、九州、四国、紀伊半島、東海地方など、温暖な地域での栽培が盛んです。ミカンの生産日本一は和歌山県。特に有田市や有田川流域で栽培される「有田みかん」は県産でも40%以上を占め、2006（平成18）年には地域団体商標制度で地域ブランドとして認められています。

**有田市みかん街道**
ありだしみかんかいどう

●和歌山県有田市宮崎町▶阪和自動車道有田I.C.から約20分●有田みかんの山畑を背景に、紀伊水道と湯浅湾を望むドライブコース。山と海が織りなす雄大な景色が楽しめ、サイクリングやツーリングなどのアクティビティを気軽に楽しめます。途中には地元食材を使った料理と絶景を堪能できるレストランや、正面に海を眺められ夕陽100選にも選ばれている展望台もあります。

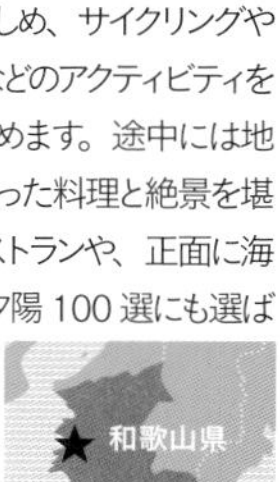


**みかんの種類**

みかんは収穫される時期で種類が分かれます。1番早い9～10月収穫の種類が極早生温州。10～12月に主に九州で収穫されるのが早生温州、11～12月の種類が中生温州で四国、和歌山などで収穫。1番遅いのが普通温州で、11月下旬～12月に静岡、和歌山、福岡などで収穫されます。日本で最も消費量の多い果物でしたが、最近はバナナ、リンゴに次ぐ3位になっています。

**今日は何の日？**

**E.T.の日**

1982（昭和57）年、スティーブン・スピルバーグ監督・製作のSF映画『E.T.』が日本で公開された日。アメリカでは、当時の映画興行収入最高の約3億ドルを記録。「E.T.」とは「The Extra – Terrestrial（地球外生命体）」の名称です。

# 12月5日

●師走（しわす）
●二十四節気：小雪（しょうせつ）
●七十二候：橘始黄（たちばなはじめてきばむ）

元日から338日／大晦日まで26日

## 光《ひかり》のページェント

冬になると、日本各地でイルミネーションやろうそくの火を用いた光のイベントが多くなります。夜の時間が長くなり、光を楽しむ時間が増えるからでしょう。有名なのは仙台市や新潟市の「光のページェント」。仙台市では、冬になると定禅寺通りのケヤキ並木が冬枯れで殺風景になるので、天の川のように電飾で飾りつけます。

**SENDAI 光のページェント**
せんだいひかりのぺーじぇんと

●宮城県仙台市青葉区定禅寺通▶仙台市営地下鉄南北線勾当台公園下車すぐ
●12月上旬から12月31日まで、定禅寺通り約800mが約60万個のLED電飾できらびやかに染まります。1986（昭和61）年から始まり、約200万人が訪れます。点灯時間は17:30～22:00（曜日で異なる）。

12月 6日

●師走（しわす）
●二十四節気：小雪（しょうせつ）
●七十二候：橘始黄（たちばなはじめてきばむ）

# 第九《だいく》

正式には「交響曲第9番ニ短調作品125」で、ベートーヴェンが1824年に作曲した独唱と合唱を伴った交響曲です。副題に「合唱」と付されることも多いようです。ところでなぜ日本ではこの曲が年末によく演奏されるのか？　1940年代後半、オーケストラや合唱団の年末年始の生活を改善するため、当時の日本交響楽団（現・NHK交響楽団）が年末に演奏するようになり、それが定例になったようです。

## 日本橋三越本店
にほんばしみつこしほんてん

●東京都中央区日本橋室町1-4-1 ▶銀座線または半蔵門線三越前駅より徒歩すぐ●日本橋にある老舗デパートの年末の風物詩。本館1階のレセプションエリアを使って、ミニコンサートが行われます。第九の合唱は、2019年で第35回となる歴史のあるコンサートで、アマチュアの合唱団が登場し、すばらしい歌声を披露してくれます。

**第九の初演奏**

日本で第九が初めて演奏されたのは、1918（大正7）年6月1日です。徳島県板東町（現在の鳴門市）にあった板東俘虜収容所で、ドイツ兵捕虜が全曲演奏したのが初演とされています。公式の初演は1924（大正13）年に東京音楽学校のメンバーがドイツ人教授の指揮で演奏されたものだそうです。

**今日は何の日？**

**音の日**

1877（明治10）年の今日、アメリカの発明家、トーマス・エジソンが自ら発明した蓄音機に「メリーさんの羊」の音を録音・再生に成功しました。これはオーディオの誕生記念でもあります。

元日から339日／大晦日まで25日

12月
7日

●師走（しわす）
●二十四節気：大雪（たいせつ）
●七十二候：閉塞成冬（そらさむくふゆとなる）

# クリスマスツリー

欧米ではモミやアカマツなどの木に、リボン、ろうそく、ツリートップなどのオーナメントをクリスマスのために飾りつけます。日本で初めてクリスマスツリーが飾られたのは1886（明治19）年、横浜で食料品や和洋酒類の小売・輸出入業を営む明治屋でした。横浜に滞在していた外国人船員のために飾りつけたものでしたが、1900（明治33）年に東京・銀座に進出し、季節の装飾として広がりました。

元日から340日／大晦日まで24日

**カレッタ汐留**
かれったしおどめ

●東京都港区東新橋 1-8-2 ▶JR山手線新橋駅汐留改札より徒歩4分●ミュージアムやミュージカルシアター、飲食店やショップを併設した複合商業施設。毎年テーマを設け、趣向を凝らしたクリスマスのイルミネーションショーは圧巻。地上約200mの高さがある46、47階の無料展望スペースでは東京湾ビューが一望できます。

**今日は何の日？**

**クリスマスツリーの日**

クリスマスツリーはもともとキリスト教とは無関係でした。古代ゲルマン民族の「ユール」という冬至の祭りで使われていた、生命の象徴である樫の木が原型で、ゲルマン民族をキリスト教化させるとき、樫の木をモミの木に変えたといわれています。そして、15世紀にドイツ・フライブルクのパン職人が救貧院にツリーを飾ったことがクリスマスツリーの最初とされ、それがドイツ国内、ヨーロッパ、アメリカに広まり、日本にも伝わりました。

現在、世界で最も有名なクリスマスツリーのひとつはアメリカ・ニューヨークのロックフェラーセンターのツリーで、感謝祭の翌週水曜日から翌年の公現祭まで設置されています。

12月8日

●師走（しわす）
●二十四節気：大雪（たいせつ）
●七十二候：閉塞成冬（そらさむくふゆとなる）

# お火焚祭《おひたきさい》

お火焚きとは、京都を中心に行われ、陰暦11月に神社の社前に薪を井桁に積み上げ供え物をし、火を焚いて祭る神事です。願い事などを書いた祈願串を焚き上げることで、天上の神に届けます。東かがわ市の白鳥神社で行うお火焚きは1年間使ったお守り、古い神具などの神昇げを行い、燃やします。その火で焼いたミカンを食べると、翌年も無病息災で健康に過ごせるといわれ、「おみかん焼き」とも呼ばれます。

**白鳥神社《しろとりじんじゃ》**

●香川県東かがわ市松原69番地▶JR高徳線讃岐白鳥駅下車、徒歩約3分、高松自動車道白鳥大内I.C.から約5分●能褒野（のぼの、現・三重県亀山市）で亡くなった日本武尊が白い鳥となって飛び去り、讃岐国松原に舞い降りたとして、白鳥神社として日本武尊を祀っています。お火焚祭は弘化年間（1845〜48）から行われているといわれ、神社の特殊神事になっています。

今日は何の日?
**太平洋戦争開戦記念日**

1941（昭和16）年12月8日午前3時19分（アメリカ時間の7日午前7時49分）、日本軍がハワイ・オアフ島の真珠湾にあるアメリカ軍基地を奇襲攻撃し、太平洋戦争が勃発しました。戦争を始める場合、通常は相手国に宣戦布告し、最後通牒を交付して攻撃を開始するのが国際ルールです。しかし、このときは日本の最後通牒の文書作成に時間がかかり、事実上の奇襲攻撃となってしまいました。この攻撃でアメリカは戦艦11隻の沈没、400機近い航空機の破壊という大損害を受けました。それ以降、アメリカ軍では「リメンバー・パールハーバー」が戦争遂行の合言葉となり、約3年半に及ぶ対日戦に突入していきました。

元日から341日／大晦日まで23日

12月9日

●師走（しわす）
●二十四節気：大雪（たいせつ）
●七十二候：閉塞成冬（そらさむくふゆとなる）

# ルミナリエ

ルミナリエとはイタリア語で小電球などによるイルミネーションを指します。16世紀後半の祭礼や装飾芸術のひとつとして誕生したもので、光の魅力を駆使した建築物が起源です。

日本でのルミナリエは、1995（平成7）年12月に神戸市で始まりました。その年の1月17日に襲った阪神・淡路大震災の記憶を次世代に語り継ぎ、神戸の街と市民の夢と希望を象徴する行事として開催され、2019年には25回目の開催を迎えました。

元日から342日／大晦日まで22日

## 神戸市

こうべし

●兵庫県神戸市中央区加納町6-4-1（東遊園地）▶JR神戸線三ノ宮駅下車、徒歩約10分
●背後に六甲山を控え、日本を代表する神戸港を有します。1868（明治元）年に兵庫港として開港、外国人居留地がつくられました。神戸ルミナリエはこの外国人居留地跡や東遊園地を会場として行われ、毎年300万人以上が来場しています。

**外国人居留地**

江戸幕府が幕末に結んだ修好通商条約で開港・開市した街に設置した、外国人の居留および交易区域です。箱館（函館市）、神奈川（横浜市中区）、長崎、兵庫（神戸市中央区）の4港のほか開市した東京（築地）、大阪（川口）にも設置されました。

# 12月10日

●師走（しわす）
●二十四節気：大雪（たいせつ）
●七十二候：閉塞成冬（そらさむくふゆとなる）

## 南天《なんてん》

夏に咲いた白い花は徐々に赤くなり、冬には真っ赤な果実をつけます。音が「難転」、つまり「難を転じる」に通じることから縁起木とされ、江戸時代には玄関先によく植えられていました。また、赤い色に厄除けや魔除けの力があるとも。薬木としても知られ、赤い実には咳止めの作用がある成分が含まれ、のどあめの原料になります。葉には殺菌、防腐作用があり、乾燥させてお茶として飲まれることもあります。

### 極楽寺真如堂
ごくらくじしんにょうどう

●京都府京都市左京区浄土寺真如町82 ▶ JR京都駅から京都市営バス「5系統」「17系統」「100系統」で約40分、「錦林車庫前」下車、徒歩約8分
●984（永観2）年に開創した、比叡山延暦寺を本山とする天台宗のお寺です。春は桜、秋は紅葉が有名ですが、冬には総門の手前のあちらこちらに南天が見られます。

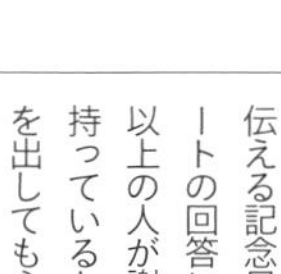


元日から343日／大晦日まで21日

### 今日は何の日？

**世界人権デー**

1948（昭和23）年の今日、国連第3回総会で「世界人権宣言」が採択されました。基本的人権尊重の原則を定めたもので、初めて人権の保障を国際的にうたった画期的なものです。多岐の分野にわたり、すべての人が持っている権利を内容とし、世界各国の憲法や法律に取り入れられるとともに、さまざまな国際会議の決議にも用いられています。

**ごめんねの日**

言葉通り、謝罪の気持ちを伝える記念日です。アンケートの回答によると、半分以上の人が謝りたいことを持っているとか。その勇気を出してもらうため、背中を押したいという気持ちが込められています。

12月11日

●師走（しわす）
●二十四節気：大雪（たいせつ）
●七十二候：閉塞成冬（そらさむくふゆとなる）

# 寒ブリ

かんぶり

冬の味覚の代表でもある寒ブリ。1年中食べられるブリですが、秋から越冬と産卵のために餌を活発に食べ始め、丸太のように丸々と太ります。通常はおなかの部分にだけ脂がのるのですが、寒ブリは背中まで脂がのり、天然物は身もしまっています。ブリは初冬から産卵のために北海道から九州へ南下します。その中間地点である富山湾の氷見近海で揚がるブリは最も脂がのって、最高の状態だといわれています。

**氷見漁港**

**ひみぎょこう**

●富山県氷見市比美町435▶JR氷見線氷見駅下車、徒歩約15分●富山県を代表する漁港のひとつで、冬のブリは「氷見ブリ」と呼ばれ、地元の名産にもなっています。漁港からは寒ブリ漁を見学できる観光船も発着し、市場では競りの様子も見学できます。市場2階には、取れたての魚が味わえる食堂もあります。

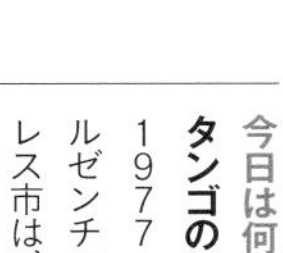


今日は何の日？

**タンゴの日**

1977（昭和52）年にアルゼンチン・ブエノスアイレス市は、この日を「タンゴの日」と制定。アルゼンチンの国民的タンゴ歌手のカルロス・ガルデルとタンゴ作曲家のフリオ・デ・カロの誕生日がともに12月11日だったことに由来しています。タンゴは19世紀末にブエノスアイレスで生まれ、当初は貧民街のダンス音楽でしたが、ダンスホールなどで踊られるようになり、ヨーロッパにも伝わりました。

**胃腸の日**

飲み会も増えてくるこの時期は胃に一番負担のかかる時期です。そこで12（いに）11（いい）の語呂合わせから、胃腸をいたわろうと日本OTC医薬品協会が制定しました。

元日から344日／大晦日まで20日

# 12月12日

●師走（しわす）
●二十四節気：大雪（たいせつ）
●七十二候：熊蟄穴（くまあなにこもる）

## 冬眠《とうみん》

（冬）眠は長く厳しい冬を乗り切るための動物たちの知恵です。カエルのように体温を下げて仮死状態になる変温型、クマのように代謝率を下げて過ごす代謝低下型、リスのように冬眠中の体温は低いが、中途覚醒して食事をする異温型に大きく分かれます。冬眠の達人であるヤマネは夏と秋に餌をたっぷり食べて冬に備えます。気温が5℃以下になると冬眠に入り、暖かくなる5月頃まで眠り続けます。

**やまねミュージアム**

●山梨県北杜市高根町清里3545 ▶ JR小海線清里駅下車、無料送迎バスで約10分（要予約）●日本で唯一のヤマネ専門の博物館。ヤマネは森林に生息し、1975（昭和50）年に国の天然記念物に指定。冬に木を切ると、冬眠中のヤマネが転がり出てくることから、林業関係者はヤマネを山の守り神として大切にしてきました。

**今日は何の日？**

**バッテリーの日**
1985（昭和60）年に「カーバッテリーの日」として制定されましたが、1991（平成3）年に「バッテリーの日」と改称。厳冬期、特に車のバッテリー点検をしてほしいとの意味が込められています。日付は野球のバッテリーの守備位置が数字の「1」「2」で表されることにちなんでいます。

**漢字の日**
日本漢字能力検定協会が1995（平成7）年に制定しました。この日は、毎年その年を象徴する「今年を表現する漢字」の発表が行われます。京都・清水寺貫主の揮毫で書かれた漢字は、1年間の出来事を清め、明るい新年となるように願いを込めて寺に奉納されています。

12月13日

●師走（しわす）
●二十四節気：大雪（たいせつ）
●七十二候：熊蟄穴（くまあなにこもる）

## 池ノ上みそぎ祭り

いけのうえみそぎまつり

●岐阜県岐阜市池ノ上町3丁目47（葛懸神社）▶JR岐阜駅から岐阜バス「忠節さぎ山まわり」ほかで約15分、「忠節橋」下車徒歩10分●水の神を祀る葛懸神社で行われる神事です。褌姿の男たちが、寒空のなか忠節橋下流の右岸から長良川に入り禊を行います。厄男を中心に、身を清め無病息災を願います。

# 禊《みそぎ》

神道における水浴行為で、水で体を清め罪や穢れを祓うことをいいます。神事の前に参拝者が手水で清めるのもこの行為の一種です。日本神話で伊弉諾尊《イザナギノミコト》が水で心身を清めたことに由来し、世俗では通過儀礼を祭り化した裸祭りに見られます。真冬に氷水をかぶったり、川や海に向かう、時には神輿を担いで川、海、滝などに入ることも。神社などでは、罪・穢れを祓い、心身を清める禊《みそぎ》祓《はらえ》を行うところもあります。

### 今日は何の日?

**双子の日**

日本では昔から双生児の場合、後に生まれたほうを兄（姉）とする風習が長くありましたが、1874（明治7）年の今日出された太政官布告により先に生まれたほうが兄（姉）となりました。双子ならびに多胎児の育児がしやすい環境を考える日としています。

**ビタミンの日**

1910（明治43）年の今日、農芸化学者の鈴木梅太郎が脚気を予防する成分に「オリザニン」と命名し発表。後にビタミンB1と同じ物質であるとわかり、「ビタミン」と呼ばれるようになります。脚気はビタミン欠乏症のひとつで、心不全、末端神経障害をきたす疾患です。大正時代には結核と並ぶ難病でした。

元日から346日／大晦日まで18日

12月14日

- 師走（しわす）
- 二十四節気：大雪（たいせつ）
- 七十二候：熊蟄穴（くまあなにこもる）

# 義士祭り《ぎしまつり》

赤穂浪士の討ち入りにちなんで行われる祭り「義士祭り」。赤穂事件が起こった旧暦12月14日に合わせ、この日の前後に日本各地の忠臣蔵ゆかりの地で行われています。赤穂市の義士祭りが有名で、最大の見どころは忠臣蔵パレード。参勤交代をしのばせる「大名行列」、四十七義士に扮した「義士行列」、討ち入りの名場面を車上で演じる山車など、元禄絵巻さながらのさまざまなパレードが催されます。

**赤穂市**
あこうし

●兵庫県赤穂市上仮屋 1424-1（赤穂城跡）▶ JR 赤穂線播州赤穂駅下車、徒歩約 20 分●市内には忠臣蔵にまつわる史跡・名所がたくさんあり、赤穂城跡の大手門前は赤穂義士祭のパレードの出発点になっています。赤穂義士を祀る赤穂大石神社には義士ゆかりの貴重な史料が展示されています。

**赤穂事件って何?**

1701（元禄14）年、江戸城・松之大廊下で播磨赤穂藩藩主の浅野内匠頭長矩が吉良上野介義央に切りかかったとして浅野内匠頭が切腹に処せられました。幕府は赤穂城の明け渡しも迫り、浅野家は断絶。一方、吉良には何のとがめもなかったことに浅野家家臣たちは反発、筆頭家老だった大石内蔵助以下47人が東京・本所の吉良邸に侵入し、上野介を討ち取りました。

**今日は何の日?**
**四十七士討ち入りの日**

「忠臣蔵」の日ともいわれており、赤穂義士が吉良邸に討ち入りして、主君の仇討ちを成し遂げました。『忠臣蔵』は、人形浄瑠璃や歌舞伎の演目のひとつで、赤穂事件を脚色した創作です。

12月15日

師走（しわす）

二十四節気：大雪（たいせつ）

七十二候：熊蟄穴（くまあなにこもる）

# 花灯路

はなとうろ

京都で行われる「明かり」をテーマにしたイベントです。京都を代表する寺院、神社などをはじめとした世界遺産や街並みを、趣のある露地行灯の明かりと花で飾り立てます。2003（平成15）年3月に東山地区から始まった花灯路は、2005（平成17）年12月からは嵯峨・嵐山地区でも始まりました。空気の澄んだ寒空に、ぼんやりと浮かび上がる景色はとても幻想的で、思わず見とれてしまいます。

**嵐山**

あらしやま

● 京都府京都市右京区嵐山

● JR山陰本線嵯峨嵐山駅下車

21世紀から京都の新たな夜の風物詩となることを目指して始まった「花灯路」。嵯峨・嵐山地区では水辺や竹林を含む自然景観と歴史的文化遺産を日本情緒のあるライトアップで楽しめます。渡月橋、竹林の小径、小倉池が見どころです。



元日から348日／大晦日まで16日

12月16日

●師走（しわす）
●二十四節気：大雪（たいせつ）
●七十二候：熊蟄穴（くまあなにこもる）

# ぼろ市《ぼろいち》

安土桃山時代の1578（天正6）年から続く蚤の市。小田原城主の北条氏政が楽市を開いたのが始まりといわれています。古着の売買が盛んだったことから、明治時代に「ぼろ市」と名付けられ、現在は古着、骨董、農機具、古本、日用雑貨、玩具、神棚などを売る露店が約700店並びます。

ぼろ市のもうひとつのお楽しみが「代官餅」。つきたてのボリュームのある餅で、あんこ、きなこ、からみの3つの味が楽しめます。

**世田谷ボロ市**
せたがやぼろいち

●東京都世田谷区世田谷1丁目（ボロ市通り）▶東急世田谷線世田谷駅、上町から徒歩約5分●世田谷駅―上町駅のボロ市通り周辺で行われます。毎年1月と12月の15・16日に開かれ、各日とも約20万人の人でごった返します。5年に1度行われる代官行列は、江戸時代の代官による市の視察を再現したもので、かつて代官を務めた当主の子孫らが参加しました。

## 今日は何の日?

**電話の日**
1890（明治23）年の今日、日本で初めて電話が開通しました。当時は東京―横浜間のみで、加入者数も東京155、横浜42ととても少なかったそうです。電話交換局の交換手に話したい相手の番号を伝え、いったん電話を切って電話を待つ、という超アナログなシステムでした。

**紙の記念日**
1875（明治8）年に東京・王子の抄紙会社の工場が営業を始めた日です。渋沢栄一が提唱し設立した会社で、現在の王子製紙の前身にあたります。渋沢は、西洋の知的水準に対抗するには本の普及が必要であると考え、出版事業を活性化させ日本の近代化を推し進めるために製紙会社の設立に取り組みました。

元日から349日／大晦日まで15日

# 12月17日

●師走（しわす）
●二十四節気：大雪（たいせつ）
●七十二候：鱖魚群（さけのうおむらがる）

# 羽子板市《はごいたいち》

浅草の年末を華やかに盛り上げる羽子板市。装飾用を中心にさまざまなサイズの羽子板が売られています。室町時代は羽根つきの道具でしたが、徐々に厄払いとして使われるように。魔除けとしてお正月に女性に贈る習慣ができたそうです。羽根つきの羽根が虫を食べるトンボに似ていることや、羽根の先についている「豆」から「まめに暮らすことができる」「悪い虫を食べる」と、今でも縁起物として扱われています。

**聖観音宗浅草寺**
しょうかんのうんしゅうせんそうじ

●東京都台東区浅草 2-3-1 ▶東京メトロ銀座線ほか浅草駅下車、徒歩５分●毎月18日は観世音菩薩の縁日が行われ、なかでも12月18日は「納めの観音」で、参拝者が多く訪れました。そこで12月17、18日には正月用品や縁起物を売る露店が集まりましたが、江戸末期より羽子板を売る店が多くなり、「羽子板市」と呼ばれるようになりました。現在も17～19日には数十軒の羽子板を売る露店が並びます。

**今日は何の日?**

**飛行機の日**

アメリカ・ノースカロライナ州で、1903（明治36）年の今日、ライト兄弟による動力飛行実験が初めて成功しました。実験場所は同州の街キティホーク南のキル・デビル・ヒルズで、4回の実験を行い、1回目の12秒（飛距離36・5メートル）、4回目の59秒（飛距離259・6メートル）に成功しました。ちなみに、第二次世界大戦で活躍した「航空機輸送艦キティホーク」と横須賀市にも配備された「空母キティホーク」は、この街の名前にちなんでいるそうです。

元日から350日／大晦日まで14日

**東京駅**
とうきょうえき

●東京都千代田区丸の内1 ▶JR線ほか東京駅下車 ●1日の平均乗客数は約42万人、運転本数は約3700本、ホームは東海道新幹線を含め28本あります(2016年現在)。2007(平成19)年から丸の内駅舎を創建当時の姿に復元する工事が始まり、1・2階の保存と3階・屋根部分の復元が行われ、2012(平成24)年に終了しました。





●師走(しわす)
●二十四節気:大雪(たいせつ)
●七十二候:鱖魚群(さけのうおむらがる)

# 東京駅
とうきょうえき

東京の玄関口で、日本で最もプラットホームが多い駅。丸の内駅舎は日本の近代化を担う中央駅として1908(明治41)年に着工、1914(大正3)年の今日完成しました。駅舎は当時の日本建築界の第一人者、辰野金吾が設計。正面長334・5m、れんが積みの鉄骨3階建て、左右に巨大なドームを備えたルネッサンス様式の建物でした。東京大空襲で屋根が焼け落ちましたが、2007(平成19)年からの復元工事で、壮麗な姿がよみがえりました。

12月19日

●師走（しわす）
●二十四節気：大雪（たいせつ）
●七十二候：鱖魚群（さけのうおむらがる）

# どんき

## 長松寺《ちょうしょうじ》

●愛知県豊川市御津町下佐脇北浦17-1 ▶ JR東海道本線愛知御津駅下車、徒歩15分●「どんき」で有名な臨済宗妙心寺派のお寺。祭りは12月第3日曜日に行われます。もとは火防祭りの人寄せの余興として、江戸時代くらいから始まったそうです。秋葉権現にゆかりのある青天狗（烏天狗）、白狐、天狗（赤天狗）が紅ガラを塗る役を担います。

狐や天狗が顔に紅ガラを塗りつける「どんき祭り」。豊川市の長松寺に祀られている秋葉三尺大権現の火防大祭のなかで行われており、全国でもここだけで行われている奇祭です。紅ガラ（赤い顔料）を塗りつけた撞木や八つ手の団扇を持った白狐、青天狗（烏天狗）、赤天狗が子供たちを追い回し、捕まえては容赦なく顔や体にべたり。紅ガラを塗りつけられた人は無病息災が得られるといわれますが、怖さに泣き出す子供も多いそう。

**今日は何の日？**

**日本初飛行の日**

アメリカのライト兄弟の初飛行成功から遅れること7年、1910（明治43）年の今日、東京・代々木練兵場（現・代々木公園）で、徳川好敏が日本初飛行に成功しました。飛行機はフランス製のアンリ・ファルマン式複葉機で、飛行時間4分、飛距離3000m、最高高度70mを記録しました。実は12月14日、日野熊蔵が同じ飛行機で飛行に成功していましたが、公式の飛行実験予定日でなかったため、認められませんでした。当日は、徳川の後に日野も飛行し、どちらも成功しています。

元日から352日／大晦日まで12日

# 12月20日

- 師走（しわす）
- 二十四節気：大雪（たいせつ）
- 七十二候：鱖魚群（さけのうおむらがる）

# 水仙《すいせん》

イベリア半島を中心に、地中海沿岸、北アフリカなどで自生する水仙。日本では中国から渡来したニホンズイセンが暖かい海岸沿いに自生しており、福井県越前海岸の群落は特に有名です。

英国王立園芸協会には1万を超す水仙の品種が登録されており、有名なものにはラッパズイセン、八重咲スイセン、房咲スイセンなどがあります。開花時期は11月中旬～4月、耐寒性があり、白、黄色、オレンジ、ピンクなど多彩で、冬楽しめる代表的な花です。

## 越前海岸水仙まつり

えちぜんかいがんすいせんまつり

●福井県丹生郡越前町血ヶ平（越前岬水仙ランド）▶北陸自動車道鯖江I.C.から約50分●越前海岸は淡路島、千葉房総半島と合わせて日本水仙三大群生地のひとつに数えられ、60～70ヘクタールと日本最大の面積を誇ります。約1ヵ月にわたって行われるイベント期間には海岸沿い一面に水仙が咲き乱れ、海の青と水仙の白と緑の美しいコントラストが見られます。

## 今日は何の日?

**シーラカンスの日**

1952(昭和27)年の今日、アフリカのマダガスカル島沖でシーラカンスが捕獲され、本格的な学術調査が行われました。調査の結果、化石状態で発見されたものとほぼ形が変わらないことが判明し、それ以降「生きた化石」といわれています。

**霧笛記念日**

霧笛は霧のなかでの航海の安全を守るためのものです。1879（明治12）年の今日、津軽海峡の本州側、尻屋崎灯台に日本初の霧笛が設置されました。霧笛は20秒おきに4秒間鳴らされたそうです。尻屋崎沖は海洋交通の難所で、遭難事故も数多く起こっていました。

12月21日

●師走（しわす）
●二十四節気：大雪（たいせつ）
●七十二候：鱖魚群（さけのうおむらがる）

# 冬の桜

ふゆのさくら

日本三大夜桜のひとつにも数えられる青森・弘前公園の桜。この自慢の桜を冬も楽しめるよう、2017（平成29）年に「冬に咲くさくらライトアップ」プロジェクトが立ち上がりました。雪がこんもり積もった桜の木に公園外堀のピンクがかった街灯がうっすらあたると、まるで満開の桜が咲いているよう。積雪や天候などに左右されますが、条件がそろえば幻の桜が目の前に広がります。

## 冬に咲くさくらライトアップ

ふゆにさくさくららいとあっぷ

●青森県弘前市大字下白銀町1（弘前公園）▶JR奥羽本線弘前駅から弘南バス「弘前市内循環」で約15分、「市役所前」下車徒歩約4分●弘前公園の冬の新しいイベントです。12～2月の3ヵ月間、弘前公園・外濠追手門沿いの桜を日没～22:00にライトアップし、一般公開しています。

元日から354日／大晦日まで10日

12月22日

●師走（しわす）
●二十四節気：冬至（とうじ）
●七十二候：乃東生（なつかれくさしょうず）

# シクラメン

日本で最も生産されている鉢植え植物がシクラメンです。地中海沿岸が原産で、日本には明治時代に伝わったそうです。戦後急速に普及し、冬の鉢植え植物の代表格に。現在でも品種改良が盛んに行われており、花と株の大きさで大輪系、中輪系、小輪系に分かれます。定番色以外に紫や黄色などの珍しい花色、花形は八重咲き、ウェーブが入ったロココ咲き、香りが入った品種など、さまざまです。

**奥三河**
**おくみかわ**

●愛知県北設楽郡設楽町田口字辻前14番地（設楽町観光協会）▶新東名高速道路新城I.C.から約40分●愛知県は日本でもトップクラスのシクラメンの栽培量を誇ります。県下でも特に奥三河といわれる北設楽地域は、夏季の冷涼な気候条件を生かし、昭和40年代から栽培が始まりました。品質も良く、栽培、販売が盛んに行われています。

元日から355日／大晦日まで9日

**今日は何の日?**
**労働組合法制定記念日**

「労働組合法」は労働者の団結権・団体交渉権・団体行動権（ストライキ権）などの保障について定めた法律で、1945（昭和20）年の今日公布されました。「労働基準法」「労働関係調整法」とともに「労働三法」と呼ばれています。日本の労働組合結成の動きは戦前からありましたが、戦後、GHQが日本の民主化を進める5大改革のひとつに「労働組合の育成」を掲げると、結成が急速に進みました。しかし、現状の組合員数は日本の労働人口の20%にも達していません（連合発表）。ちなみに、欧米では職種別の労働組合が主流ですが、日本は企業ごとに組合をつくる企業別組合の形式が圧倒的多数を占めています。

# 12月23日

●師走（しわす）
●二十四節気：冬至（とうじ）
●七十二候：乃東生（なつかれくさしょうず）

東京タワーは「日本電波塔」といい、1958（昭和33）年に竣工、正式オープンしました。当時は、電波塔として地上アナログ放送やFMラジオのアンテナとして放送電波を送信していました。一方で観光客も多く来場し、1967（昭和42）年には特別展望台（メインデッキ）もオープン。しかし、東京スカイツリーの開局とテレビの地上波アナログ放送終了で、一部を除き電波塔としての役割を終えました。

## 東京タワー
とうきょうたわー

●東京都港区芝公園4-2-8 ▶東京メトロ日比谷線神谷町駅下車、徒歩7分ほか●港区芝公園にあり、高さ333mの日本一高い塔として親しまれてきました。2階建てのメインデッキとトップデッキの2つの展望台を有し、広く東京の街並みを眺められます。地上5階建てのフットタウンには各種施設やショップを併設。夜間には、季節やイベントなどに合わせたライトアップがされています。

# 東京タワー
とうきょうたわー

元日から356日／大晦日まで8日

# 12月24日

●師走（しわす）
●二十四節気：冬至（とうじ）
●七十二候：乃東生（なつかれくさしょうず）

## 山茶花

さざんか

山茶花はツバキ科の1種で、日本の固有種です。野生種は10～12月に白い花が開花し、晩秋から冬の花として親しまれてきました。園芸種が約300と豊富で、古くから庭木や生垣として植えられてきました。冬の季語としても使われており、寒さに強いイメージがありますが、野生種は耐寒性がなく、四国、九州などが北限とされています。一方、園芸種は品種改良で耐寒性の強い種類が多く栽培されています。

### 寂光院

じゃっこういん

●京都府京都市左京区大原草生町676▶JRほか京都駅から京都バス「17系統」「18系統」で「大原」下車、徒歩15分●594（推古2）年に聖徳太子が父・用明天皇の菩提を弔うために建立したと伝えられ、1185（文治元）年に建礼門院が入寺し、終生を過ごしました。本堂前や参道など境内の各所で山茶花が見られます。大原地区には、三千院や勝林院など、花の少ない時期に山茶花の見られる寺院があります。

### 今日は何の日？

**学校給食記念日**

日本の学校給食は1889（明治22）年に始まり、各地に広まりました。しかし、戦争などの事情により中断、戦後の食糧難などで児童の栄養状態が悪化し、国民から学校給食の再開を求める声が広がりました。1946（昭和21）年の今日、GHQ、ララ委員会（アジア救済公認団体）、日本政府立会いの下、東京都千代田区立永田町小学校（現・千代田区立麹町小学校）でララ物資（日本支援物資）の贈呈式が行われ、文部省（現・文部科学省）がこの日を「学校給食記念日」としました。しかし、12月24日は多くの地域で冬休み期間にあたるので、1951（昭和26）年より1カ月後の1月24日から1週間を全国学校給食週間としています。

# 12月25日

●師走（しわす）
●二十四節気：冬至（とうじ）
●七十二候：乃東生（なつかれくさしょうず）

**函館**
**ハリストス正教会**
**はこだてはりすとすせいきょうかい**

●北海道函館市元町3-13▶市電「十字街」停留所下車徒歩10分●1860（安政7）年に日本初のロシア正教会聖堂として領事館内の敷地に建築。ガンガン寺の呼称で親しまれています。クリスマス前夜には信者以外にも聖堂を開放した「市民クリスマス」が行われ、主ハリストス（キリスト）の降誕を荘厳な聖歌を響かせて祝います。

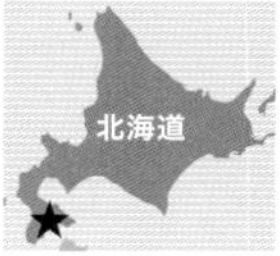


## クリスマス

イエス・キリストの誕生を祝う日で、日本を含めキリスト教国以外でも、年中行事として親しまれています。日本では1552（天文21）年に、周防国山口（現・山口県山口市）のカトリック教会で日本人信徒を招いて降誕祭のミサを行ったのが初めてとされています。一般に広まったのは、1900（明治33）年に明治屋が銀座に進出し、その頃からクリスマス商戦が始まったのが大きなきっかけでした。

**クリスマス**
クリスマスは「イエス・キリストの誕生日」といわれていますが、新約聖書にはイエスの誕生日を明記する記述はありません。12月25日の生誕祭は遅くとも354年に始まったといわれ、古代ローマの宗教のひとつ、ミトラ教の12月25日に太陽神ミトラを祝う冬至の祭りを転用したものといわれています。それ以前は、正教会では1月6日説を採用していました。

**今日は何の日？**
**スケートの日**
1861（文久元）年に北海道・函館に滞在していたイギリス人のトーマス・ブレーキストンが日本で初めてスケートをしたとされる日です。ブレーキストンは津軽海峡を東西に横切る動物相の分布境界線を提唱した動物学者でした。

# 12月26日

- 師走（しわす）
- 二十四節気：冬至（とうじ）
- 七十二候：乃東生（なつかれくさしょうず）

## 鏡餅《かがみもち》

餅を神仏に供える日本の伝統的な正月飾りで、昔の丸い鏡に似ていることから「鏡餅」となったそうです。鏡餅には歳神様が依りつくといわれています。一般的には三方に半紙を敷き、裏白（シダの一種）、大小の鏡餅、昆布、橙などを飾ります。メインは床の間に、小さめのものは神棚や仏壇、神様に来てもらいたい場所にお供えを。飾るタイミングは28日まで、29日は避け遅くても30日には飾りつけましょう。

### 円福山妙厳寺 豊川稲荷

えんぷくざんみょうげんじ
とよかわいなり

●愛知県豊川市豊川町1番地▶名古屋鉄道豊川線豊川稲荷下車、徒歩5分●寺に祀る豊《とよ》川《かわ》吒《だ》枳《き》尼《に》眞《しん》天《てん》が稲穂を荷して白い狐にまたがっていることから、通称「豊川稲荷」で知られています。年末には約1000個の大鏡餅づくりが行われます。12月28日からお正月にかけて100kg級のものが本殿に飾られています。

### 今日は何の日？

**プロ野球誕生の日**

アメリカのプロ野球と対戦するため、現存する中で日本最古のプロ野球チーム・大日本東京野球倶楽部（読売巨人軍の前身）を創立したのが、1934（昭和9）年の今日です。全日本代表チームの選手を中心に19名で結成されました。チームの練習場だったかつての谷津球場（現・千葉県習志野市谷津バラ園）には「読売巨人軍発祥の地」の石碑が設けられています。

**ボクシング・デー**

今日はクリスマスにカードやプレゼントを届けてくれた郵便配達人や使用人にプレゼントを贈ります。クリスマスの翌日、プレゼントの入った箱を持って教会に出かけたイギリスの伝統を受け継いでいます。

元日から359日／大晦日まで5日

# 12月27日

●師走（しわす）
●二十四節気：冬至（とうじ）
●七十二候：麋角解（さわしかのつのおつる）

## 仲見世《なかみせ》

社

寺の境内にある商店街を仲見世といいます。特に東京・浅草寺の参道にある仲見世は日本で最も古い商店街のひとつです。江戸の人口が増え、浅草寺も参拝客でにぎわう一方、近くの人々は境内の掃除の賦役を課せられていました。その人たちに境内、参道上に出店営業が与えられたことが仲見世の始まりとされています。当時は雷門寄りを平店（ひらみせ）と呼び、玩具、菓子、土産物などを売っていたそうです。

**聖観音宗浅草寺**
しょうかんのんしゅうせんそうじ

●東京都台東区浅草 2-3-1 ▶東京メトロ銀座線ほか浅草駅下車、徒歩 5 分●浅草寺の表参道である雷門から宝蔵門までの約 250 mが仲見世です。現在、東側に 54 店、西側に 35 店あり、菓子、土産物を中心とした計 89 店が軒を連ねます。国内はもとより海外からの観光客の東京名所のひとつとして親しまれています。

今日は何の日?
**ピーターパンの日**

イギリスの劇作家、ジェームス・バリーの童話劇『ピーターパン』が、1904（明治37）年の今日ロンドンで初演されました。原作は『小さな白い鳥』というタイトルで、大人にならない永遠の子供たちがおとぎの国・ネバーランドで冒険を繰り広げる物語です。アメリカ・ニューヨークでも上演され、大ヒットしました。現在でも人気があり、映画やミュージカルの題材としてもたびたび取り上げられています。「ピーターパン症候群（シンドローム）」という言葉があります。「大人の年齢に達しているにもかかわらず、精神的に大人になり切れていない男性」を指す言葉で、誰もが持ち合わせている問題の一種としています。

# 12月28日

●師走（しわす）
●二十四節気：冬至（とうじ）
●七十二候：麋角解（さわしかのつのおつる）

## 門松《かどまつ》

歳

神様を家に迎える道しるべで、降臨するための依代《よりしろ》として家の門口に立てるのが門松です。松は青々とした常緑木で新しい生命力の象徴であり、神を「待つ」「祀る」と掛けて、神聖な木とされてきました。竹が加えられたのは中世からで、真っすぐに伸びる竹に長寿を重ねたそうです。12月13日に山から松を取ってくる「松迎え」を行い、設置は13日以降にするものとされています。

**日本一の大門松祭**
にほんいちのおおかどまつさい

●福岡県宮若市脇田 224-1（ドリームホープ若宮）▶九州自動車道若宮 I.C. から約 20 分●毎年 11 月初めから地元の山で切り出した竹をふんだんに使い、ボランティアにより約1ヵ月かけて作り上げる日本一の大門松。高さ約 9 m、台座の直径約 5 m、飾りの梅、松、葛、南天は樹木をそのまま利用しています。

今日は何の日?

**身体検査の日**

文部省（現・文部科学省）が1888（明治21）年の今日、すべての学校に毎年4月に生徒の「活力検査」（身体検査）を実施するよう訓令を出しました。当初の検査項目は体長・体重・臀囲（お尻のまわり）・胸囲・指極（両手を水平に伸ばしたときの長さ）・力量・握力・肺量でした。1897（明治30）年には検査項目が全面的に改められ、発育に関係のある、身長・体重・胸囲などに絞られました。

**ディスクジョッキーの日**

日本のディスクジョッキーの草分けである糸居五郎の命日にあたり、その業績をしのんだ日です。ディスクジョッキー界の発展を願って、ラジオ番組プロデューサーの故上野修氏が提唱しました。

# 12月29日

●師走（しわす）
●二十四節気：冬至（とうじ）
●七十二候：麋角解（さわしかのつのおつる）

# 大掃除《おおそうじ》

## お身拭い

おみぬぐい

●奈良県奈良市西ノ京町457（薬師寺）▶近畿日本鉄道西ノ京駅下車、徒歩1分●天武天皇が開基し、薬師如来を本尊とした世界遺産登録の寺院で、本尊の薬師如来像、日光菩薩、月光菩薩の薬師三尊像は国宝に指定されています。12月29日には薬師三尊像をはじめ、大講堂、東院などの諸堂のお身拭いが行われます。

年末には各家庭で家中の掃除をするように、寺社でも仏像や本堂にたまったほこりなどをきれいにし、新年を迎える準備が進められます。

奈良の薬師寺では「お身拭い」と呼ばれ、仏像に積もったほこりを払う行事です。金堂で法要が営まれたあと、僧侶や奉仕活動の学生らが浄布《じょうふ》という白い布で、薬師如来坐像や日光、月光両菩薩立像などを丁寧に拭き清めます。参拝客はその様子を見学することもできます。

### 今日は何の日？

**シャンソンの日**

東京・銀座の老舗喫茶「銀巴里」は1951（昭和26）年に日本初のシャンソン喫茶として開店、戦後のシャンソンブームを支えてきました。シャンソンを映画程度の料金で聞いてもらいたいと、コーヒー付き1800円で頑張ってきましたが、地価高騰に勝てず、1990（平成2）年の今日、とうとう閉店となってしまいました。

**清水トンネル貫通記念日**

川端康成の小説『雪国』の冒頭「国境の長いトンネルを抜けると雪国であった。」のトンネルは上越線の土合（群馬県）―土樽（新潟県）の清水トンネルのことで、1929（昭和4）年の今日貫通しました。全長9702mで、当時日本最長のトンネルでした。

元日から362日／大晦日まで2日

# 12月30日

●師走（しわす）
●二十四節気：冬至（とうじ）
●七十二候：麋角解（さわしかのつのおつる）

## 地下鉄《ちかてつ》

建物に影響を受けずに開通させられる、道路交通をはるかにしのぐ輸送力、天候に左右されにくいなどの理由から、大都市には多くの地下鉄がつくられました。日本初の旅客用地下鉄は1927（昭和2）年に開業した東京地下鉄道（現・東京メトロ銀座線）の浅草駅～上野駅です。なお、2015（平成27）年に仙台市地下鉄東西線が開通しました。これが日本最後の地下鉄新路線ではないかと予測されています。

**渋谷駅**
**銀座線ホーム**
しぶやえきぎんざせんほーむ

●東京都渋谷区道玄坂▶東京メトロ銀座線渋谷駅下車●日本初の地下鉄銀座線の始発駅で、終点の台東区浅草駅まで14.2kmを結ぶ路線です。渋谷駅街区基盤整備の一環で、2016（平成28）年から段階的に路線切り替え工事とホーム拡張工事が行われており、2020（令和2）年1月に新駅舎が完成しました。

### 今日は何の日?

**地下鉄記念日**

「地下鉄開業の日」ともされ、1927（昭和2）年の今日、上野－浅草間で日本初の地下鉄（現・東京メトロ銀座線）が開通しました。ロンドンの地下鉄に感心した早川徳次が東京にもと尽力し、実現させました。上野－浅草間の所要時間は4分50秒で、開業日には1日に10万人近い人が乗車したそうです。

**大納会**

日本の証券取引所の年内最後の営業日。土日に重ならない場合は、毎年12月30日がその日となります。正月が明けて、最初の営業日を大発会といいます。

# 12月31日

●師走（しわす）
●二十四節気：冬至（とうじ）
●七十二候：麋角解（さわしかのつのおつる）

# 除夜の鐘《じょやのかね》

除夜の鐘を突くのは人の心にある煩悩を祓うためといわれています。仏教では人には108の煩悩があり、人の心を惑わせ、悩ませ、苦しめたりするので、煩悩を祓って新しい新年を迎えようという意味です。鐘を突くタイミングも決まりがあり、107までは年内に突き、最後の1回は新年になってから突くのが正式なのだとか。近年は深夜の騒音を嫌がる風潮もあり、除夜の鐘を突く風習もなくなりつつあります。

**知恩院**
ちおんいん

●京都市東山区林下町400▶地下鉄東西線東山駅から徒歩8分。阪急京都線京都河原町駅から徒歩15分●浄土宗の宗祖法然が創立した浄土宗の総本山。境内には国宝や重要文化財に指定された建物が数多くあり、また国宝・重要文化財指定の書画も多数所蔵している文化的にも極めて重要な寺院です。

**知恩院の鐘**

大晦日の夜に突かれる高さ約3・3m、直径約2・8m、鐘の厚さ約30㎝、重さ約70tの大鐘は日本三大梵鐘のひとつで、ひとりで突くには大きすぎるので、17人の僧侶が力を合わせて108回鐘を鳴らします。

**今日は何の日?**
**シンデレラデー**

1年を締めくくる最後の日は「シンデレラデー」とも呼ばれています。童話『シンデレラ』では午前0時を過ぎると、主人公のシンデレラにかけられた魔法が解けてしまいます。そのため、舞踏会を楽しみながらもシンデレラは魔法が解ける午前0時を気にしながら時間を過ごします。今日もシンデレラのように午前0時を気にしながら過ごす人が1番多くなるでしょう。

# 本書で紹介している祭りや市、イベント